シャーデンフロイデ

人の不幸を喜ぶ私たちの闇

著―リチャード・H・スミス
訳―澤田匡人

keiso shobo

The Joy of Pain:

Schadenfreude and the Dark Side of Human Nature, First Edition

by Richard H. Smith © Oxford University Press 2013

日本語版への序文

人が不幸に喘いでいると、私たちは本能的にかわいそうだと感じる。はたして本当だろうか。私たちはこのような時に喜びを感じることがあり、日本語でいうところの「蜜の味」を味わう。この気持ちを表す言葉がドイツ語にある。「害」を意味する「シャーデン」と、「喜び」を意味する「フロイデ」を合わせて、シャーデンフロイデという。

なぜ、私たちはシャーデンフロイデを感じるのだろうか。本書には、この疑問に取組んだ実証研究が集約されている。また、シャーデンフロイデを理解するための科学的アプローチに加えて、メディア、文学、そして日常生活の種々の例も随所に盛り込んでいる。これら多くは西洋のものではあるが、日本人の読者も関心を抱き、役立つようにと願っている。

この点について、私の願いを大きく後押ししたのは、澤田匡人博士が翻訳を買って出てくれたことだ。匡人はシャーデンフロイデについて日本で先鞭を切った研究者であり、妬みのような他の感情によってシャーデンフロイデが引き起こされる仕組みを理解する上で、彼の研究は何よりも役に立つ。また、指導者や教育者としても彼は名高い。そんな匡人が翻訳に関心を示していると知った私は興奮し、オックスフォード大学出版局に彼と勁草書房にコンタクトを取るよう促した。シャーデンフロイデや関連する感情について造詣が深く、こうした研究に実証的な貢献をしている人こそが、一意専心の仕事をしてくれると確信していたからだ。まさに、匡人が『シャーデンフロイデ（原題：*The Joy of Pain*）』の日本語版をもたらしてくれることを、私は大変光栄に思う。

二〇一七年二月二三日

リチャード・ハリー・スミス

謝辞

ローリ・ハンデルマンは、オックスフォード大学出版局の最初の担当編集者だった。その助言に一心に耳を傾けられるほど判断力に長けた者が、彼女の他にいるだろうか。あなた自身が理解したつもりでいようとも、彼女に相談するまでは決して完璧なものではないと言ってもいい。ローリはそういう人だ。下書きの初稿にはじめてOKを出してから、彼女は本書の質をより向上させるにはどうすればよいか、それを考えるのを手伝うという大仕事をやってのけた。私にとって二度目の幸運は、アビー・グロスが彼女の仕事を引き継いでくれたことだった。ハンドルマン女史とグロス女史の二枚看板であれば、出版社を立ち上げられるだろう。私だけの力では、初稿の修正など到底できなかったが、アビーが辣腕を振るい、原稿の整理と編集まで導いてくれた。ローリと同じように、アビーの知恵も抜群だった。ローリがいて、彼女から意見をもらうまで、私ひとりでは自信を持った判断ができなかった。もしこの最終稿が失敗だったなら、それはアビーの提案に沿えない私の責任だ。また、オックスフォード大学出版局の仕事ぶりの素晴らしさについても付け加えておかねばならない。この本の表紙を考えてくれたアビーを含むチームは、実に優れた仕事をしてくれた。私も表紙のデザインをたくさん考えてはいたが、どれもオックスフォード大学出版局のチームが作ってくれたものには及ばなかったそれはもう完璧だった。スザンヌ・ウォーカー、カレン・クワック、コリーン・ハトリック、パム・ハンリーは、専門的な観点から本書を完成まで漕ぎ着けてくれた。

本書の一部は、私や他の心理学者たちによる実証研究についての話である。ノーマン・フェザー、シュローモ・ハレイリ、ウィルコ・ヴァン・ダイク、ヤープ・アウウェアケルク、澤田匡人、高橋英彦、ズラタン・クリザン、オメッシュ・ジョハール、コリン・リーチ、ラッセル・スピアーズ、ニルス・ヴァン・デ・ヴェン、ゼガー・ブロイゲルマンス、ジル・サンディ、テリー・ターナー、ミーナ・シカラ、スーザン・フィスク。もちろん、私の現在、そして過去の教え子たち、すなわち、ロン・ガロンジック、デイビッド・コームズ、ケイトリン・パウエル、ライアン・シュルツ、チャールズ・フグランド、マーク・ジャクソン、マット・ウェブスター、ナンシー・ブリガム、チェルシー・クーパーも含まれている。私が本書で取り上げている研究の多くは、シャーデンフロイデを理解するための概念や経験を前進させてくれるものであり、これらの研究者たちの功績には恩義を感じている。

たくさんの友人や同僚は、私の考察についてじかに意見をくれたり、この本の執筆を間接的に実現するために友好的な支援をしてくれたりすることを惜しまなかった。かつて私が大学院生として在籍していたノースカロライナ大学のジョン・ティボとチェット・インスコー、それから、博士課程修了後に研究をした場でもあるイリノイ大学のエド・ディーナー。初めての指導者たちだった彼らが、私をより良い研究者、そして思慮深い人間へと成長させてくれた。私が初めて参加したシャーデンフロイデに関する研究は、学術的なホームであるボストン大学で行われた。学部にいた四年間、ずっと親しくしてくれたエド・クルパット、レン・サックス、ファビオ・イドローボ、ジーン・バーコ・グリーソン、ヘンリー・マークセラ、ヒルダ・パーリッシュ、メアリー・ペリー、ジョアンヌ・ヘブデンに感謝するとともに、とても良いアドバイスをくれた故フィル・クブザンスキーの素晴らしい人間性に謝意を表したい。彼は、A・E・ハウスマンの「あなたの父たちが得た息子たちを捧げよう、神よ女王を護りたまえ」という言葉まで与えてくれた。なんと高潔な人物であったことか。

私は、ケンタッキー大学の心理学科で働けていることを幸運に思う。親しみやすく、尊敬でき、鋭い知性を感じさせる人たちが集う職場であり、それが良い仕事に繋がっているからだ。ボブ・ローチ、ベティー・ローチ、ジョナサン・ゴールディング、ロン・テイラー、アート・ビーマン、フィル・バーガー、モニカ・カーン、ラリー・ゴットロブ、チャーリー・カールソン、ルース・ベアー、リッチ・ミリッチ、トム・ゼントール、マイク・バルドー、フィル・クレイマー、メアリー・スー・ジョンソン、ジェニー・ケイシー、エリン・ノートン、メラニー・ケリー、ジェレミー・ポプキン、リチャード・グライスマン、スティーブ・ヴォス、マーク・ペフリーに感謝したい。

多くの人が、ひとつ、もしくは複数の章を読んでくれた上で、感想を伝えてくれた。マーク・アリック、フィル・ベルガー、ズラタン・クリザン、リッチ・ミリッチ、ジェレミー・ポプキン、ピータ一・グリック、スティーブン・シルキは、形になったばかりの第9章と第10章の原稿を読み、それらをさらに良いものにするコメントをくれた。マーク・アリック、フィル・ベルガー、スティーブン・シルキは第5章と第6章も読んでくれ、繰り返しになるが、彼らのコメントはとてもとても役立つものだった。スティーブンは、シャーデンフロイデや他の社会的感情について鋭い観察力の持ち主で、絶え間ない情報源だった。フィルは私に、ぴったりの新聞や雑誌の記事を提供してくれた。クレア・レンゼッティは、第7章を読んで、社会学的な観点から貴重な意見をくれた。ハイディ・ブライガーは、犯罪行為への感情的な反応を見極める際に、裁判官の視点を与えてくれた。ジェリー・パロットは、私の妬みに関する考察を明確にしてくれた。また、執筆が大詰めにさし掛かった頃、チャーリー・カールソンが最終稿の前段階のドラフトを全て読んでくれたのだが、これは必要な箇所を微調整するのに大きな助けとなった。最終稿を提出する前には、私の研究室の学生であるジョン・マーティン、サラ・ブローン、アレックス・ビアンキ、アリー・マーティンが一部、あるいは全部を読み、やはり建設的な提案をしてくれただけでなく、たくさんの誤字も指摘してくれた。優秀な元ゼミ生、エドワード・ブラウンは、本書の全体に目を通し、とりわけ有益なコメントをくれた。

妹のギリアン・ムレルと、姉のヘレン・スミスも、本書の初稿を読んだ。彼女たちの意見がとりわけ役立ったのは、何が有効で、何がそうでないかという冷静な分析だった。私がなさんとしていることに対する彼女たちの熱心さには、深く感謝している。義理の兄にあたるアーチ・ジョンソンは大変常識的な人物で、常に反応できるようにしてくれていた。そして、繊細で公平な精神を持つ姪のジュリア・スミスは第5章と第6章、それから第10章を、早い段階から読んでくれた。彼女の意見は、それらの章をよりはっきりしたものとする手助けを大いにしてくれた。

さらなる謝意を表すのに特筆すべき人が数人いる。親友のマーク・アリックは、一緒に大学院に入ってからずっと支えになってくれた。最近の社会心理学的研究よりも、むしろ、ある吟遊詩人の作品を参照することに首を縦に振ってくれた。彼は初めからこのプロジェクトにかかわり、時には章を読み、また、いつも独特のユーモアを交えて、率直な建設的提案をしてくれた。ありがとう、マーク。

兄のエリック・スミスは、いくつかの草稿を読んでくれたほか、全てにおいて私を助けてくれた。本書の執筆を勧めてくれただけでなく、それを形にするボランティアまで買って出てくれたのだ。誰かを助けたいという彼の意志から、仕事の上でも個人的にも、とても堅実な方法で恩恵を受けたのは私だけではあるまい。

本書の完成に向けて作業していく中で、愛すべき、忍耐強い、そして楽観的な家族に恵まれていた。次女キャロライン・スミスは、駄洒落を疎むよりも好む性分を私から受け継いでおり、私の駄洒落に彼女なりの駄洒落をかぶせてきてくれた。執筆にいまいち気が乗らないときも、私より秀逸な返しが確かな後押しとなった。長女ロザンナ・スミスは、他にもやることがあっただろうに、本書の挿し絵を描いてくれた。挿し絵のアイデアについて彼女と打ち合わせをしているときが、このプロジェクトの中で最も楽しい時間だった。妻キム・ソンヒは、本書の岐路に関わる点で少なくとも五回、労を惜しまずに目を通してくれた。しかも喜び勇んで、私の執筆を完遂させるために後ろめたさのない家庭環境を辛抱強く作り上げてもくれた。誰よりも彼女の存在があったからこそ、このプロジェクトを無事に終えられたと言っても過言ではない。最後に、私の両親に感謝したい。読書と学術的な探求への愛は、いずれも両親から受け継いだものだ。母、ヒラリー・スミスは、デューク大学の英文学科で編集アシスタントを長らく務め、その間、カーライル夫妻書簡集の編集を補佐していた。彼女はいまだに、どんな場面にも合った替え歌ならぬ替え詩を思いつくのが早い。ある童謡の一節よろしく、指には指輪、足にすず、彼女の行くとこどこにでも、シャンシャンいい音聞こえるだろう[1]。亡き父、ピーター・スミスは、数十年にわたりデューク大学で教鞭を執った化学の教授で、イングランドのマンチェスターにある園芸店オーナーの息子だった。そんな彼が親しんだシェイクスピアには、私も薫陶を受けた。「さあ、来い、マクダフ。先に『参った』と言った方が地獄行きだ[2]」。

目次

序章

アニメ『ザ・シンプソンズ』の主人公ホーマー・シンプソンには、ネッド・フランダースという隣人がいる。彼が皆を集めてバーベキューをしているとき、こんなことを宣言する。新しいビジネスとして、左利きの人たち向けの物を売る店、その名も「レフトリウム」を開くというのだ。それから、ネッドとホーマーが、食べ終わった七面鳥の骨を二人で引っ張り合う占い（骨占い）をする。千切れた骨が大きいと願い事ができる側になるのだが、ホーマーの方が大きかった。「ざまみろ、俺の勝ちだ！」と叫ぶ彼は、ネッドの商売が失敗する様子を思い描く。数週間後、ホーマーがネッドの店の前を通りかかると、客足はまばらだった。家族と夕食を取りながら、彼は「フランダースの店、ガラガラだよ」と嬉々として話す。ホーマーの娘で物知りのリサは、彼が感じている感情をこう名付ける。

リサ：パパ、シャーデンフロイデって知ってる？

ホーマー：いや、知らないよ、シャーデンフロイデなんて。でもパパ、とっても知りたいから教えてくれない？

リサ：ドイツ語で恥知らずな喜び、人の不幸を喜ぶことをいうの。[1]

ホーマーの気持ちを表す英語はないが、リサはドイツ語にはあるのだと話す。それがシャーデンフロイデだ。「害」を意味する「シャーデン」と、「喜び」を意味する「フロイデ」という二つの言葉が合わさったもので、誰かの不幸から生じる喜びを表している。[2] この本はシャーデンフロイデ、つまり人の不幸を喜ぶなんて恥ずべきものであるにもかかわらず、私たちの多くが抱く感情について書かれている。

他者の不幸で得をする

認めたくないけれども、誰かの不幸で得するからこそ、シャーデンフロイデを感じてしまう。では、ネッドの失敗がホーマーにとって利益になったというのだろうか。実は、色々な点でそうなのである。ホーマーはネッドを妬んでいたのだ。ネッドは良い隣人ではあるけれども、外国産の生ビールを楽しめるような充実した娯楽室から、仲睦まじい家族に至るまで、ホーマーよりもさまざまな面で優れていた。ホーマーが抱く妬みはより根深いものとなり、劣等感を帯び、敵意に満ちた形へと変わっていった。ネッドの失敗は、ホーマーの劣等感を軽くさせるだけでなく、敵意をも和らげた。これらがまさに強烈な心理的な利益であり、ホーマーの気をよくさせるものだった。ネッドの失敗以上に、ホーマーを落ち着かせ、彼の悪意を和らげられるものがあるのだろうか。

こんなジョークがある。森をハイキングしている二人が灰色熊に出くわした。一人はすぐさま地面に這いつくばって、ハイキングブーツからランニングシューズに履き替えた。それを見たもう一人が「何をしているんだい。そんなんじゃ熊から逃げられないよ！」と言うと、友人はこう答えた。「熊からは逃げなくてもいいんだよ。僕が追い越さなければならないのは君だけさ！」。このケースは誇張されているけれども、これと少し似たようなシナリオが日々の人間関係で繰り広げられている。第1

章と第2章では、シャーデンフロイデとそれを感じる人が得ているものの関係を検討し、私たちが生活の中で感じる感情の大部分が、他者と比べることによってもたらされていることを明らかにする。他者への「下方比較」が私たちのランクや己の価値を増幅させるとき、誰かの不幸から利益を得る。しかも、この利益は少なくないのだと、後に知ることになるだろう。

　ホーマーがネッドの失敗から得た利益のほとんどは名状し難いものであるが、はっきりしたものからもシャーデンフロイデは生まれる。第3章で強調するのは、人生の大半は競争に満ちあふれている、ということだ。片方が勝つためには、もう片方は負けなければならない。これは、ＮＡＳＡの月面着陸計画における死と隣り合わせのミッションを基にした映画『アポロ13』の劇中でもよく描かれている。宇宙飛行士ジム・ラヴェルは不幸だった。というのも、当時、宇宙飛行士なら誰もが咽から手が出るほど欲していた月への切符が、同僚のアラン・シェパードとそのクルーたちに巡ってきたからだ。

　しかし、シェパードは耳に問題があることがわかり、代わりにラヴェルとそのクルーが一三号に乗ることになった。この交代はシェパードには痛恨の極みだったものの、ラヴェルは大喜び。家路を急いで家族に報告した。彼が妻に事の次第を伝えているとき、シェパードへの同情は微塵も示していなかった。[3]

　『アポロ13』を観た者からすれば、主人公であるラヴェルの視点から見ているわけで、彼と同じく私たちにも良い知らせが飛び込んできたことになる。結果が望ましいものであれば、その価値が他の要因を見えなくさせる。自分の利益には他者の犠牲が伴うのだという委細は影を潜め、喜びはいささかも減りはしない。しかし、ここで注意してほしいのは、ラヴェルには、シェパードに目標達成を阻まれさえしなければ、彼の耳の病気を喜ぶ理由はなかったという点だ。ラヴェルはシェパードの不幸「が」嬉しかったわけではなく、不幸「になったから」嬉しかったのだ。彼の喜びがシャーデンフロイデではなかったといえるだろうか。本書では、シャーデンフロイデを広くとらえる。というのも、私たちが得るものの違いというのは、えてして体験的に曖昧なものだからだ。たとえば、ラヴェルはシェパードを妬んでいたかもしれない。本書で後述するように、ホーマー・シンプソンは私たちの心が誇張されたキャラクターだ。妬みというのは、とりわけ競争的な状況で、他者の不幸から深い満足感をもたらす。こうした特徴で汚されることなく純粋に何かを得るというのは極めて稀なケースだ。それともう一つ。ラヴェルは家族以外にも喜びを表すだろうか。他者の不幸からもたらされるどんな喜びも、私たちがそれで得をしているというだけで、道徳的に許されず、恥ずべきもののように見える。しかし、まさにこれがシャーデンフロイデの証なのだ。

もしシャーデンフロイデが他者の不幸から生じるものであるなら、自分の私利私欲を満たすようなあらゆる言動は、この喜びを促進させるに違いない。第4章では、私たちの人間性というものは、少なくとも二つの方向に導かれるのだと述べる。一つは視野の狭い利己心、もう一つは他者に関心を寄せることである。シャーデンフロイデを感じる能力は、利己的かつ暗い人間性を際立たせる。この章では、私たちには情け深い衝動があると忘れないようにしながらも、利己心の存在を示すエビデンスに言及し、このエビデンスによって、私たちにシャーデンフロイデを感じる能力がある点を明らかにしている。

相応しい不幸による喜び

相応しさについて考えてみよう。他者が不幸に見舞われると、私たちの正義感が満たされることがままある。第5章と第6章では、シャーデンフロイデを感じる主な理由に話題を移す。例はいくらでもある。たとえば、バプテスト派の牧師であり臨床心理学者のジョージ・リーカーズだ。二〇一〇年五月、彼がRentboy.comというサイトで二〇歳の男性を雇い、ヨーロッパ旅行に同行させた、というニュースが話題となった。[4] ただそれだけならニュースにならないように見えるが、リーカーズはまたたくまにネットや深夜テレビでジョークの的になった。[5]「リーカーズは……」、『ニューヨーク・タイムズ』紙のコラムニスト、フランク・リッチは続ける。「……同性愛嫌いを模したカメレオンみたいな男だ。この三〇年もの間、ゲイや彼らの市民権に辛辣な攻撃を何度も加えるのに大きな役割を果たしてきたというのに」。[6] Rentboy.comで雇われた男性が、旅行中、リーカーズに密接なマッサージを施したと述べるに至り、Rentboy.comを使ったことは極端な偽善だとみなされた。このニュースが報道されてまもなく、『ヴィレッジ・ボイス』のブログに、ジョン・コスカレリはこう綴った。「ほとんどの人々は前向きで寛容なのに、このニュースに関しては卑劣にも楽しんでしまった世間を、どうかお許しください」[7] と。

シャーデンフロイデは極めて恥ずべき感情だ。しかし、その不幸が相応しいと見なされるほど、シャーデンフロイデは開けっ広げになりやすく、恥ずかしくなくなる。とりわけ、相応しいかどうかを判断する基準がはっきりしていれば、それが本当だとわかる。たとえば、犯罪に関与したとか、ジョージ・リーカーズのように偽善的に振る舞った、などの場合だ。こうした喜びは、集団的であると同時に、ごく自然に生じる。

正義を求めるのは、人間が抱く強い動機であると強調したいところだが、その強さゆえに、相応性についてい偏った見方をしてしまう。とりわけ偏っているのは、私たちが個人的に不当な扱いを受けたときの反応だ。そのような不当な行為をした人の不幸に対する喜びというものは、それが運良く願ったり叶ったりの出来事であったならば、まさに蜜の味となるに違いない。この場合、嫌うばかりか憎

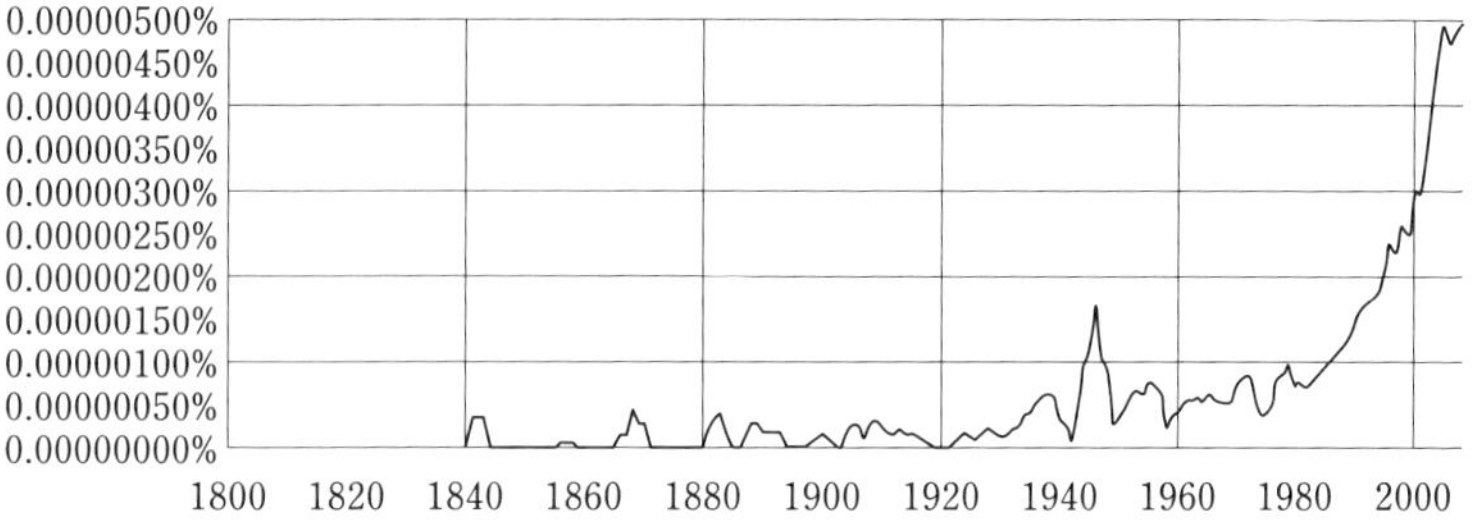

図1　1800年から2008年までに出版された本の中で「シャーデンフロイデ」が含まれている割合を示すGoogle NGram

しみさえも抱く相手に復讐したいという願いに、正義の鉄槌が下ってほしいという願いが混ざり込んでいる。

シャーデンフロイデの時代?

私たちはシャーデンフロイデの時代に生きているのだろうか。スーパーマーケットで、レジまでの通路を一瞥しただけでも、売り上げのよい雑誌は失恋やらスキャンダルやら個人的な不幸話やらが、カラフルな表紙を飾っている。テレビ局は、素人の出演者同士が互いにやり合うようなシチュエーションの番組で成功を収めており、視聴率や広告費がそれを物語っている。当然、こうした流行はインターネットによって何倍にも膨らまされてしまい、情報が「ウイルス」のごとく蔓延する。Google NGram Viewerで「シャーデンフロイデ」を検索したところ、私はその結果に驚かなかった。図1には、一八〇〇年から二〇〇八年までの間に英語で出版された本の中で、「シャーデンフロイデ」という単語が用いられた割合が示されている。その件数は、一九八〇年代後半から上昇を始め、一九九〇年代の半ばからは急激な伸びを見せている。『ニューヨーク・タイムズ』紙にてシャーデンフロイデが使われるようになった数を分析すると、このデータのパターンと符号しているとわかる。一九八〇年にはひとつもみられず、一九八五年には一件だけ。一九九〇年には三件、一九九五年には七件だ。しかし、二〇〇〇年には二八件、二〇〇八年に至っては六二件にまで跳ね上がる。[8] シャーデンフロイデの使用が急増してきたのは、おそらく種々の不幸に苦しむ人たちに注目しはじめたメディアのトレンドに由来するものだろう。

第7章では、『アメリカン・アイドル』と『プレデターをやっつけろ』というリアリティ番組を引き合いに出す。いずれも、記憶に残りやすい方法で、屈辱を喜ぶことを娯楽化した先駆的なショーだ。メディアを研究しているブラッド・ウェイトとサラ・ブッカーが言うところの「屈辱エンター《ヒューミリ》テインメント《ティンメント》」である。[9] なぜ、こうした番組がそこまで人気を博しているのだろうか。屈辱エンターテインメントに該当する番組の数々では、編集と構成で盛り上げられた時に、その屈辱が相応しいとの解説が付く場面が多い。こうした番組が視聴者に見せ付けているのが、喜ばしい下方比較なのだ。

妬みを和らげる塗り薬と治療法

続く三つの章では、妬みについて十分な情報を交えて議論する。妬みは苦しい感情であるのに対して、シャーデンフロイデは快い感情だが、この二つは連携していることが少なくない。ホーマーがそれを経験し、彼に分かるように娘のリサが説明したように、第8章では、妬んでいる相手に降りかかる不幸が、痛みから特別な喜びへと変わる点について詳しく述べる。これこそが、妬みの定義に、妬んでいる相手が苦しんでいると喜びを感じる心構えが含まれる理由だ。

妬みとシャーデンフロイデの結び付きについては、色々なことが言える。妬みは認め難い感情であるがゆえに、私たちの多くは、リサよりもホーマーに近い。自覚できないほどに、私たちは妬みという感情に脅されている。仮に自覚していたとしても、妬んでいると口にすることはまずない。第9章では、妬みにはこうした特徴があるからこそ、自分や他者にとってより受け入れられやすいような形に転成される場合が多いことを示す。このような別の形態へと妬みが転成を果たすことで、妬まれた人の不幸から生まれるシャーデンフロイデは正当化され、時にはそれほど悪くないものにさえ見えてしまう。その上、妬みの根を辿るなら、そこには敵意しかない。この敵意が、シャーデンフロイデの受動的な形態と相まって、不満を育むのだ。私たちが妬みを感じ、とりわけ強く妬むと、妬みの対象となっている人物の不幸を望むだけでは飽き足らず、時には、彼らに不幸をもたらす術をも見つけようとする。

妬みとシャーデンフロイデ、そして人間の邪悪さ

第10章では、特に闇の領域に踏み込んでしまうような妬みに転成しうる性質について触れる。この章で検証するのは、ユダヤ人に対する迫害に見られる反ユダヤ主義とナチスの喜びという特殊なものだ。シャーデンフロイデの極端な例であるけれども、これが無自覚な妬みが恨みへと変わったことを表している。妬んでいると、攻撃だけではなく、極端な形態のシャーデンフロイデをも無理矢理に正当化してしまう。これはシャーデンフロイデの周辺というべき現象だが、そこに「いくら弾劾しても し切れない」犯罪がある。[10]

処方箋はあるのか?

なるほど、シャーデンフロイデが自然な感情であるなら、それを感じることを推奨すべきなのだろうか。とりわけ、シャーデンフロイデによって誰かを傷つけるような行動に駆り立てられることに気

づいていれば、そんな風に述べる人はいないだろう。本書で主張したいのは、シャーデンフロイデという感情を消し去るのではなくて、第11章で触れるように、少なくともシャーデンフロイデの悪影響を和らげられるかもしれないという一つの可能性を示すことだ。そこでは、私たちが他者の行動を説明する際には、性格による説明を好むという、心理的な傾向について詳細を述べる。これは「根本的な帰属の誤り」と呼ばれるもので、不幸に喘ぐ人々を見たときに、共感よりもシャーデンフロイデを強める。その不幸が相応しいと見るのは、そうなった原因が彼らの内面によると思ってしまうからに他ならない。もし、こうした傾向を抑えられるなら、共感はシャーデンフロイデを打ち負かすだろう──後ほど、それが本当なのだと、エイブラハム・リンカーンを通してわかる。

改めて申し添えておきたい。この本はシャーデンフロイデに焦点を当てたものだが、それによって他人の不幸に共感する能力が人間に欠けているのだと示したいわけではない。もちろん、そういう側面もある。近年の進化に関する考えでは、人間というのは生来、誰かに敵意を向けるよりは情け深さに基づいて反応する生き物だという。

最近出された本のタイトルでも、それがわかる。動物行動学者のフランス・ドゥ・ヴァールは、人間の性質についての考えの変遷を『共感の時代』と呼んでいる。感情を研究するダッカー・ケルトナーは「より良く生まれる」というフレーズで、こうした時代の潮流を掴んでいる。しかも、私たちには復讐の衝動があるだけではなく、許しの衝動も備わっている点については、心理学者のミハエル・マッカローの『復讐を超えて──許しの進化』で議論されている。[11] ポジティブ心理学の隆盛と、ポジティブ心理学が心の病よりも健康な人間の機能に焦点を当てていることで、私たちは、人間には本質的な良さがあるのだと受け入れられるようになった。幸せを理解するに当たって重要な研究には、心理学者のエド・ディーナー、ロバート・エモンズ、そしてマーティン・セリグマンらが名を連ねている。[12] ポジティブ心理学というムーブメントのテーマの一つは、自己満足を求めるよりも他者に情けをかけることがより個人的な幸せを引き出すというものだ。それでもなお、シャーデンフロイデを感じる能力は、あまり情け深さを感じないような部分と共振する。

要するに、様々な方法をもってして他者の不幸で得をするからこそ、シャーデンフロイデが生じると知ることになるだろう。他者と競うような時には利己心が重視され、劣るよりも優れたいと私たちは願う。こんなときに経験する感情の中にこそ、シャーデンフロイデの居場所がある。私たちには正義への情熱があるが、その正義感が多くの不幸を相応しいと見なす。シャーデンフロイデは相応性と密接に関わっていて、不幸に喘ぐ人が「私たち」に仇なす場合には顕著である。本書では、シャーデンフロイデと相応性の繋がりの基礎についても検証する。妬まれた人の失墜は特別な喜びを生むわけだが、この種のシャーデンフロイデを頻繁に生み出すたくさんの理由についても探る。私たちが考えている以上に、シャーデンフロイデは自然な感情であり、私たちの経験のそこかしこに存在する。これらをつぶさに見ていくのはとても価値がある。というのも、それが人間とは何かについて、たくさんのことを教えてくれるからだ——そして、リンカーンの言葉を借りるなら「われわれの本来の姿であるよい天使」に、私たちの目を向けさせるに違いない。[13]

第1章

優越の恍惚

The Highs of Superiority

他人の不幸や醜聞がいわばわれわれ自身のしあわせを一層明るい光の中で引き立たせるための背景となっている場合に、自分のしあわせや、自分の品行方正さえも、より強く感ずるというのは、いうまでもなく自然の内に基礎を持つところの構想力、すなわち対照の法則によることである。

——イマニュエル・カント[1]

行列にいる他の連中よりも少しはマシだと感じたかったものだから、数日間、私はソール・ベローの小説『ハーツォグ』を手にして並んでいた。

——ドン・J・スナイダー『崖っぷちの人生』[2]

俺は「チェビー・チェイス」……だが、君は違う。

——チェビー・チェイス　サタデー・ナイト・ライブ『ウィークエンド・アップデート』[3]

長女が四歳のとき、私は勤務先の近くの託児所に彼女を預けていた。ある日迎えに行くと、低めに吊り下げられた黒板に、チョークで何か絵を描いているところだった。娘は私を見つけるやいなや、誰々を描くから手伝ってほしいとお願いしてきた。私は協力したが、ちょうどその隣では、娘のお友だちも絵を描いていた。長女がまた絵を描き始めると、お友達の母親がほどなくやって来た。そこで彼女の目に飛び込んできたのは、彼女の娘が描いた年相応の絵、その隣にある私の絵であった。その時の、ショックと混乱に満ちた母親の顔ときたら……。

「あ、……あなたの娘さんが描いたの⁉」
「いいえ、私ですよ」

すると母親の表情は、少し困ったような、しかし、ほっとしたものに変わった。

誰かと比べることが、私たちの感情にどんな影響を及ぼしているのかと考えるたびに、私はよくこの出来事を思い出す[4]。自分の娘と私の娘を同等だと思っていた母親にとって、二人の絵のパフォーマンスの明らかな差は衝撃的だったに違いない。自分の子よりも他の子に才能があるのを目の当たりにしたのは、さぞ苦痛だっただろう。考えてみれば、私が協力したことを打ち明けたのは、母親にとっては良い知らせであり、私にとっては悪い知らせだった。私の娘の才能がさほどでもなかったのは、お友達の母親には安堵を、私には、ちょっとした「シャーデンフロイデ」をもたらしたのだから。

他人との比較と、それに基づいた結論、そして、比較から生まれる感情は、私たちの暮らしの隅々にまで行き渡っている。自分が劣っていると嫌な気持ちになるように、優れていると良い気持ちになるものだ。確かに、人の不幸は優越の喜びをもたらす一因であるし、種々のシャーデンフロイデはそれで説明がつく。

そんな事実には閉口したくもなるが、エンターテイメントの世界から見てみると、身近で実にわかりやすくなる。『そりゃないぜ⁉ フレイジャー』は、ケルシー・グラマーが神経質で紳士気取りだが憎めない精神科医、フレイジャー・クレインを演じる長寿コメディドラマで、そこにはたくさんの例が出てくる。「完璧な男」というエピソードの中で、フレイジャーは強い妬みに苛まれていた。パーソナリティを務める人生相談のラジオ番組が、新たに健康の専門家を起用したからだ。その人物とはクリント・ウェバー。彼は才能に溢れてハンサム。しかも、彼の飾り気のない魅力は、いともたやすくフレイジャーを飛び越えて、女性たちを虜にした。フレイジャーは自分が妬んでなどいないと皆に知らしめようと、クリントのためにパーティーを開く。しかし、これがかえってクリントのさらなる魅力を披露する場となってしまう。フレイジャーがパーティーに来ていた中国人女性の気を引こうと、(ひどくお粗末な)中国語で「とても美しいね」と話しかけた。しかし、発音が悪く「鶏のくちばしみたいにかわいい」という意味だよとダメ出しされる始末。すると、そのやり取りを聴いていたクリントが割り込んできた。「鶏のくちばしみたいにかわいい子って誰だい?」。それから彼は、中国語で流暢に話し始めたのだ。

すっかり打ちのめされたフレイジャーは、弟のナイルズにクリントには非の打ち所がないと漏らす。しかしその後、気付くとクリントとキッチンで二人きりになっていて、彼からパーティーを開いてもらったことを感謝される。ちょうどその時、自宅に招いたピアニストが、フレイジャーのグランドピアノで『麗しのサブリナ』を弾いていて、クリントはこの歌が好きなのだと話す。またもや彼の才能によって最高の夜が締めくくられるのだろうよ……と思いながらフレイジャーがキッチンを後にしてからクリントは歌い始めたのだが……音程をひどく外していたのだ！　この予期していなかった幸運にすぐに気付いたフレイジャーは、キッチンに踵を返す。大声で歌ってしまったことを詫びるクリントに向かって、フレイジャーは満面の笑みをたたえてこう言った。「いやいや、気にしないで。君の歌を聴けて僕はどんなに嬉しいか」。

　ワインを飲むと大袈裟に演技をしてしまうことを認めたクリントは、皆に一曲披露したいと申し出た。ここぞとばかりに、クリントをピアノに向かわせるフレイジャー。クリントが歌う準備をしている間、フレイジャーはナイルズに駆け寄って良い知らせを伝えた。「ナイルズ、ナイルズ、やったぜ！　あいつの『アキレス腱』を見つけたぜ……歌を聴いたんだが、ひどい音痴なんだよ。あいつの『麗しのサブリナ』を聴いたら、お前の歯のエナメル質も吹っ飛ぶほどだぞ！」。

　ところが、ナイルズは反対する。「本気で彼に歌わせるつもりなのか。……兄さんは歌が上手いんだし、もう勝ってるじゃないか。それがわかっただけで十分だろう？　彼に恥をかかせる必要があるのか」。

　フレイジャーは少し口ごもってから「あるさ」と答えた。

　フレイジャーは、クリントに恥をかかせたかったのだ。クリントに対して抱く劣等感に辟易していたが、そんなライバルの「致命的な弱点」を見つけて喜びに震えていた。しかも、クリントの弱点を衆目に晒して楽しみたいとも企んだ。はたして、クリントが歌い出すとフレイジャーは勝ち誇る。ゲストたちは失礼だとは思いつつも、彼の酷い歌にうんざりしてしまった。フレイジャーは、皮肉と非難めいた口調でこう言うのだった。「まあまあ皆さん――完璧な人間なんていませんから[5]」。

　面白おかしい話ではあるものの、これは単なるシチュエーションコメディに過ぎない。フレイジャーの身になり、彼の感情が半ばわかっているとしても、適度な距離感を保って見ていられる。しかし、そう思っている以上に、フレイジャーは私たち自身に近いのではなかろうか。

自分はどれだけ良いのか？　一体誰と比べて？

社会的比較を通じて、自分が成功しているのか、それとも失敗しているのかがわかるだけでなく、その理由も見えてくる。もし、たくさんの人が優れたパフォーマンスであるから自分が「失敗」するのなら、能力は低いと見なされるだろうし、たくさんの人が不得手なので自分が「成功」しているのであれば、能力は高く見積もられるだろう。このように、社会的比較は二通りの影響をもたらす。一つは、パフォーマンスが成功したか失敗したかの見極め。もう一つは、成功・失敗の原因と思しき能力の高低の暗示である。他者に振りかかる不幸が喜ばしいのも無理はない。他人の不幸は相対的に自分の幸福を高めて、自己評価を引き上げてくれるのだから。

社会的比較がどれだけ私たちの才能や能力を見極めるのに役立っているかを強調しておきたい。自分が俊足と知るにはどうすればよいだろうか。トラック一周を走るタイムを測れば十分だろうか。答えはノーだ。そのタイムを、自分と同じような年齢、性別、練習量の他者と比べなければならない。彼らよりも速いとわかってはじめて、自分は速いのだと言えるのだから。

たくさんの人たちが、人間が経験する社会的比較のパワフルな役割をうまく捉えようとしてきた。時として、それは生きてきた経験から生まれる皮肉めいた言葉で表される。「裕福なときもあれば、貧乏なときもあったわ。でも、裕福な方が絶対にいいのよ」。アメリカの歌手で女優のソフィ・タッカーの言葉だ。[6] また、出来事の変化から来る言葉もある。たとえば、一九四三年にニューヨークのナイトクラブで若きフランク・シナトラにその座を追われたエンターティナーのウォルター・オキーフのように。「このクラブに来たとき、俺はスターだったが……やってきたローラー車にぺしゃんこにされちまったのさ」[7]。コメディアンのブライアン・レーガンは、かつて自分が月面を歩いた数少ない人たちの一人だったらどうだろう、と話している。もしそうなら、嘘っぽい自慢話で会話を独占したがる「自己中心的な連中」がいるような場面に割り込んで、「俺は月を歩いたんだぜ」と言える[8]。もはや、ここで彼と張り合おうとする人はいない。

ユートピアについて書かれた小説の多くで、普段遣いの社会的比較が、幸福の最大化を目指す社会の取り組みをいかにして妨げてきたかが明らかにされている。たとえば、バラス・フレデリック・スキナーの『ウォールデン・トゥー』や、レスリー・ポールズ・ハートリーの『顔の正義』だ。しかし、日常生活における社会的比較の重要性を巧みに示したのは、一八世紀の哲学者ジャン・ジャック・ルソーをおいて他にない。代表作『人間不平等起源論』[9]の中で、ルソーは古代の人々の暮らしに思いを馳せ、現代と比べると孤独な状態にあったのではないかと考えた。そして、もしそうだとすれば、この状態が自分についての感覚と日々の感情に及ぼす影響は極めて大きかったはずだ、と。知識や力に見られる自然な個人差というのは社会的比較の本質といってもいいものだが、それはルソーの考える「自然の状態」ではあまり意味をなさない。食事と住み家を手に入れられる程度の賢さと強さを持ち合わせさえいれば、さらなる才能を求めなかっただろうし——何か足りないとも感じなかっただろう。歴史が進んで人々がより接点を持つようになると、その結果として社会的比較も増え、その影響を受けやすくなったとルソーは示している。

人々は、さまざまな物事を見極め、比べることに馴染みつつある。だんだんと損得勘定や美意識を身に付け始め、何かを選り好みする気持ちも生まれた……各々が他者を気にするだけでなく、自分自身も見られたいと思い始めた。そして、公の評価が重んじられるに至った。歌やダンスが上手い者、美しい者、力のある者、器用な者、雄弁な者が尊敬を集めるようになった。これこそが、不平等への第一歩なのだ。[10]

私たち自身に対する気持ちもまた変化する。独り身ならば、食事で空腹が満たされ、屋根付きの家に住み、怪我もなければ満足できる。しかし、他者と暮らすとなるとそうはいかない。ある種の自負、言うなれば「自惚れ《アムールプロプル》」に取って代わり、人よりも優れていたい、優れていると思われたいという新たに芽生えた欲望に駆られる。ルソーは、他人との相対的な違いに揺り動かされ、自分の心を支配する感情を浮き彫りにしている——他人に劣る場合の恥と妬み、自分が優る場合の虚栄心と蔑みがそれだ。[11]

社会的比較と自尊心——そのエビデンスとは？

一九五〇年代、社会的比較というものを、自分たちを評価したいという基本的な欲求と関連付けたレオン・フェスティンガーを皮切りに、心理学者たちは、自己評価に占める社会的比較の重要性を実証する様々な方法を考案してきた。[12] スーザン・フィスクの近刊『上流への妬み、下流への蔑み——地位と地位とを分かつ溝』の中では、彼女や他の研究者による社会的比較研究の精髄が読み取れる。[13] 私が最も気に入っているのが、一九六〇年代後半に行われたスタン・モースとケン・ガーゲンの研究だ。[14] 実験計画はシンプルなものだったが、彼らの成果は強いインパクトを残すことになる。実験に参加したのは、求人広告を見てやってきたミシガン大学の学生たちだった。この実験に参加すれば高額の報酬が得られるので、他の実験と比べて高い競争率であった。彼らが指定された場所に着くと、申し込みの手順として、まず個室で質問紙への記入を求められた。この用紙の中には、間接的に自尊心を測定する項目も含まれていた。自尊心を測る質問へ記入が終わった後くらいのタイミングで、今度は別の参加者に扮したサクラが同じ部屋に案内され、同じ用紙に記入し始める。その人物の見た目や行動は、二つの条件になるように仕組まれていた。まずはクリーン氏。お洒落な服装で身だしなみも良く、自信に満ちていた。哲学書を片手に、すらすらと調査用紙に記入していく。もうひとりはダーティー氏。みすぼらしい服装で臭う上に、少しぼんやりとした感じの人物だ。申込用紙に記入している最中、まるで手助けでもしてほしいかのように、ときどき手を止めては自分の頭を掻いたりする。

やがて、参加者たちは申込用紙の最後まで記入を終えるのだが、そこにも自尊心を測定する質問が混ぜ込まれていた。もう一人の参加者（クリーン氏、もしくはダーティー氏）が部屋に入ってくる前と、入ってきた後の自尊心の得点を用いて、モースとガーゲンはいくつかの可能性についての予測を確かめることができた。一つ目の可能性は、「クリーン氏」と比べると自尊心が減じる一方、「ダーティー氏」だと自尊心は増加しない、というもの。この予測は、「上方」比較は自尊心に影響を及ぼしやすいが、「下方」比較はそうではないことを示している。私たちは、他者が優れていると不愉快になるものの、他者が劣っていようと、そこには頓着しないというわけだ。二つ目の可能性は、ダーティー氏が自尊心を増加させるが、クリーン氏は低減させない、というもの。下方比較は自尊心に影響を及ぼしうるが、上方比較はそうではないという予測がこれだ。私たちは他者の優越性には関心を抱かないが、他者の劣等性は励みになる。そして最後の可能性――実際に生じたのがこれだったのだが――は、両方の条件がいずれも自尊心に影響する、というものだった。別の参加者が優れているときには自分自身を悪くとらえるとともに、別の参加者が劣っているときには自分自身をよくとらえる、という具合に。他者の優越性は自尊心を減じることが多いのに対し、他者の劣等性は励みとなるというのは、とりわけ競争的な事態でよく見られる――このことは、モースとガーゲンの研究以来、多くの後続の研究によって示されてきた。

この結果は、面白い観点から見ても示唆に富むものだった。実は、実験に係わったスタッフに、仕組まれた参加者と本当の参加者たちについて、立ち居振舞い、身だしなみ、全体的な外見、自信あり気かという点で、どれくらい似ているか評定させていたのだ。図2に示されているように、ほとんどの自尊心の動きは、ダーティー氏と似ていると評定された参加者――つまり、自分自身を「劣っている」と見なしていそうな者――に見られた。彼らが、優れた参加者との差異を痛感したのは間違いない。この回答にも示されている通り、クリーン氏と比べると自尊心が大きく変化した。しかし、運良くダーティー氏との比較条件に割り当てられた場合には恩恵があった。というのも、ダーティー氏は少なくとも自分と同じくらい劣っているので、それが絶好の励みになったのだ。優れていると評定された参加者たちは、クリーン氏からもダーティー氏からもほとんど影響を受けなかった点も面白い。むしろ、優れた参加者との比較で気分が良くなっていたのだ。おそらくは、クリーン氏と比べて、元々自分も優れているという気持ちを確かめられたからだろう。

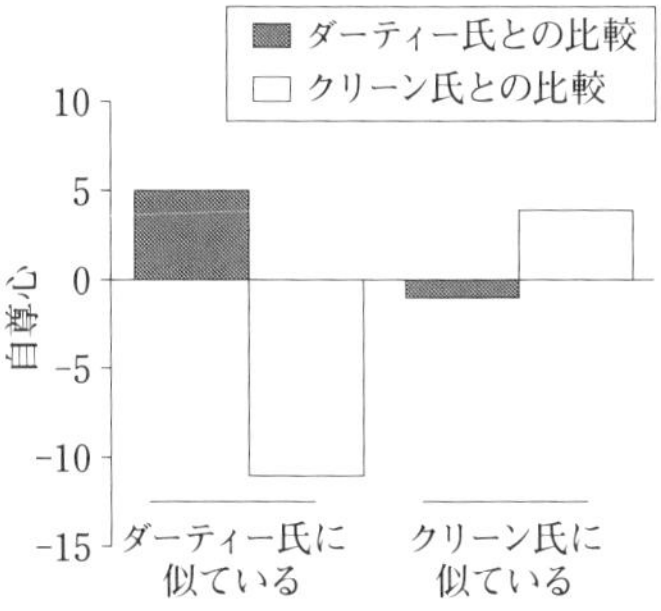

図2　クリーン氏あるいはダーティー氏との相似と自尊心との関連性
ダーティー氏と似ていると評定された実験参加者は，自分たちをクリーン氏と比較すると自尊心が低下し，ダーティー氏と比べた後には自尊心は上昇した。一方，クリーン氏と似た参加者の自尊心は，ダーティー氏と比べても変化せず，クリーン氏との比較では若干上がる程度だった。

他者に見る劣等性とシャーデンフロイデ

優れるメリットと劣るデメリットはあまりにも広範囲かつ明白なので、大袈裟に語ろうとしても難しい。ただ、シャーデンフロイデを経験するような多くの場合に、その根底にある意味を理解しておくことも重要だ。私たちは、自分自身の良さを感じるように動機づけられている。つまり、自分についてのポジティブな感覚を維持する手立てを探る。[15]そのために頼りになる方法が、自分たちが価値を置いている属性について、他者より優れている自分を見つけ出すことだ。自尊心が揺らいでいるときに、劣った人物と比べると良い気持ちになる。

オランダの社会心理学者たち、ウィルコ・ヴァン・ダイク、ヤープ・アウウェルケルク、ヨカ・ウェッセリング、ギード・ヴァン・コニングスブルッゲンたちによる一連の研究は、こうした考え方を強く支持している。[16]ある研究では、実験参加者は優秀な学生のインタビュー記事を読んで、その学生が卒論で失態を犯すことを知る。参加者たちは、インタビュー記事を読む前に、これとは別の研究であるかのように見せかけた調査で、よく使われる自尊心についての項目への回答も求められていた。はたして、彼らの自分自身についての感情は、記事に書かれた学生が失敗したと知ったときの喜び（たとえば、「思わず微笑んでしまった」とか「楽しかった」などの項目）と関連していた。自分について快く思っていない人たちほど、学生の失敗をより喜んだのだ。この知見についての説明は、別の測度を用いたより詳細な分析でも強化された。優秀な学生についての記事を読んだ直後の参加者に、記事の学生と比べることで嫌な気持ちにさせられたかどうかの回答を求めた。分析の結果、低い自尊心の者が学生の卒論での失敗を喜ぶ傾向は、記事の学生と比べて自分が及ばないという感情とも結び付いていた。言い換えれば、自尊心の低い者がシャーデンフロイデを感じるとき、彼らが学生よりも劣ることで痛みも感じていた。

二つ目の研究では、さらなるエビデンスが得られる。手続きは完全に同じなのだが、参加者の半数にだけ、優秀な学生のインタビュー記事を読んだ直後で、まだ学生の失敗を知る前に、自分たちが価値を置いている点について「自己肯定」させる教示が与えられた。もう半分の参加者にはそのような機会は与えられず、最初の研究と同じような反応のパターンを見せた。一方、自己肯定が社会的比較の悪影響を妨げたのだろうか、自己肯定したグループは、記事の学生の失敗をあまり喜ばなかった。

自尊心の低さによる影響を和らげるのに、少しの成功ほどうってつけのものはない。先に述べた通り、フランク・シナトラには、他の歌手達の希望を摘むほどの才能があった。しかし、そんなシナトラでさえ、歌手として困難な時期を経験しており、一九四〇年代の終わり頃には彼の自尊心は枯渇していた。そんな中、一九五三年の映画『地上より永遠に』にてマッジオ役を演じたシナトラは、アカデミー賞助演男優賞に輝く。彼が掛かっていた精神科医、ラルフ・グリーンソンは、シナトラがオスカー像を手にするのをテレビで観て、妻にこう言ったという。「これで終わる。もう彼と会うことはないだろうね」。実際、そうなった。アカデミー賞は多大な自己肯定をもたらし、しばらく続くカムバックの第一歩となった。

ヴァン・ダイクたちオランダの研究者による三つ目の実験はさらに巧妙だった。はじめの二つの実験は、参加者たちにもともとあった自尊心の変化に依拠していた。しかし今回は、自尊心の変化を「作り出した」のだ。そのやり方とは、参加者のパフォーマンスに偽のフィードバックを与えてから、彼らが他者の不幸にどう反応したかを検証する、というものだった。まず、知的能力に関連があると示された課題を行った参加者が、作業終了後に、そのスコアが全体の下位一〇パーセントだったと告げられた（ちなみに、統制条件では何のフィードバックもなかった）。続いて、ある雑誌記事を読まされる。それは、パーティーで目立とうとして高い車を借りた学生が、会場について駐車場に車を止めようとしたところ運河に落ちて、せっかくの車が台無しになった、というものだ。想定されていた通り、自分の知的能力についてネガティブなフィードバックを受けていた参加者たちの方が、何のフィードバックもなかった者たちと比べて、この不幸を喜んだ[17]。一七世紀の作家フランソワ・ド・ラ・ロシュフコオは次のような格言を残している。「もしわれわれが欠点をもたなかったら、ほかの人の欠点に気づく場合に、こうまで嬉しくはないはずだ」[18]。

他者の不幸から心理的な満足を得る人たちは、失敗に喘ぐ他者との比較を通じて、まさに自尊心が上向く。このプロセスに関するエビデンスが蓄積されたのは、研究者たちの創意工夫の賜物といえる。自尊心が低い者、もしくは自尊心が脅威にさらされた者たちにとって、それは尚更だった。こうした心理的なプロセスに光を当てるものの一つが、シャーデンフロイデなのだ。

社会的比較の進化的起源

日常生活における社会的比較の重要性を際立たせるのみならず、なぜ他者が劣っていると嬉しいのか。その謎をも説明してくれるのが、進化心理学である。進化がどのように作用するのかを理解するための重要でシンプルな事実は、絶えず繰り返される生存と繁殖という点で、人々は異なるということである。この違いが生存にもたらすメリットは自然淘汰だ。詰まるところ、人生とは自分が属する文化圏で賞される次元で優れようと競い合う努力である。地位と、その地位から得られる輝かしい利権の数々を得るために。優越性は、まさに違いを生み出す。ライバルたちに比した優勢や名声のある属性があれば、その結果として私たちの序列は上がり、利益確保にも繋がる。このような理由だけでも、何かメリットをもたらすような属性の中にも序列があり、人間はそれにすっかり慣れてしまっているとわかる。こうして、序列と地位の背景にある適応力の大きさから、劣るのは悪く、優れるのは良いと思わざるを得なくなったのだ[19]。

私たちが社会的比較にどれほど関心を払っているかを示すものに、交配ゲーム以上にわかりやすいものはない。交配ゲームは繁殖の有利さをいかに勝ち取るかどうかが要となっているので、進化の条件に叶っている。生存とは、個々人が生きていくことではなくて、遺伝子を（子孫の中で）生かすことになる。だからこそ、私たちは交配しなければならない――そして、子孫に優れた適応度を残せるように交配することが、この競争で最も重要な点である。[20]

面白いことに、身体的魅力で釣り合いが取れているカップルがほとんどだ。なぜそうなるのだろうか。私たちは最も魅力的な人物と関係を持ちたがる反面、同じ目的をもった他者と競争している。交際に発展するなら、どんな申し出も報われるべきものだが、やりすぎると上手くいかなくなるのが普通だ。なぜなら、拒否を招くからだ。

私は大学院の授業で、この点を脚色するような実演をしている。[21] 一五名ほどの学生に配られるのは、彼らの身体的な魅力についての「交配価」の値が一～一五の範囲で記されたカードだ。彼らは中身を確認せずにカードを開いて、他の人だけにそれが見えるよう額に貼る。それから、性別は関係なしに、自分が見つけられる最も交配価の高い者とペアになるように言われる。ペアになれそうと思った相手に握手を求める。もし応じられれば、ペアは成立となる。しかし、申し出が拒否されれば、握手してもらえるまで続けなければならない。

進むにつれて、握手してもらえず彷徨うかわいそうな学生たちも出てくるが、最終的には彼らもペアになる。それから、カードに書かれた自分の交配価を見る前に、自分の値を予想して書く。また、ペアの満足度についても評定する。私はすぐに実際の値と、予測された値と、満足度をコンピューターに打ち込む。すると、単なる相関関係だけでも、有益な情報が得られる。まず、実際の交配値同士の相関が高かった。つまり、類似した交配価の者同士がペアになっていたことになる。続いて、実際と予測された交配価の相関もまた高い。一度や二度握手を拒

否されるだけでわかるのは、自分の魅力が一番高いわけではないということだ。最後に、実際と予測の両方とも、交配価はペアの満足度と相関が高い。交配価の高い者同士のペアは満足度が高く、低い者たちのそれは低かった、というわけだ。この実演は、もちろん人為的なものであるけれども、人生の重要な局面での序列の影響を表現している。他者からどう扱われるかによって、容易に自分の交配価を察する。そして、ペアの満足度は、実際と予想された交配価と平行して変化していく。

　結束の強い部族を形成して暮していた私たちの祖先にとっては、他のグループのメンバーよりも相対的に優れることが重要と考えられていた。というのも、競争における強みを増進させるからだ。経済学者ロバート・フランクは、こうした相対的思考には面白い利点があると指摘している。彼によると、漠然と「ベストを尽くせ」というのは苦境を生むだけだという。これは、いつになれば十分にやり切ったと結論づけられるかがわからないというのだ。フランクの代案は「身近な競争相手よりはうまくやれ」である。この相対的なルールこそが、この問題を効果的に解決する方法なのだと。[22] 適応的なのは競争相手より上回ろうと目指すことで、達成を際限なく繰り返すことではない。社会的比較を自然に受け止めれば、自ずと効率の良い行為が生まれる。相対的に有利になったことが明らかになった時点で、努力を止める。これこそが、終わりのない作業からの解放を意味する。進化というプロセスでは、低い地位に甘んじる者が排除されやすい。なぜなら、そういう者たちは資源を入手しにくければ、潜在的な配偶者からも好まれにくいからだ。[23] なるほど、地位の低さが健康や寿命に悪影響を及ぼすといったエビデンスが山のようにあるのも頷ける。[24] 低い地位にいれば不幸せなのがほとんどだが、彼らはそれなりに適応的といえる――不幸せであるがゆえに、何とかしようとするサインとみなせるからだ。同じように、高い地位にあるほとんどの者は幸せだ。これもまた適応的だ――高い地位から利益を得たサインなのだから。こうした幸福感は、期待され、求められ、そして享受される。

高い地位とそれに付随する喜びを得るためには、とりわけ自分より高い地位にある者を貶めるという方法もある。進化心理学者のパイオニアであるデイビッド・バスによると、高い地位の者たちの失敗をみて喜んでやろうとの期待もまた、適応的であるという。こうした期待は、他者の不幸を引き寄せ、それが相対的な利得となって、喜びの経験に繋がる[25]。

相対的な差異に対する鋭い感受性の適応的な利益は、類似した遺伝子を人類と共有している霊長類にも同じような傾向が観察できることからも裏付けられている。エモリー大学内にあるヤーキス国立霊長類研究センターの研究員たちは、オマキザルたちに「不公平《ノー・フェア》」ゲームを課した[26]。実験は二匹一組で行われ、サルたちは研究員に小石を渡すと、褒美に食べ物がもらえるように訓練された。褒美はキュウリの薄切りかブドウのいずれかで、サルの好物はブドウだった。どちらもキュウリを受け取ると、サルは二匹とも満足げであった。しかし、片方がキュウリで、もう片方がブドウを受け取ったならば、キュウリをもらったサルは取り乱したのだ。どうやら、報酬の相対的な質は、報酬の有無と同じくらい重要らしい。この実験を行った主任研究員のサラ・ブロスナンは、ブドウをもらえなかったサルたちは「キュウリを私から受け取るものの、それからキュウリを落としたり投げつけたり、あるいはキュウリを渡そうとしてもそっぽを向いて受け取りを拒絶した」[27]。こうしたサルの反応は、私たちがどちらかといえば不公平な扱いを受けたときの姿と重なって見える。一番を手に入れられなかったならば、二番目などは歯牙にもかけなくなる。

犬ですら、不平等な扱いを受けると気を揉む様子を見せる。かつて、一八世紀の著名な学者サミュエル・ジョンソンは、犬には「比べる力」がなく、それは浅薄な人たちと変わらないと断じた。こうした連中は、肉が横並びに置かれていても、「大きかろうと小さかろうと変わりない」と嘯きながら、自分の一番近くにある方に飛びつく[28]。しかし、ある研究から見えてきたのは、ジョンソンが犬の能力を見くびっていたかもしれない、という事実だ。その研究は飼い犬の行動について調べたもので、ウィーン大学の研究者グループによって行われた。犬はペアになり、研究員の指示に従ってお手をすると、高品質（ソーセージ）か、低品質（黒パン）かいずれかのご褒美がもらえる。ジョンソンの言う通り、犬はソーセージではなくて黒パンを与えられても、その品質の違いを気に留めているようには見えなかった。しかし、実験の手続を一ヶ所変えただけで、犬の反応が変わった。片方の犬は「どちらか」のご褒美がもらえたのに対して、もう片方の犬へのご褒美は何もないという風に。こうすると、もらえない方の犬は、お手をするのが遅くなったり、完全に指示通りには動かなくなったりした。しかも、苛ついた様子を見せ始め、ご褒美をもらった犬から目を逸らすようにもなった。この発見を通じて、研究者たちが推測したのは、不平等な分配——少なくとも片方は何ももらえないということ——に対して犬がネガティブな「感情」反応を持ち合わせているという点だ。もらえるなら何でもかまわないが、他の犬が何かもらっているのに自分には「何もない」のは動揺を誘う。[29] 犬がこんな風に悩むのだとすれば、ほとんどの人間が少なからず不平等に関心を払うとみなすのはたやすい。

　社会的比較が感情に及ぼす影響力は、文化によっても随分異なる。[30] しかし、社会的比較の強力さに懐疑的な人と会ったときには、とりあえずエビデンスや進化論は脇に置いて、彼らに子どもはいるか尋ねるようにしている。そして、もし二人以上いるなら、一人を特別にかわいがったらどうなるかと尋ねる。すると、そんなミスを犯して家族間の衝突を招いた記憶が湧き上がるのか、彼らの表情が変わる。怒りの激発、不公平だと泣き叫ぶ声、恨み節の余韻。こうした記憶だけで十分納得してもらえるかもしれないが、しかし、ポップコーンを与えるのに夫婦揃って苦労した話で締めくくるようにしている。映画にはポップコーンというのがわが家の定番だったが、そうなった当初から、娘たちはどちらのポップコーンが多いかとよく言い争っていた。そうならないようにするには、ボウルに山盛りになったポップコーンがちゃんと同じ量になっているか、細心の注意を払うより他なかった。にもかかわらず、一人はもう一人のポップコーンの方が多くて「いつも」贔屓されていると文句を言うのだ。そんな姉妹のいさかいをなだめるために、時折、彼女たちにこう言い聞かせた。「どっちが多いかなんて関係ある？　それに、どうして少ない方のボウルじゃだめなんだ？　あっちが多くもらっているのを嬉しく思わないと」。読者にはおわかりかもしれないが、私たちがいくら諭したところで、贔屓されていると感じた子どもたちには焼け石に水だった。そんな彼女たちもすっかり成長し、今となっては笑い話だ。しかし、子どもたちが幼い頃に見せた不利な状況に対する素朴な苦痛は、人が生まれながらにして社会的比較に関心を抱いていることを示す、格好の証拠である。

私が担当する社会心理学入門の授業では、ある別の切り口から社会的比較の重要性を示している。社会心理学者のマーク・アリックは数々の実験を通じて、人は他者と自分を比べるのに際し、大抵の場合は自分の信念に都合よく考えてしまうことを明らかにしている。「平均以上効果」と呼ばれるこの現象は、「とても」簡単に示せる。[31] 授業の中で、これを見事に再現できるものがある。まず、学生たちには匿名で次のような二つの質問に回答してもらう。

1　あなたにはユーモアのセンスがどれくらいありますか？
　1＝普通の学生よりかなり悪い　7＝普通の学生よりかなり良い

2　あなたには数学の能力がどれくらいありますか？
　1＝普通の学生よりかなり悪い　7＝普通の学生よりかなり良い

回答が出揃ったところで、数名の学生にお願いして手早く計算してもらう。図3は、百名以上の学

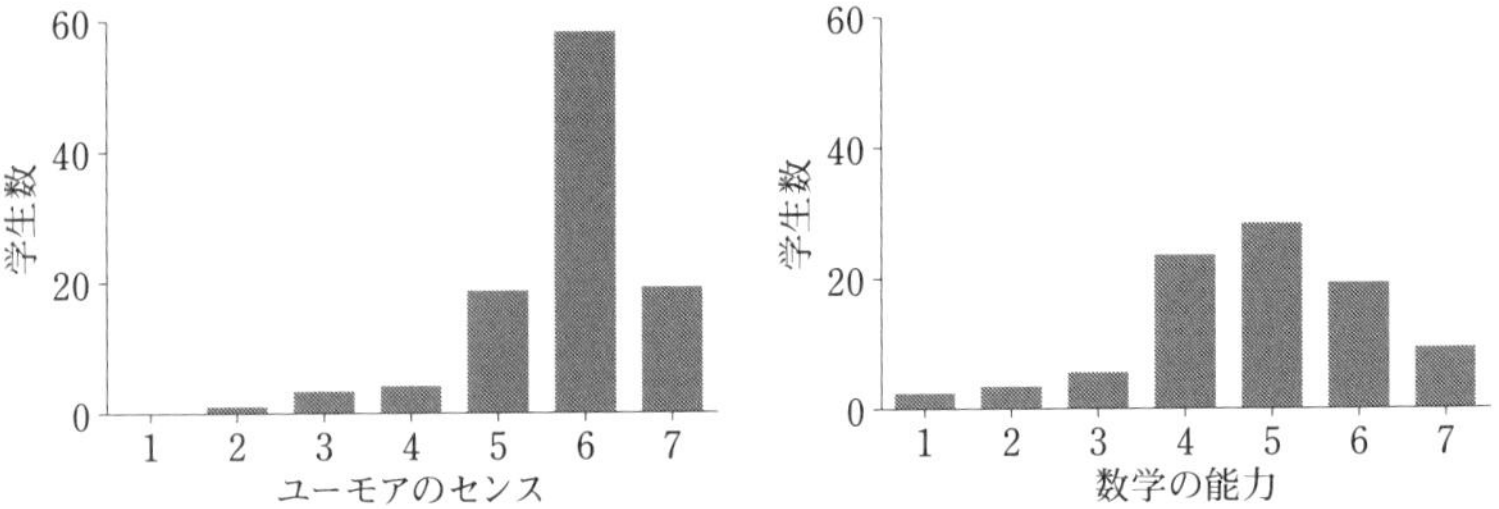

図 3　相対的立場の偏った知覚　ユーモアのセンス（左）と数学の能力（右）について，学生たちは平均的な大学生と比べて評定した。ほとんどの評定が中間点の 4 点，もしくはそれ以上だった。

生がいたクラスでの集計結果をざっと示したものだ。ユーモアセンスについての分布は、あり得ない形であるとわかる。というのも、クラスのほぼ全員が、自分たちを平均よりも上だと評定していたからだ。ほとんどの学生が自分たちは平均をはるかに上回っているとみなしている。ユーモアのセンスについてなら、そう判断されるのもわからなくもない。主観的な判断という時点で偏りが生じるもので、私たちは自分を実際よりも見映えよく見積もってしまう。数学の能力評定についての分布も偏ってはいるものの、さほど極端ではない。数学の能力はユーモアセンスよりも客観的に判断できる指標がある。たとえば、実際の成績などから能力の高低がわかるわけだ。それでもなお、多くの学生たちは、自分の能力が平均より上だとみなしている。

　なぜ自分に対する知覚はこれほどまでに歪んでしまうのだろうか。その主な理由は、私たちが他者よりも優れている状態を好み、できる限りそうなろうと模索している点にあると考えられる。コメディアンのジョージ・カーリンは、この欲求について的を得た言葉を残している。「心当たりはないかい？　運転していて自分よりも遅い奴はグズで、自分より速い奴は狂人だと思うってことに」[32]。こうした幻想は、私たちの自尊心を頑健なものとして維持するのに役立っている[33]。優れた点が自分を見つめる上で余計なものであれば、偏った解釈をする必要はなくなる。しかし、私たちは客観的な視点をすべて投げ捨てることはない。[34] とりわけ、主観だけでは判断しにくい客観的な特性や能力については、他者との相対的な立ち位置が実際のところどうなのかと、主観で判断できる特性や能力よりも敏感に反応する。それでもなお、自分たちにとって有利な解釈をしてしまうかもしれないが。

フィクションにおける社会的比較とシャーデンフロイデ――『赤い武功章』

社会的比較というものが、日々の私たち自身について判断を下すのに、どれほど深く入り込んでいるかと認めれば認めるほど――才能があろうと凡庸であろうと、成功していようと失敗していようと、他者から気にかけられていようといまいと――なぜ他人の不幸が喜ばしいのかがはっきりしてくる。こうした特徴を有する人間について理解した偉大な作家たちがいるのも、何も不思議ではない。スティーブン・クレインが南北戦争を描いた『赤い武功章』の主人公、ヘンリー・フレミングは、戦争が始まって間もない頃に北軍の志願兵となった。[35] しかし、死ぬかも知れないという事実に直面してから、彼の熱意はまたたくまに恐怖へと変わった。無邪気なことに、軍隊に志願しなかった同級生に対し優越感を抱いていたフレミング。そんな彼の考えがいともたやすく逆転したのは、最初に兵士の死を目の当たりにしたときだ。戦場に赴かなかった同級生たちは、今や幸運な人々となった。フレミングは、戦闘になれば逃げ出してしまうのではないかと思うようになり、「戦友を以て己を知る」よろしく、他の兵士たちの心配を自分のそれと比べるようになった。[36] はたして、最初の戦いで、彼は恐怖に飲み込まれた。「後方に凄い勢いで」突っ走り、[37] ほどなく自分の臆病な振る舞いを恥じて、劣等感を抱いた。もちろん、フレミングには上方比較も確かにあった。前線に向かう誇り高い兵士たちを見るにつけ、彼は自分が兵士として不十分だと感じさせられると同時に、彼らを妬ましく思っていた。戦闘から帰還した兵士の一団に紛れ込んだものの、フレミングはすぐに強烈な恥に駆られた。というのも、フレミングとは違って、男たちの多くには傷が、言うなれば「赤い武功章」があったからだ。しかし、幸いにも、彼は困難を抱えた兵士たちとも出会うことで、彼の自信を取り戻す――これは時として、シャーデンフロイデを引き起こす。悪戦苦闘する戦友を見ると、彼自身が「より強く、たくましく」感じられた。[38] 最初の戦闘でフレミングは臆病にも踵を返したのだが、他の兵士たちの多くも逃げ出したと知って安心した。後になると、恐怖におののき退却する隊を「か弱く、無様な動物たち」とたとえるようになった。[39] 気休めの比較を通じて喜び、「おそらく、自分はそんなに悪くなかった」と締めくくった。[40] 小説の最後では勇敢に闘って、名誉を挽回することになる。ただし、他の兵士と比べて喜んで自尊心を回復させたからこそ、名誉挽回に挑めたわけだが。[41] このように、フレミングの感情は社会的比較によってかなり振り回されていた。シャーデンフロイデを感じるのに社会的比較が影響を与えたのは、その一例に過ぎない。

ノンフィクションにおける社会的比較とシャーデンフロイデ――ネイサン・マッコールの『叫ばずにはいられない』

フィクションの世界と同じように、社会的比較が生活の中で生じる感情に広く浸透しているケースは自伝的な作品にも見つけやすく、そうした社会的比較がもたらす状況の区切りにはシャーデンフロイデが付き物だ。バージニア州生まれのジャーナリストで、ポーツマスの労働者階級の家で育ったネイサン・マッコールは、回顧録『叫ばずにはいられない――ある黒人男性から見たアメリカ』で、人種間の比較で苦悩を強いられた過去を浮き彫りにしている。[42] マッコールは安定した大家族の中で育ち、学校でも優等生だったにもかかわらず、一五歳になった頃には、銃を片手にレイプから強盗に至るまでの犯罪行為に関わっていた。人を撃ったこともあったが、被害者は辛くも生き延びたため、殺人をするまでには至らなかった。しかし、十代後半でマクドナルドへ盗みに入ったかどで逮捕された。刑務所の中では困難にも耐え忍んで更生に励み、出所するまでにジャーナリズム学の学位を取得した。職に就くまでにはまた一山二山越えなければならなかったが、なんとか『アトランタ・ジャーナル・コンスティテューション』紙の記者となり、最終的には『ワシントンポスト』で筆を走らせるまでになった。

回顧録には、一般の人には馴染みのない範囲について触れられている。強盗やレイプに手を染めるのがどういうことかを知る者は少なく、逆にそういった者はマッコールのように、こうしたことをうまく語れる身分にはまずならない。彼の明け透けな物言いは辛辣でもあるが、人間の心理に関心のある読者からすれば、学ぶところは多い。

社会的比較、とりわけ人種の絡んだそれに、マッコールはよく鼻が利いた。彼が残酷な行為や犯罪の悪循環に陥ったのは、黒人としてのアイデンティティと結び付いた劣等感に遡ることができる。七、八歳の頃、彼はテレビに映る白人たちに「魅了」された。白人はどんなに楽しいだろうと考えもした。様々な方面から、白人の方が黒人より優れているのだと察した。[43] たとえば、母親から「肌を見せるのはおやめなさい。黒人みたいに振舞うのもね」と言われたり、裕福なユダヤ人家族のところで家政婦として働いている祖母からは、その家の子と比べたマッコールの振る舞いをたしなめられたり。白人の子たちは「良い子」で、言いつけも何でも守るのに――どうしてお前にはできないのか、と。[44] ある日、祖父のポマードを使って彼は自分の髪をまっすぐにしようとしたが、うまくいかなかった。あっという間に「ストレートからカールになって、黒い縮れ毛」に戻ってしまった。[45] それを見つけた母に頭を叩かれ、ポマードの焼けつく痛みに耐えながら泣く泣く洗い流したそうだ。一番彼を困らせたことは何だったかと言えば、周りのエリート然として優れた白人たちのように髪の毛がストレートになることは決してないと思い知らされ、プライドが傷ついた苦しみに他ならなかった。

痛々しいまでの切望と交錯した不満が彼の人生の全てだった。妬みと恨みが彼の悩みの種だった。マッコールは当時をこう振り返っている。

この時期にある事実に気付かされたのは間違いない。若い頃の生活の大半を通じて、それを白人たちから教え込まれたようなものだった——アメリカには二つの分け隔てられた世界があって、それぞれ異なるルールがあるのだと。白い方は可能性に満ちている。しかし、暗い方はその名の通り——お先真っ暗で、可能性も限られている。[46]

時間をかけて蓄積されたこうした経験の数々は彼の心を蝕み、身を焦がすような、そして突発的な怒りに随分苦しめられた。正しい選択をさせなくなるほどに現実から目を逸らし、それが様々な不健全さを招き、最終的には罪を犯すまでになった一因といえよう。

彼が苦しめられてきた自分の中の怒りへの対処の一つが、自分も他の黒人も総じて、白人より優れているということを見出すことだった。刑務所に収監されている間、チェスを覚え、白人の囚人たちは自分たちが思考力に長けているから、黒人よりもチェスが上手いと考えていると察した。そこでマッコールは、ゲームではなく戦争のつもりでチェスの勝負に臨んだ。勝利のために全身全霊を賭けた。はたして、彼はいつも勝っていた。

優勝したのと、その時のトロフィー（まだ手元にある）は特に嬉しかったよ。決勝戦の相手は、尊大な白人だったからね。勝負に備えて二日間断食したし、まるで何か盗みを働いたガキを見つけたときのように、そいつを叩きのめしてやったんだ[47]。

後に記者となってからは、白人同僚の振る舞いを絶えず観察するようにして、黒人と優劣がつけられると思しきことを書き留めていた。白人が優れていれば落胆し、劣っていれば元気になった。「便秘でもしているような顔の白人たち」と政治談義をしたり、「聞き古された冗談」を交わしたりするパーティーにも顔を出した[48]。『アトランタ・ジャーナル・コンスティテューション』で働いている間に、白人記者たちの多くはファッションセンスがなくて、色と柄が合っていないような服を選んでいると結論するに至った。マッコールは次のように書き残している。彼らは「黒人の仲間のように格好良く着こなせていないし、心もとないとも感じている[49]」。白人たちのそんな愚かさが、彼には喜ばしかった。

マッコールが満足を見出したことは他にもあった。それは、『アトランタ・ジャーナル・コンスティテューション』のオーナーが、『ニューヨーク・タイムズ』の前ワシントン支局長であるビル・コヴァッチを引き抜いて要職に据え、質の向上を図ったときだ。コヴァッチは独自のチームを編成し、社内に激震が走った。多くの記者たちは旧態依然のやり方に安寧を求めており、「ヤンキー」がやってきて色々変えていくことに憤っていた。まるで、南北戦争の結果をいまだに承服していないかのようだった。マッコールは、同僚たちがなぜ反発するのかをそれなりには理解できたし、彼らに親近感すら抱いた。そして、南部の人たちが、彼らに深く根ざした北部に対する劣等コンプレックスに苛まれているのだと感づいた。南部の白人たちは、北部から何世代にもわたって「負け組というレッテルを貼られ、辛酸を舐めさせせられてきた[50]」。おそらく、この心情は、奴隷制度の名残りに抗う黒人たちに通じるものがある。コヴァッチは白人記者では適切に新聞を売れないことを明け透けにして、彼らの古傷を抉ったというわけだ。マッコールは想像した。南部が「田舎者」だというステレオタイプから屈辱を受けたのと、黒人たちが知的に劣るというステレオタイプで苦しめられてきたのには大差ないのだと。しかし、ここまでわかっていても、マッコールのシャーデンフロイデが鈍ることはなかった。

坊やたちが示し合わせて徒党を組んで「ヤンキー野郎来たりて、会社を乗っ取る」とぶつくさ文句を言っている。まるで再びくそったれな南北戦争を始めようとしているかのように見えるだろうね。そのうち何人かはおかしくなって辞めちまった。コバッチにクビにさせられた奴もいる。こんな風に白人同士がやり合っているのを見るのは面白かったよ。さしずめ、大虐殺を高みの見物したみたいだったね。[51]

マッコールの心情は粗削りだが、不可解とも思えない。ヴァン・ダイクたちの実験によるエビデンスから明るみになった事実を踏まえれば、何ら驚くべきことではないからだ。白人が劣っているとわかって喜んだマッコール。そんな喜びの輪郭を形作ったのは、子どもの頃に苦しめられた黒人の尊厳に対する侮辱と、黒人が劣っているというステレオタイプへの飽くなき挑戦に他ならなかった。

マッコールは優越の恍惚を楽しんでいた。しかし、彼自身が優れているところだけではなく、他者が劣っているところにも焦点を当てたからこそ、その楽しみの大部分がもたらされたことに気づいてほしい。優越と劣等の知覚は根底では繋がっているのだが、私たちの注意はそのどちらかに偏りがちなのである。第2章で詳しく述べるように、第二の社会的比較の方向性、すなわち、下方比較は、シャーデンフロイデをもたらす多くの機会を提供する。数々の出来事が笑いのツボをいかに刺激するのか。それを説明してくれるのが、まさに下方比較なのだ。

第2章

下を向いて上向こうよ

Looking Up by Looking Down

「泣くこたぁないだろ、ジョージ」。ダブは言った。「俺たちは、バッタよりずっとマシなんだからさ」。

——W・T・〝ダブ〟・スクロギンス[1]

愚か者に感謝しよう。彼らがいなければ、われわれは成功できないだろう。

——マーク・トウェイン[2]

僕がファーストクラスに乗っただけじゃ意味がないんだよ……友だちはエコノミーじゃなきゃ。

——『ザ・ニューヨーカー』誌の漫画[3]

作家スーザン・チーヴァーが描くのは、酒が進むたびに醜態を晒し合うようなパーティーだ。口紅が左にずれて塗られている女に、割れた皿が散乱する床に尻餅をつく男。「テキーラ一杯、二杯、三杯、よんっぱぃらった〜」。コメディアンのジョージ・カーリンなら、こんな風に言っただろう[4]。しかし、チーヴァーは残念がるだろうが、こんなパーティーはもう過去の話だ。かつて親しまれた呂律の回らないスピーチやしくじりの数々、割れまくった食器類なんて風景は、近頃の社交場ではほとんど見かけなくなった。チーヴァー曰く、酒は飲むけれども、酒に飲まれることはなくなった。要するに、失態を演じるようなことはもはやなく、みんなお利口さんにしているわけだ。飲みすぎが社会的に受け入れ難くなったことで、アルコール依存症すら克服される。こうした近年の変化を残念がるチーヴァー。「自ら醜態を晒す酔っ払いたちを見れば、酔いどれ楽禍《ドランケンフロイデ》みたいなものを味わえるっていうのにね[5]」。

チーヴァーはアルコール中毒だ。しかし、だからこそ、こういうパーティーでは酒を飲まないことにしている。アルコールがどんな酷い結果をもたらすのかを心得ているからだ。アルコホーリクス・アノニマス（飲酒問題解決のための自助団体）を設立したボブ・ウィルソンについて書いたチーヴァーは、その本の中で、有名な作家で父親のジョン・チーヴァーがアルコール依存症に苦しんだことや、彼女自身の依存症との闘いについても書き記している。こうしたアルコール依存症への親近感があるからこそ、酔っぱらって馬鹿をやる人たちには同情するが、それと同時に喜びも感じる[6]。

彼女は希望に満ちた傍観者を演じた。酔っ払いたちが同じようなことを繰り返すのを望みこそすれ、率先して酔っ払いに失態を演じさせようとはしなかった。大多数の人たちと同じように、自分が関わってない不幸を喜ぶ際には、一方でそれなりに曖昧な思いも抱いていたし、不幸になるように画策するなど論外であった。下方比較で元気づけられる機会が訪れれば、それを受け入れ、予感し、心待ちにする。自ら動くのではなく受け身の下方比較という、シャーデンフロイデの王道を貫いた。にもかかわらず、父親がこれまでしてきたことを思い返して、いたずら好きの血を受け継いでいることも詳らかにしている。しらふのときは、度々「キラー・マティーニ」を客人に出しては、その効果を面白がろうとしていたほどなのだから[7]。

下方比較を楽しむ方法はたくさんある。自分の良さが際立つようなグループに属する、すっかり落ちぶれた人に注目する、優れた人でも劣っている部分を誇張する、他者の優れた価値を振り払う、劣る部分をわざわざ引き出すために自ら動く——たとえば、キラー・マティーニを作るとか。その戦略の幅は無限大と言っていい。

メディアにおける下方比較のお約束

こうした戦略には、ほぼすべてのメディアで手軽に触れることができる。というのも、数々の報道において、スキャンダルや他人の不幸がテーマに選ばれているからだ。広がりつつあるリアリティ番組というジャンルがその好例だが、これは第7章で触れる。とにかく、公の場で他者の「失態」を晒すこと、要するに屈辱は視聴者を惹き付ける。今日、インターネットや様々な情報提供ツールを通じて、誰かに恥をかかせるような振る舞いは、瞬く間に世界中から、しかも繰り返し閲覧できるようになった。何がヒットを生むのかは、視聴者を喜ばせるような下方比較を提供できるかにかかっている[8]。

読者の多くは、こちらの発言をご存知だろう。

私は、個人的になぜU.S.（合衆国）、アメリカ人ができないかというと、ええと、私たちの……国では地図を持ってない方もいらっしゃるからで、あの、私が思うのは、私たちの、きょ、教育、たとえばの話ですね、南アフリカや、ええと、イラクなるものについて、こういう地域全てについて、たとえばの話ですよ、そして、彼らがしなければならないのは、ここアメリカで、私たちの教育はアメリカを支援していかなければ、あ、じゃなくて、あの、南アフリカを支援していくべきでイラクとアジア諸国も支援していくべきで、そうすることで私たちの未来を子供たちのために作っていけるのだと思います。[9]

二〇〇七年のミス・ティーンUSAコンテストにて、サウスカロライナ州から出場したケイトリン・アプトンは、次のような質問を受けた——「最近の世論調査によれば、アメリカ人の五分の一が世界地図の中でアメリカを見つけられないといいます。このことについて、あなたはどう考えますか?」。はたして、先の引用がその回答であった。競争的な状況下、しかも公衆の面前で質問に答えるのは簡単ではなく、そんな場所に立たされれば頭がどうにかなってしまう経験は、誰にでも思い当たる節があるだろう。これより後に、NBCの『今日の出来事』のインタビューを受けた彼女は、もっと上手に自分について話した[10]。当時の失敗にこだわらず、自らのパロディーすらやってのけた[11]。しかし、まるで単語を寄せ集めたかのような彼女の受け答えは、見事なまでに複雑怪奇で、あまりにも忘れ難いフレーズ（「たとえばの話ですね」と「イラクなるもの」）に溢れていたので、メディアは彼女の発言を情け容赦なく繰り返し放送した。しかも、茶化すようなコメントを添えて。これは何回も視聴するに値する代物となり、その模様を映したYouTubeのURLが、皆が楽しむ格好のネタとして送りまくられるほどだった。そして、瞬く間に評判が評判を呼び、二〇〇七年で二番目に多く再生された YouTube 動画となった[12]。「年間お馬鹿大賞[13]」にまで輝いたばかりか、その年の記憶に残る引用リストの最上位か、もしくはその近くにまで食い込んだ[14]。しかも、「イェール大学版引用句辞典」でも二位に着けている。ちなみに一位は「テーザー銃で撃たないで！」だった。これはジョン・ケリー上院議員の公開討論会で、講堂から叩き出されそうになった学生の一言だ[15]。下方比較を刺激するとして好まれ続けているケイトリン・アプトンの動画も、シャーデンフロイデを感じるにお誂え向きと言えよう[16]。

下方比較と、時に喜びをもたらすその周辺

喜ばしさを伴う下方比較には、より暗い起源がある。二〇〇五年から二〇〇六年にかけて多発したホームレスへの暴行事件を見てみよう。これらの事件は「（おやじ）狩り」とも呼ばれ、中流階級の十代の若者が犯人である場合が典型的だ。CBSニュース『六〇分』でひときわ注目を浴びた事件がある。不幸にも被害者の命が奪われたのだ。罪を告白した四人の若者たちは、マリファナを吸おうと集まった雑木林で被害者と遭遇した。被害者がやめてくれとお願いしたり、助けを呼ぼうと叫んだりしてもお構いなしに、三時間以上にわたって暴行を加え、それを徐々にエスカレートさせていった。忌まわしく延々と続いた暴行は、最初は木の枝が使われていたが、しまいには釘の付いた角材まで持ち出された。この事件を取材したCBSのエド・ブラッドリー特派員は、逮捕され、裁判にかけられ、判決を受けた後の若者たちにインタビューした。インタビューの主旨は、彼らがなぜそんなことをしたのかを知ることだった。犯行グループの中で当時最年長の一八歳だった男は、事もなげにこう話す。「楽しいからじゃないかな」。彼は自分たちがしたことを恥じていて、ある意味、ブラッドリーと同じ

く困惑した心境にあるようにも見えた。被害者の命乞いが「頭から離れないんだ……四六時中ね」と、加害者の男は話した。[17]

なぜ楽しいのだろうか。判決では、無力な人々が低俗な者たちの餌食になったことをほのめかした。犯罪学者で憎悪に起因する犯罪に詳しいブライアン・レヴィンも、これと似たような解説をしている。こうした事件が根深い憎悪に満ちた人たちによって行われると見るのは間違っているという。むしろ、安っぽいスリルを求める若者たちの一例に過ぎないのだと。彼らは、自分たちよりも劣っていて、しかもやり返してこないようなターゲットを選ぶ。ホームレスたちの弱々しく劣った立場こそが、優越感を欲している加害者にとって心理的な高まりをもたらす。このプロセスに「楽しさ」がある。

しかし、そもそもなぜ少年たちにはターゲットが必要だったのだろうか。この事件の少年たちは、DVDでシリーズ化されている『バムファイト』を知らなかった。『バムファイト』とは、ホームレスがはした金や酒と引き換えに、辱められる作品である。[18]このシリーズの模倣犯として、ホームレスを襲撃する少年たちの犯罪も起きたほどだ。『六〇分』で紹介された事件の判事は、事件の中で繰り返されている一つのテーマを見つけた。それは、少年たちの多くが、かつて酷い扱いを受けたという思いを抱いている点である。おそらく、ホームレスが彼らにある種のしっぺ返しの機会を提供したのだろう。

こうした事件について、少なくともある程度は、喜びを誘う下方比較の機会だったと解釈するのは無理があるだろうか。もちろん、そう断言するのは難しいが、今回のケースも他の事件も詳しく見てみると、こうした下方比較と符号している。なぜ不遇な人との比較が主観的な幸せの感覚を強めるのか、それを理論的に説明しているのが、心理学者のトーマス・ウィルズだ。[19]私たちは、誰かが苦しんでいるのを見ると不快感を抱くのが普通だ。ところが、ウィルズが言うには、私たちの好みが変わる場合があるという。それは、自分たちが苦しいとき、自尊心の危機に直面したとき、あるいは、慢性的に自尊心が低いときだ。こうした条件の下では、自分と同じくらいか——もしくは、よりいっそう——不運な人と比べると、気力を取り戻す効果をもたらす。また、下方比較には受動的と能動的の二つの機会がある。前者の場合、友人や知人の間で交わされるタブロイドやゴシップの話題のように、自然に周囲に起きた身近な機会をうかがう。[20] 後者の場合、他者を貶めるように行動し、わざと傷つけようともするもので、これは下方比較できる機会を作り出す。[21] ウィルズによると、下方比較が向けられる傾向がある人物は、立場の弱い、いわゆる「安全」なターゲットである。なぜ安全かといえば、彼らをいくら蹴落としても構わないと、彼らが属する文化的規範がお墨付きを与えているからだ。[22]

若者たちによるホームレスへの暴行は、大筋でウィルズの分析と合致している。判決を下した判事が正しいとすれば、少年たちは過去に他者から酷く扱われたことがあったに違いない。そうした虐待への反応として、それから、自分たちの気を晴らすために、優越感を得られるような機会を探っていたのかもしれない。ホームレスは、そんなニーズにぴったりのターゲットだった。社会の最果て、社会の隅に追いやられた人々だったからだ。

ただし、ウィルズの分析からここまで言い切るのはためらわれる。よく見積もっても、下方比較で説明できるのは、暴行を加えるような極端な行動の一部に過ぎない。むしろ、暴行が集団で行われたことが、下方比較に加えてこの事件の原因を探るのに重要かもしれない。極度に反社会的な行動は集団で生じやすい。どんな集団かといえば、没個性化されていて、自分たちの行動に対する責任感に欠け、何に動機づけられているかもわからないような人たちによって形成されている集団だ。[23] あるいは、若者たちが退屈しており、単純に楽しみを得るために行ったという風にも説明できるだろう。しかし、これらの付随した要因では、行動の中核となる動機を理解するのに十分でないように見える。こうした事件を説明するのに他の理由では辻褄が合わなくなる行動について、下方比較がもっともらしい理由を提供してくれるのだ。喜びをもたらす自己高揚は、たとえ不運な男たちを犠牲にしようとも、弱った心を慰める誘惑に叶うものだったのだろう。

ブラッドリーは犯人の若者による「楽しかった」という説明に、どうも合点がいかなかった。おそらく、私たちもこの説明に抵抗を感じるに違いない。なぜなら、少年たちだけの話ではなく、人間の性質、もっと言えば、私たち全てに及ぶ話だからだ。下方比較から満足感を得ることに関して、私たちがどっちつかずな思いを抱いているだろうことは、ウィルズの理論でも強調されている。下方比較をすれば様々な感情が交錯し、間違いなく誰からも感心されない[24]。それは下方比較だろうと解説されても、私たちは抗うのだ。ところが、とりわけ自分の失敗や弱い立場を認めざるをえない状況で、都合の良い比較による自己高揚できる方法があるのにそれを拒む人たちというのは、ほんの一握りしかいないとウィルズは述べている。それに、第1章でウィルコ・ヴァン・ダイクたちの実証研究について触れたように、他者が不幸に見舞われたとき、シャーデンフロイデは自尊心を高めやすい——それを望んでいる人たちにとっては尚更である。集団心理と、特に安全で没人間化されたターゲットが加わると、下方比較をするという選択肢は、それが作り出されたものであったとしても、魅惑的なものになるのかもしれない。

ユーモアの優越理論

ある面で、シャーデンフロイデには面白さのニュアンスがある。不幸は微笑みを誘い、時には気の利いた冗談を耳にしたときのような笑いの種にもなる——他人や集団を犠牲にして。実際、ユーモアに関する説明の中には、下方比較とシャーデンフロイデの結び付きを示すものがある。おそらく、長年にわたって築かれてきたユーモアの理論の中核には、社会的比較があると言ってよい。優越理論では、人が笑うのは、他者よりも自分が優れていると気付くことにあると考える。このアプローチはプラトンやアリストテレスにまで遡れるが、一七世紀の哲学者トマス・ホッブズは、それを明確に言及していることで知られている。著書『リヴァイアサン』の中で、彼は「突然の得意」について以下のように記している。

〈突然の得意〉は、《笑い》と呼ばれる「顔のゆがみ」をつくる情念である。思いがけずわれながら満足のゆく行為をやったばあいとか、他人のなかに何か醜いものを認め、それと比べることにより、突如自分を称賛することによってもたらされる。そしてこれがもっとも多く見られるのは、自分に能力がきわめてとぼしいことを意識している者のばあいであり、彼らは他人に欠点を認めることでみずからをいとおしく思わないわけにはゆかない。[25]

大抵の場合、笑いは突然の優越感に由来する、というのがホッブズの分析だ。そして、これをウィルズの考えと重ね合わせると、「非力さを自覚した者」が突然の優越による喜びを感じやすい、ということになる。[26] なるほど、ユーモアの優越理論は、下方比較というアイデアと見事に噛み合っている。ウィルズは両者の繋がりについてこうも強調している。ほとんどのユーモアは他者に降り掛かったネガティブな出来事が伴い、それを見聞きする者たちが喜ぶのだと。出来事自体はネガティブなのに、どうしてそれを見る側の反応はポジティブなのか。こんな不調和な組み合わせが成り立つのは、ネガティブな出来事が他の誰かに降り掛かっているからなのだ。[27]

下方比較の観点からユーモアについて考えてみると、そこには他者と自分を比べて都合よく自己高揚させる内容が含まれている。それと同時に、自尊心に対する脅威も考慮される。ウィルズは、聞き手に「不安定さ」を感じさせるユーモアの例をたくさん挙げている。性機能の不全、上司との不和、民族の劣等性などがそれだ。社会的比較から見たユーモアとは、こうした類のものだけでなく、これとは別の生活の側面についても、実物よりも良く見せるような社会的比較によって、ユーモア自体に備わる不安定さを取り除いてくれる。[28]

すでに述べてきたように、ユーモアは他の人や集団の犠牲の上に成り立つ場合が少なくない。しかし、具体的にはどんな人の犠牲なのだろうか。下方比較では、安全なターゲットが好まれる。笑える冗談というのは、弱い立場にある人たちや、冗談の聞き手が日頃から嫌っている民族、人種、もしくは宗教団体などに焦点を絞ったものだ。コメディアンたちの多くは、多少なりとも下方比較をネタにして笑いをとっている。人を侮辱するような喜劇には、その極端な要素が見られる。グルーチョ・マルクス（「僕は人の顔を絶対に忘れない。だけど君の場合は、喜んで例外としよう」[29]）やドン・リックルズ（「なんてことだ！　ずいぶん酷い姿じゃないか。で、その事故で他に怪我人は出なかったのかい？」[30]）が頭に浮かぶ。このような極端な場合でさえも、私たちが根本的に下方比較で笑うというアプローチに異論を唱える証拠は皆無に等しい。とにかく、私たちはこういう笑いが大好きなのだ。誰かの脆さが露呈されたような場合に、そこに面白おかしくツッコミを入れないコメディアンがいるだろうか。深夜のトーク番組の冒頭で語られる冗談は、他者の馬鹿げた行動を浮き彫りにするようなものばかりだ。他人が馬鹿をやるのは、コメディアンにとってプレゼントのようなものだ。ただ、失敗は魅力的だからこそ、失敗した人たちが下方比較のターゲットとされるようなとき、ジョン・スチュワートのような現代のコメディアンたちは、そうした面白おかしいネタに謝意を示し、そのネタが長らく廃れないことを願うだろう。二〇一一年一一月に行われた政治討論会での失言は、スチュワートにとってはまたとない餌であった。そして、彼は喜びながら言った。「楽しくないのか？　あの骨にはこんなにたくさんの肉が付いているというのに。しかも胸肉だぞ[31]」。

最近、ユーモアの優越理論の拡張版を提唱しているのが、心理学者チャールズ・グルナーだ。彼は笑いの経験を勝利にたとえた。広義の「勝利」を、グルナーは「欲しいものを手に入れる」という意味で用いている[32]。これらは、口論での勝利、目標への到達、何かを打ち負かすことも意味し、たとえるなら、固く張った木の根をやっと掘り起こせたようなものだ。グルナーの見方では、面白さというのは、誰が何を得たのか、誰が何を失ったのかにかかっているという。何かが面白おかしいと感じたときには、すでに私たちが勝利している場合が多い。なぜなら、誰かの愚鈍さ、不器用さ、あるいはモラルやその文化の中での欠陥があると見なしているからだ[33]。

グルナーの考えは、進化心理学の説明と一致している。私たちの祖先が生きるために資源や伴侶を得ようと争った経験から、得（勝利）と損（敗北）に対する感情的な反応を培ったのだろう。勝利の喜びを禁じ得ないようなスポーツにおいて、自己主張的で攻撃的な笑いを目にすることが少なくない。その一例に、メディアによって記録・保存される「勝利のスリル」なるものがある。水泳のアメリカ代表、マイケル・フェルプスが二〇〇八年のオリンピックのリレーで勝利したときの反応を覚えているだろうか。同じく二〇〇八年の全米オープンの第四ラウンドで、圧倒的リードにつながる勝負どころのパットを決めた後の、タイガー・ウッズのガッツポーズはどうだろうか。勝利の感情は、私たちの心の琴線に触れるとグルナーは主張する。競争で勝利を収める、それが間違いなく生存の助けとなったという進化の軌跡を思い起こさせるからだ[34]。とりわけ、突然の結末で、しかもそれが苦労の末であれば、自然

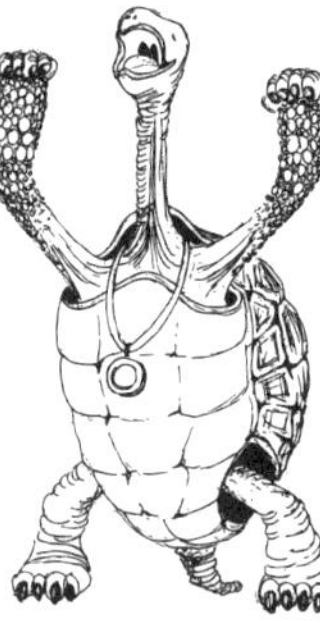

と勝利の喜びをあらわにしてしまう。「僕が指を切ったら悲劇。君が下水に落ちて死んだら喜劇」。たとえば、コメディアンのメル・ブルックスによる、この誇張した言葉からは、ただの奇抜さ以上のものが感じられる。はたして、これは本当に驚くべき内容なのだろうか。[35]

ユーモアの優越理論は、集団間のレベルで自尊心を高めるのに社会的比較がどのように利用されているのかを示した研究にも裏付けられている。結果として外集団を軽んじるユーモアは、自分たちのグループや、間接的には自分たちの自尊心を高揚させる方法の一つだ。実際、内集団よりも外集団を軽んじるような冗談で私たちは笑いやすいことを確かめた研究もいくつかある。そんな冗談は私たちを気分良くさせる。[36]

ただし、私たちがどんなときに、そして、なぜ面白いと思うのか、ユーモアの優越理論で何もかも説明できるわけではない。[37]不調和（期待していた内容と実際に起きたことのズレ）と解除（苦しみやストレスからの解放）に焦点を当てた説明もある。しかし、ウィルズが述べているように、下方比較の考え方では、こうした要因は二次的なプロセスに含まれているのであって「聴衆が楽しむような他者の不幸が存在しているプロセスを目立たなくさせようとする、ただの技術的な工夫に過ぎない」。[38]不調和や解除は、下方比較へのためらいをある程度は誤魔化してくれる。同じようにグルナーは、ユーモアに関する他のアプローチに物怖じせず、優越こそがあらゆるユーモアを説明可能とすると目している。社会的比較のダークサイドについて研究している者にとって、それこそ私からすれば、ユーモアの多種多様な起源についての論争は、あまり関心を抱けるものではない。シャーデンフロイデの説明に関連しているのは、下方比較に基づいた優越がユーモアのそこかしこに散らばっていることにある。下方比較による優越はユーモアの十分条件、そうでなくとも必要条件とはいえるだろう。

『ウースター家の掟』――下方比較に見る軽妙なユーモア

卓越したユーモア小説家のP・G・ウッドハウスの作品のほとんどは、第一次世界大戦前のエドワード王朝時代のイギリスが舞台になっている。そこには、レジャーに生活の大半を費やす者や、召使い付きの田舎の豪邸に出入りするような上流階級が登場する。しかし、そんな狭い設定や時代は、英語で書かれたユーモア文学の傑作をいくつか世に送り出す妨げにはならなかった。『ハリー・ポッター』の作者であるJ・K・ローリングは、ウッドハウスの著書をいつも枕元に置いているという。[39]そして、ウッドハウスの描くユーモアのかなりの部分には、気軽なシャーデンフロイデが含まれている。その典型例が『ウースター家の掟』である。作家クリストファー・ヒッチェンズが、お気に入りの著書の上位に挙げている作品だ。[40]多くのウッドハウスの作品と同じように、『ウースター家の掟』の筋書きは複雑だ。語り手であるバーティー・ウースターは、彼自身には何の落ち度がないにもかかわらず、打つ手がないようなトラブルに巻き込まれる。バーティーは自由気ままに過ごし、考えることも億劫がるような人物だが、愛すべきキャラクターとして描かれている。また、バーティーにとって幸いだったのは、比類なき才能と技能を備えた執事のジーヴスが、トラブルを奇想天外な方法で解決してくれることだ。バーティーを苦しめてきた人も最後にはやり込められてしまう。それはバーティーだけでなく読者にとっても満足な瞬間であり、シャーデンフロイデを触発するような下方比較に溢れている。

『ウースター家の掟』の序盤にスポードという大柄で厳つい人物が出てくる。彼はバーティーとその友人に暴力を振るおうとしていた。しかし、執事たちの人脈を使ったジーヴスは、スポードの弱みを握る。[41]そのおかげでバーティーは、「奴の眼から赤い光が消え去った」とあるように、[42]この粗暴な男をおとなしく従順な飼い犬のごとく変えてしまった。スポードに恥をかかせるような力を手に入れた喜びについて、バーティーは次のように分析している。

僕は自分が新しく生まれ変わった男になった気分だった。なぜかお話しよう。自分の制御の及ばない圧倒的な力に翻弄されているときに突然、鬱積した感情のはけ口にできる相手を見つけたときの安心と安堵の感覚を、おそらく誰もが体験されたご経験がおありではなかろうか。実業家であれば事がうまくはこばない時は下っぱの事務員にあたる。下っぱの事務員は事務所のボーイを叱りつける。事務所のボーイはネコをけとばす。ネコは表に出てもっと小さいネコを探す。それでそいつはその会見終了の後、田舎に行ってネズミをあさり回る、と、そういうものだ。

今の僕がそうだった。[43]

下方比較から来る喜びを自分から表明するバーティーは許されるだろう。なぜなら、スポードは脅威となる人物であったし、辱められてしかるべきことも示されている（シャーデンフロイデに相応性が果たす重要な役割については、後の章でより詳しく論じる）。この小説は、他にも下方比較の例に満ちているのだが、そのほとんどは標準的な、つまり受動的なものばかりだ。また別のエピソードでは、何かにつけてバーティーを敵視しているオーツ巡査が頭を叩かれたと、ジーヴスがバーティーに告げるシーンがある。

「止血だって？」

「はい、ご主人様。巡査は事故に遭遇いたしたのでございます」

僕の一時的な不興はいずこかへと消え去ってしまった。そして抑えがたい喜びがそれにとって代わった。

トトレイ・タワーズでの暮しは優しい感情を鈍らせ、僕の心を非情に変えた。したがってオーツ巡査が事故に遭遇したというニュースから僕が得たのは、ひとえに歓喜の念にほかならなかった。[44]

この小説ではいくつものエピソードが紹介されるが、最後には全てが繋がり、見事に解決されて幕を閉じる。それはまるで、シェイクスピアの喜劇と見紛うばかりだ。バーティーは幸せになった。もうスポードやオーツ巡査のような人たちに脅かされなくなり、これはバーティーの自尊心や気持ちの上での健康を脅かすような一連の攻撃が弱まることも意味していたからだ。そして、バーティーは満足もしていた。二組のカップルの痴話喧嘩を丸く収めるのを助け、叔母と叔父の両方を立てる術まで見つけたのだから。叔母はお気に入りの召使いを手放さずに済み、叔父はご執心だった牛型クリーマーを手に入れた。バーティーは自分を苦しめる複雑なトラブルおよびジーヴスによって提案された鮮やかな解決策について、ジーヴスと一緒に振り返っていた。事件のほとんどが起きた田舎の豪邸の一室で二人が話していると、誰かのクシャミが屋外から耳に飛び込んでくる。その少し前、バーティーは貴重品（牛型クリーマー）を家から盗み出そうとしていると濡れ衣を着せられていた。そこで、バーティーがどこにも逃げないように、裁判所に連れて行かれる明朝になるまで部屋の外に張り付いているように命じられたのがオーツ巡査だった。バーティーの嫌疑は晴れるのだが、もう見張らなくてもいいとオーツに告げる者はいなかった。そのうち、「たいそう激しく」[45]雨が降り始めた。バーティーは次のように応じる。

僕は満足のため息を漏らした。僕の一日を完璧たらしむるに必要なのはまさしくこれだった。ベッドにもぐり込んで湯たんぽでピンク色のつま先を暖めていられるときに、オーツ巡査がミディアンの軍隊みたいに雨の中を彷徨していると思うことは、不思議に甘美な幸福感を僕に与えてくれた。
「完璧な一日の終わりだな、ジーヴス……」[46]

新鮮なイメージ、まばゆい言語、予想がつかないものの綺麗に収まる筋書きを駆使して、ウッドハウスはこの世の有り様を素晴らしいユーモア小説に映し出した。登場人物や読者が感じるシャーデンフロイデ頼りの部分が多いストーリーではあるけれども、意地悪めいた読後感は残らない。バーティーの「抑えがたい喜び」[47]には残酷さなどなく——それこそ、ホームレスを打ちのめすようなものでもないからだ。誰かに屈辱が与えられたと知って嬉しがったとしても、この状況ではそれが正しいと感じられる。こうした感情を抱くのは、いわば世の習いにほかならない。とりわけ、不利な立場に置かれて下方比較に救いを求める場合にはそうなる。

次の章では、引き続いて下方比較がいかにシャーデンフロイデを繰り出すかを見ていくが、そこにもう一つの要素を加える。それは集団アイデンティティだ。これは無視できるような要因ではない。「私たち」と「彼ら」というのは、あっという間に「私たち」対「彼ら」へと変貌を遂げてしまう。私たちは、ある集団と密接な繋がりをもっている場合、その集団と敵対する集団のメンバーに降り掛かる不幸に心弾ませる。スポーツや政治の世界を覗けば、それが十分に正しいことを証明してくれるだろう。

第3章

余人しくじるべし

Others Must Fail

サッカー場ですばしこいビルマ人が私をつまずかせて転ばせ、レフリー（これもビルマ人）がそっぽを向いて知らん顔をすると、群衆は憎々しい笑い声を上げる。……なかでも若い僧侶たちが最も始末が悪かった。

――**ジョージ・オーウェル**[1]

戦争の目的は、自分が祖国のために死ぬことではなく、敵を祖国のために死なせてやることだ。――**アメリカの将軍、ジョージ・S・パットン**[2]

俺たちが上手くいくだけじゃ意味がないんだよ……猫どもがしくじらなきゃね。
――『**ザ・ニューヨーカー』誌の漫画、犬の台詞**[3]

チェスで勝った経験があるなら、それはゼロサム・ゲームで勝利した、ということになる。ゼロサム・ゲームでは、こちら側の「得点、または失点」は、そのまま相手側の「失点、または得点」を意味する。要するに、両者の差がゼロになる。「チェックメイト」――高校生の私が、控え目ながらも鋭い口調で言い放ち、友人のキングをクイーンで詰んだ記憶はいまだに鮮明だ。些細なことかもしれないが、それより前のゲームで私を負かせていた友人は、その勝利にご満悦だったのだ。高校生同士のちょっとした競争だったけれども、どうしても気になって仕方なかった。かつて、コメディアンのビリー・クリスタルは「諸君、自意識にエンジンを掛けよ」と皮肉った。[4]友人がもう一戦交えると承諾したときの、あの得意げな笑みが今でも目に浮かぶ。はたして、私は友人を打ち負かし、さらに鋭い喜びを得るに至った。

チェスで彼を下して、かなり満足したのはなぜかといえば、彼の勝ち誇った様子にもあったわけだが、その対戦がゼロサムであった点が、また別の理由を教えてくれる。それは、自分の勝利と彼の敗北から嬉しくなったということだ。この両方を得たからこそ、私は満足できたというわけである。[5]

運動競技もゼロサムであり、その成果に感情が同期する。私には二人の娘がおり、いまは大きくなったが、少年少女向けのスポーツ活動に、時には監督として、普段は試合の観客として関わってきた。試合の流れに一喜一憂する自分自身や、娘と同じチームの子どもの親たちの姿を一歩離れて眺めることが多かった。相手チームのエラーは、自分たちのチームの上々なプレイと同じくらいの喝采を浴びており、とりわけチームの子どもたちの年齢が上がるにつれて、その傾向は顕著になった。時には、相手チームのミスを嬉しがることが、自分たちのチームのファインプレーに対するそれを上回ることすらあった。ただ、よく考えてみれば、これはあまり褒められた話ではない。バスケットボールで自

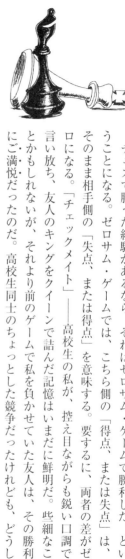

分のチームの攻撃権を失った子どもがいたとして、その子にとっては不幸以外の何物でもなく――もしかしたら死にたいくらい恥ずかしい不幸かもしれない。それなのにどうして、私たちは心地よく拍手喝采するのだろうか。しかし、スポーツの世界ではそれが許されてしまう。

集団への所属意識が自尊心を左右するとき

子どもの大きな勝利や敗北は、その親たちの個人的な損得に繋がる。子どもたちの様子を見守る親たちの顔、とりわけ取り繕っていない瞬間を見れば、親たちが自分の子どもたちと渾然一体となっているのが普通であることに疑う余地はない。その最たる例として、二〇一二年の夏季オリンピック期間中の出来事が思い浮かぶ。アメリカ代表の女子体操選手、アリー・レイズマンが段違い平行棒で難しい演技をするたびに、彼女の両親は娘とシンクロしているかのように緊張する様子を見せた。NBCの「親カメラ」には、両親のやきもきする様子が映し出され、その動画は瞬く間にインターネット上に広まった。[6] まさにそれは、あらゆる親の経験を体現したものだった。ABCニュースのスポーツ中継から広まったフレーズ「勝利のスリルと敗北の苦しみ」は、自分自身と同じくらいに、自分の子どもたちのパフォーマンスにも通じる。だからこそ、他の子どもたちの失敗があろうとも、自分の子どもたちの成功の助けとなる出来事であれば、同情に嬉しさが入り交じる。

観戦者がパワフルな感情を抱くのは、何も自分たちの家族が出場しているときだけではない。私たちが所属している集団の成功と失敗が私たち自身にも影響を及ぼし、おそらく、それは個人内の感情の起伏にも匹敵するだろう。[7] 集団への思い入れというものは、すぐさまでき上がり、移り気であることがほとんどだが、そんな気まぐれな根拠しかないにもかかわらず、重大な結果をもたらす。一九六〇年代、この不可解なプロセスを解明するヒントとなる最初の実験をしたのは、ポーランド生まれの社会心理学者、ヘンリー・タジフェルだった。[8] 彼がソルボンヌ大学に留学していた時に第二次世界大戦が勃発し、タジフェルはフランス軍に徴兵された。その後、ユダヤ人であることを隠し通したおかげで、ナチスによる捕虜収容所送りを免れ、なんとか生き延びることができた。しかし、彼の友人や親戚の多くは、タジフェルのような運を持ち合わせていなかった。彼らの過酷な運命は、単に民族の違いによってもたらされたのであり、このことが今や古典となった研究へと彼を駆り立てた。

初期の研究の参加者として、タジフェルはブリストル大学に通う男子学生を募った。男子学生たちは、スクリーンに一瞬だけ映された黒点の数を推定させられ、その数によって「過剰推定者」か「過少推定者」のいずれかのグループに分類された。この分類は、実のところランダムであって、いずれのグループが片方よりも優れているなどと見なされる道理はなかった。しかし、報酬を分配する課題に際して参加者たちが行ったのは、内集団を優遇し、外集団を差別するという行動だった。

こうした発見は、もっと恣意的な分類手続きを使っても再現できる。たとえば、参加者をランダムにグループ「A」か「B」かに割り当てる、という方法だ。今やこの現象は「最小条件集団パラダイム」としてよく知られており、ここから、人間には元来、自分たちと他者を内集団と外集団に分類する傾向が備わっていることがわかる。しかし、なぜこんなことをするのだろうか。その一つの理由として、私たちの自己概念について、有益な明瞭さと確実さを獲得する上で助けとなる、という点が挙げられる。自分が「過少推定者」ではなく「過剰推定者」であるとわかれば、自分が誰なのか明確になり、それだけでも有用である。また、私たちは自分たちの集団の方が他の集団よりもすぐれていると結論を下しがちであるがために、こうした自他の分類は、自尊心を高める機会にもなる。[9] 自分たちが属するグループが評価されるとき、実際の客観性は捉えにくいものだが、私たちはこの捉えにくさを好むのだ。

筋金入りのスポーツファンの感情面

スポーツのファンなら、お気に入りのチームの勝敗が感情を揺り動かす核になりうることがおわかりだろう。ソファーに腰掛けて応援しているようなときでさえそうなのだ。スポーツにあまり興味のない人の目には、これはいささか奇妙に映るようだ。しかし、タジフェルの知見を皮切りに、彼の研究に触発された数十年にわたる研究を通じて、こうしたファン心理のメカニズムが透けて見えるようになった。そんなタジフェルの考えをわかりやすく、楽しく確認できるような著書がある。ウォーレン・セント・ジョンの『ラマー・ジャマー・イエロー・ハマー——熱狂的ファンの心を探る旅』だ。[10]アラバマ州タスカルーサ生まれのセント・ジョンは、『ニューヨーク・タイムズ』紙の記者だったときに、半年間長期有給休暇を取得し、ただ一つの核心的な問いに挑んだ——なぜこれほどまでに、自分はアラバマのフットボールに心を奪われてしまうのか。

一九八〇年代初頭にセント・ジョンが入学した頃のコロンビア大学は、現代の大学フットボール史上、最も長きにわたる連敗記録を味わっていた。しかし、セント・ジョンが何よりも気になっていたのは、アラバマ大学のフットボールチーム、クリムゾン・タイドであった。コロンビア大学に入学した一年生たちで、セント・ジョンの部屋に誇らしげに飾られたポスターの意味を知るものは皆無に等しかった。アラバマの伝説的な監督、ポール・〝ベア〟・ブライアントのポスターだ。アラバマでは、クリムゾン・タイドのファンたちの熱狂は相当なものだった。もちろん、セント・ジョンもその熱狂の中にいる。

著書の資料を集めるため、セント・ジョンは一九九九年の秋に開催されたアラバマの全試合を観戦し、試合前後にはテイルゲーティングというファンたちの文化に身を投じた。[11]彼はほとんど整備されていないRV車を購入し、「ホーグ（豚）」と名付けたその車でアウェイゲームに乗り込んでは、同じくRV車で来ていたファンたちに、自分も同じ仲間なのだと見せつけた。当初、ファンたちはセント・ジョンをいぶかしんでいたものの、すぐに彼が自分たちと同じように勝敗を気にする奴なのだと見抜いた。アラバマが勝てば有頂天になり、負ければ茫然自失となる。それこそが、真性のファンたちから信頼を得る何よりの行動だった。

四〇年以上の時と大西洋を越えてタジフェルの研究が示したのは、私たちの集団への忠誠心なるものの大半は、驚くほどに偶然の産物である、ということだ。セント・ジョンの話も、その良い傍証と言えよう。一九四〇年代のタスカルーサで、当時一八歳だった彼の父、ウォーレン・セント・ジョン・シニアは、どの大学に入るべきかで苦戦していた。当初は、ジョージア工科大学を志望していたが、父の飲酒問題が原因で両親の離婚が秒読みだった。そこでセント・ジョンの父は、両親の傍にいようとアラバマ大学に入学した。そして、自分の家族ともアラバマで暮し始めた。こうした幾重にも絡まり合った事情もあって、彼の息子ウォーレンはクリムゾン・タイドに身を捧げ、応援歌として「(オイラは)ジョージア工科大のランブリン・レックだ」ではなく、「ラマー・ジャマー・イエロー・ハマー」を歌うようになった。[12]

ところで、私はといえば、デューク大学のあるノースカロライナ州のダーラムで育った。場当たり的な理由で、両親がそこに引っ越したからだ。これは、デューク・ブルー・デビルが、私のクリムゾン・タイドになることを意味した。それはまるで、シェイクスピアの『真夏の夜の夢』よろしく、いたずら好きの妖精が眠っている私の瞼に魔法の薬を垂らしたようなものだった。目覚めると、目の前にはデューク・ブルー・デビルのマスコットが。それからというもの、私はデュークにすっかり嵌まってしまった。

ともすれば、自分たちのチームの勝敗のみに関心が寄せられて、それに感情が左右されるように見えるかもしれない。しかし、タジフェルの理論によれば、片方の集団だけでは足りない。彼の研究に参加したイギリス人の学生たちは、自分が属する集団を贔屓しただけではなく、外集団を差別した。勝利のスリルというものは、自分側の勝ちと競争相手の負け、その両方を意味する。面白いことに、ホームよりアウェイで勝利する方が、私たちの気を良くさせる。アウェイでの勝利は、ライバルが今まさに「敗者」となったことを際立たせる。アラバマがフロリダを打ち負かし、フロリダ・スタジアム、別名「沼地」を後にするときに、セント・ジョンはそう書いている。敵地に乗り込んだアラバマのファンたちは、一緒になって勝利に酔いしれているように見える一方で、フロリダのファンたちは、まるで傷ついた動物が孤独を求めているかのように散り散りになった。彼らはスタジアムの喧騒から離れ、試合前に入念に施したものの、今や馬鹿馬鹿しいフェイスペイントをやっと落とせる。セント・ジョンはそんな惨めな奴らを哀れんだが、それはほんの一瞬だった。というのも、フロリダのファンの一人から憎しみに満ちた顔で睨まれたとき、彼はアラバマの勝利の雄叫び「ラマー・ジャマー・イエロー・ハマー」を、気取らず自由奔放に大声で歌い出したからだ。

相手チームの敗北による勝利の満足感とは、どれほどのものなのだろうか。この点について考えてみる一つの方法は、自分たち以外のチームによって、ライバルチームが負けた状況に焦点を絞ることである。アラバマがルイジアナ工科大学に下された後、セント・ジョンはフロリダとテネシーの対戦結果を知って安心したという。アラバマのファンたちは、フロリダとテネシーの両チームと敵対していたので、少なくともどちらかが負けるのは、彼らにとっていくらかの慰めになるわけだ[13]。

自分のチームに注力している人たちは、選手の怪我やスキャンダルなど、ライバルチームに降り掛かるどんな不幸にも飛びつきたくなる。二〇〇六年の七月、デューク大学のバスケットボール選手で、全米大学体育協会（NCAA）の最優秀選手に二度選ばれたJ・J・レディックが、飲酒運転の疑いで逮捕された。この出来事は、レディックとデューク大学の双方を困惑させた。レディックは大学を卒業したばかりで、後はドラフトでこれからどうなるか、という時期だった。飲酒運転の容疑は、チャンスを首尾よく活かせず、減額された給与でのスタートを意味した。大学の方もまた、厳しい状況にあった。ラクロスチームのメンバーに性犯罪の容疑がかけられ、出場停止となっていたからだ（最終的に容疑は晴れて不起訴となった）[14]。レディックの過ちはデューク大学のファンたちにありがたくないニュースであったが、ケンタッキー州レキシントンではどうだっただろう。そこは私が現在暮しており、ケンタッキー大学のホームでもある。そのニュースがあった次の日、私が大学に赴くと、同僚の一人が私の研究室の前で立ち止まり、こう尋ねてきた。「レディックの話は聞いたかい？」。彼は偽りの情けを浮かべ、流してもいない涙をぬぐった。メールをチェックすると、今度は別の同僚から、私が「悪い」ニュースを聞いたかどうかを知りたがるメッセージが届いていた。そのメッセージの一字一句は、歓喜に溢れていた。

なぜシャーデンフロイデが生じるのだろうか。アラバマのファンたちはフロリダを嫌ってはいるが、ケンタッキー大学のバスケットボールのファンたちがデューク大学に向ける蔑みほどではないように思える。ケンタッキー大学は、デューク大学に匹敵するほど長きにわたって強いチームであり続け、全国大会で毎回優勝争いをするほど（最近では、二〇一二年にケンタッキー大、二〇一一年にはデューク大がそれぞれ優勝している）なのだから、デューク大学とライバル同士になるのは自然だ。しかし、ケンタッキー大学のファンたちがデューク大学を嫌うのには、それとは別の理由もあった。一九九二年、東地区大会決勝の延長戦の末、ケンタッキー大学はデューク大学に敗れた。勝敗は最後の数秒で決した。デューク大学のクリスチャン・レイトナーが、あり得ないほどに正確なコートの端から端までの長いパスをグラント・ヒルから受け、振り向きざまにシュートを決めた。この一投が、ケンタッキー大学から、約束されていた勝利と、念願の「ファイナル・フォー」をもぎ取ることになる。デューク大学が全国大会の決勝トーナメントで争う上位四チームに食い込んだのだ。この一件に関するケンタッキー大学の熱狂的な支持者の苛立ちは相当なもので、春の全国大会トーナメント（開催時期にちなんで「マーチ・マッドネス」とも呼ばれる）におけるあの一投が、このシーズンになると繰り返し放送されるようになり、それ以来、ケンタッキー大学のファンたちはデューク大学をどうしようもないほど毛嫌いするようになった。そんなわけで、レキシントンにいながらデューク大学のファン、というレアな存在の私は、デューク大学のバスケットボールの試合で何か悪いことが起こると、からかい――もしくは、それよりも性質の悪い行為――のターゲットとなっている。

ケンタッキー大学とデューク大学の試合は滅多にない。ただ、いざ対戦してケンタッキー大学が勝てば（一九九八年の東地区大会決勝のときのように）、デューク大学が試合に負けたと知ったときよりも何倍も、ケンタッキー大学のファンたちは喜ぶ。とはいえ、デューク大学の敗北、不幸、あるいはスキャンダルは、それがどんなものであっても、いざというときに役に立つ。敗北の中に、喜びが浮き彫りになるからだ。

デューク大学とケンタッキー大学のようなライバル関係は特殊かもしれないが、その根底にある力学はどこにでもある。オランダ人を実験参加者とした研究でも、こうした現象が日常に潜んでいるエビデンスが得られている。[15] この実験は、オランダの主たるライバルであるドイツ代表のサッカーチームの敗北が綴られた記事を参加者に読ませてから、彼らの反応を調べるというものだった。こうした手続きを踏む前に、参加者たちがサッカーにどれほど関心を寄せているかも測定されていた。はたして、参加者たちは、一様にドイツが敗北を喫して喜んだが、その中でも特に大きな喜びが生み出されたのは、サッカーへの関心が最も高い者たちだった。ライバルの敗北から感情的に最も満たされたのが、こうしたサッカーファンたちだった、ということである。また、この研究の中では、ドイツの敗北についての感情的な反応を記述させるよりも前に、かつてオランダがドイツに敗北を喫した記憶を思い起こさせるようにあらかじめ仕向けられたファンたちがいた。すると、こうした手続きを踏んだ者たちのドイツの敗北に対する喜びは、より一層強まった。ライバルの敗北を知り、まるで天罰が下ったかのようにファンたちは満足した。自分たちのチームの弱さを不意に突きつけられたファンたちにとって、ライバルの敗北が朗報となったのである。

スポーツにおけるシャーデンフロイデに限界はあるのか?

どのチームを支持するようになるのか、そんなランダムな事柄が私たちに些細とは言えない影響を及ぼすというのは極めて興味深い。[16] しかし、シャーデンフロイデを感じるか感じないかの境界線とは何だろうか。文化的規範、そうでなければ、同情する私たちの能力が、敵チームの選手が怪我をしたときに、拍手喝采を止める。それぞれが、心から心配そうな表情を浮かべる。とはいえ、選手の怪我を見た瞬間の感情的な反応と、その怪我が意味する自分たちのチームへの影響をすぐに理解することには違いがある。ボールの支配権を奪われたり、ミスショットをしたりするようなケースと比べれば、敵チームの要となる選手の怪我は、争っていく上での利点が多いと結論づけられる。では、チームとの一体感の薄い一般人ならどうだろう。彼らが、選手が怪我をして気の毒に思うことに加えて、怪我の恩恵を喜ばしくないと考えることは理に適っているだろうか?

セント・ジョンは、恩恵を喜ぶ衝動を認めている。ルイジアナ工科大学との対戦について、彼は次のように書いている。ゲームの終盤に向けて、クォーター・バックであるティム・ラテイがルイジアナ工科大学の加点を牽引していた。ラテイは正確なパスでアラバマのディフェンスの穴をくぐり抜け、ルイジアナ工科大学の攻勢は止まらないかに見えた。

残り一分四〇秒。アラバマ側は、五人のラインマンがラッシュを掛ける。ラテイを守る二次防衛線が突破され、彼は腕を痛める。後ろによろめいた彼のスパイクは、ぎこちなく人工芝に絡まり、右足首を酷く挫く。三五ヤード線のところで、赤いユニフォームで身を包んだダリウス・ギルバートの二四〇パウンドの巨体が、ラテイを押しつぶす。彼は足を引きずり、ルイジアナ側はタイム を要求する。

私はスポーツマンシップに反する感情に支配された。彼の怪我が嬉しかったのだ[17]。

ところが、ラテイはコートに留まることができ、チームを引っ張り続けて、もう一度点を取るところまで漕ぎ着けた。ラテイが再びパスを受けたところ、味方にボールを繋げる間もなく、アラバマのラインマン二人に捕まる。一人から弱った足を、もう一人から上半身を押さえられ、ひねられたような格好に。ほどなく頭から地面に倒れ、またもや足首を捻る。怪我は致命的で、よろよろとフィールドを後にしながら、サイドラインのベンチに倒れ込んだ。このとき、セント・ジョンはどう感じただろうか。良い知らせだ。セント・ジョンは、その顛末を次のようにまとめている。

ラテイは三六八ヤードも投げ、三回のタッチダウンを奪った。そんな彼が、今終わった。ハレルヤ！　そしてアーメン[18]。

セント・ジョンのこうした心情は普通でないのだろうか。それは違う。このような感情に染まりやすいというのは、真のファンである証とも言えるのだから。ニューイングランド・ペイトリオッツのクォーターバック、トム・ブレイディが二〇〇八年の開幕シーズンで膝前十字靭帯断裂となったとき、同情を示すファンは、ニューイングランド以外ではほとんどいなかった。ニューヨーク・ジェッツのファンの中には、大声で喜びすぎてたしなめられる者がいたほどだ。しかし、同情せずに喜ぶのを激しく擁護するのが、フィラデルフィア在住のブロガー、アンドリュー・パーロフだ。彼は、ライバルチームのクォーターバックが負傷して浮かれない方がおかしいと述べた[19]。パーロフは門外漢かもしれないが、観戦者のいるスポーツの世界では、感情は高まりやすく、他の生活場面と比べてもシャーデンフロイデは包み隠さず示されるのが普通だ[20]。スポーツでは、自分たちが抱いた邪悪な感情を声に出すのが憚られなくなる――それが、他の状況では恥ずべき感情だったとしても。

　普通のファンでさえも、敵方のチームの選手が怪我をすると喜んでしまうことを示す研究もある[21]。ケンタッキー大学のチャールズ・フグランド、ライアン・シュルツ、そして彼らの研究仲間は、大学生たちに匿名で答えるように、いずれかの記事を読ませた。デューク大学のバスケットボールチームのスター選手が、ちょっとした怪我（手首の捻挫）をしたか、重傷（膝靭帯の断裂）を負ったか、という内容であった（後に、学生たちは記事がフィクションだと知らされた）。彼らには、ケンタッキー大学のバスケットボールチームについて、どれほど一体感を抱いているかも回答してもらった。結果は明快だった。バスケットボールに思い入れのない学生は「シャーデンフロイデを感じず」に、選手にかなり同情した。当然のことながら、選手の負傷が深刻だった方が同情は強まっていた。一方、バスケットボールへの思い入れの強い学生たちは違った。彼らは、重軽傷ともに喜ぶ傾向にあったのだ。軽い怪我よりも重傷の方がシャーデンフロイデは低かったものの、重傷でもそれなりに大きな喜びが生じた。怪我を喜んだ学生のほとんどが、その負傷がケンタッキー大学には助けとなり、デューク大学には痛手となるからだと答えた。デューク大学をもともと好いていないことを含めて、これが主な理由だ。極端な者たちを除けば、こうしたファンが感じた喜びは薄く、とりわけ重傷だった場合はそうだった——しかし、これだけ多くの人が少なからず喜んだということは、他者に起こる「ネガティブ」な出来事についての解釈は、見る人によって異なることを示している。チームへの思い入れの強いファンとなれば、通常の出来事の意味もすり替わってしまう。つまり、ライバルチームの選手に起きた「悪い」ことは、そこそこ「良い」ことなのだ。[22]

ライバル集団が苦しんでいることへの反応には、進化的に「組み込まれた」基盤があるかもしれないと示す研究もある。ミーナ・シカラ、マシュー・ボトヴィニック、スーザン・フィスクら、プリンストン大学の社会神経科学研究室の心理学者たちは、画像を繋ぎ合わせてそれらしく作成した試合動画を用いて、ボストン・レッドソックスまたはニューヨーク・ヤンキースの筋金入りのファンたちがその試合動画を視聴している時の脳画像を取った。試合の内容は、自分たちのチームとライバルチームとの対戦、中立的なチームとの対戦、もしくは、中立的なチーム同士の対戦であった。それぞれの試合後、実験参加者には、自分の喜び、怒り、そして苦しみのレベルを報告させた。自分たちのチームが勝ってライバルを打ち負かしたとき、それから、中立的なチームがライバルを下したときには、中立チーム同士の試合よりも、多くの喜びが生じた。一方、自分たちのチームが敗北するか、ライバルチームが勝利すると、より強い怒りと苦しみが生まれた。脳画像も自己報告と符号した。喜びを司る脳の部位の活性化（腹側線条体—被殻、側坐核）は、参加者たちが嬉しいと報告した野球の試合とも関連していた。痛みを司る部位（前帯状皮質と島皮質）の活性化は、苦汁を舐めさせられた試合と関連していた。このように、実験参加者たちが自分のグループとライバルたる外集団をどのように比べるかは、脳内の報酬系と疼痛系と非常に近しい関係にあることが明らかになった。ライバルの失敗は望ましく喜ばしいことであって、ライバルを倒すのが自分たちであろうと中立的な集団であろうと、それは変わらない。ライバルが失敗すれば、私たちの内集団アイデンティティが喜びを伴って強まり、これは私たちの自己に関する感情全てにおいて重要な要素といえる。シカラと彼女の同僚は次のように述べている。こうした脳のシステムは、基本的かつ原始的な報酬と疼痛を引き起こす状況に反応するものなので、おそらく私たちの進化の歴史の中で初期から発達してきた。しかし、集団間のやり取りにおける有益な面にも脅威となる面にも適応的に対応できるように、これらの部位はさらなる進化を遂げたのかもしれない、と。[23]

こうした研究からは、別の興味深い知見も得られた。それは、シャーデンフロイデに根ざした強烈な動機づけの存在を示唆するものであった。実験参加者たちが脳画像の実験を受けてから二～三週間が過ぎたころ、彼らにコンタクトを取った。ウェブ調査で彼らが回答を求められた質問は、ライバルチームかライバルでないチームのファンたちに野次を飛ばしたいか、侮辱したいか、脅したいか、物理的に痛めつけたいか、だった。その結果、参加者たちは、ライバルでないチームよりもライバルチームのファンに対して、こうした攻撃を加えたいと望む傾向にあったのだ。

どうやら、そこには競争本能を呼び覚ますような集団間の力学が働いているらしい。スポーツにおけるライバル同士には競争が付きものだが、集団間関係の心理学は、競争的な物の見方が増幅されるたくさんの理由を示している。社会心理学者のチェット・インスコー、ティム・ヴィルドシュット、タヤ・コーエンと仲間たちは、二人の個人間と二つの集団間の相互作用を比較する多くの実験を行っている。その結果、個人間よりも集団間の方がより競争的になることがわかった。[24]「個人―集団不連続性効果」と呼ばれるこの現象は、非常に頑健で再現性が高い。それはなぜか。第一に、個人に限定されるような利益にかなうよりも、自分たちの集団の利益にかなう方が、ずっと強欲だと思われにくい。第二に、私たちは、その忠実な一員として自分たちの集団を贔屓しようとの義務感に駆られがちである。強欲さを感じるのとは程遠く、自分たちの集団の利益にかなうことを誇りとする。第三に、競争への動機を、他のたくさんのネガティブな特性と共に、個人よりも外集団に帰属しがちである。外集団は信頼に足らず、警戒を要するからだ。そして最後に、私たちが行ういかなる攻撃的な行為も、個人的というよりは集合的な行為として見られる。これは結果として生じる「いじわる」について、その責任の拡散を招く。このように、グループ間の関係が葛藤に充ち満ちてしまうのに不思議はない。

ゴルフを観る方なら、ライダーカップと通常のトーナメントにおける選手と観客双方の反応の違いに気付けるだろう。ライダーカップとは、二年に一度開催されるもので、アメリカ代表とヨーロッパ代表が三日間にわたって戦う一連の対抗戦である。数あるスポーツの中でも、ゴルフは大人しい。その適度な品位とスポーツマンシップは、選手と観客の規範を見ればよくわかる。二〇一三年二月、フェニックスオープンの最終ラウンドで、韓国人選手のジェイムズ・ハーンが、長いバーディパットを沈めた後に、弾むような江南スタイルを踊って見せたのが忘れられない。そんな前例はなかったからだ。[25]通常のトーナメントでは、観客たちは良いショットを褒めたたえ、ミスショットには揃ってため息を漏らす。マスターズのようなメジャーなトーナメントでは、入場チケットの裏面にこう書かれている。「ミスショットへの拍手というのは、ゴルフではございません。マスターズにご来場者の皆様方におかれましては、引き続きエチケットをお守りいただき、最も見識と礼節を持ち合わせた観客としての評判を堅持していただきたくお願い申し上げます」[26]。競争相手たちが緊張して失敗すれば、選手たちは有頂天になるだろうけれども、何も語らない選手の物腰からそれを察するのは難しい。しかし、とりわけ近年のライダーカップにおいては、こうした規範が終始一貫することがない。

一九九九年のライダーカップで、アメリカ代表は信じがたい逆転勝利を収めた[27]。その逆転劇に、選手のみならず観客たちの感情も高まり、噴出した。試合は最終組、アメリカのジャスティン・レオナルドと、スペインのホセ・マリア・オラサバルの戦いとなっていた。あとは一七番と一八番ホールを残すのみで、レオナルドがどちらかのホールで勝つか、両方を引き分けに持ち込めば、アメリカの勝利が決まった。一七番ホールで、二人ともセカンドショットでグリーンに乗せた。しかし、レオナルドのボールは四〇フィート以上も離れており、非常に難しいパットを強いられた。かたやオラサバルはたった二〇フィートほどで、厳しくもあるが、不可能な距離ではなかった。ところが、レオナルドが最初に打った球は、なんとカップインしたのだ。そして、まだオラサバルが打っていないうちに（また、肝心なのは、彼が入れれば延長戦にもつれ込むのだが）、アメリカの選手たちと、何人かのファン、そして妻たちがグリーンに入り乱れて祝った。グリーンはオラサバルのために整備されたものの、彼はミスをした。このミスにさえも歓声が上がった。紳士のスポーツたるゴルフといえども、それが集団間のプレイとなれば、この有り様となる。[28]

シャーデンフロイデと、血で血を洗うスポーツとしての政治

人生には、闘争的な本能が勝利を得るような場が他にもある――それは政治の世界だ。スポーツのように、敵対する政党の候補者が性的スキャンダルや失言のような不幸に見舞われれば、自分の政党の候補者や党が勝利するチャンスが高まる。政治的なキャンペーンが熱を帯びてくると、とりわけ投票日前夜ともなれば、その不幸が私たちすべてに悪影響を及ぼすようなものであったとしても、ほとんどの出来事が勝利か敗北かを意味するようになる。たとえば、気が滅入るような経済に関するニュースは、誰にとっても前向きな結果ではないが、現職の候補を負かそうとしている候補者にとっては、またとないニュースとなる――なぜなら、批判の矛先を現職者に向けられるからだ。勝利を予見する上で最も重要なのは、ネガティブな出来事が起こったという結果に尽きる。こうして「悪いニュー

ス」はシャーデンフロイデを生み出す[29]。

とはいえ、政治に関心を持つ人たちの感情を動かす党利が詳らかになることは時に難しい。悪いニュースに共感を欠いているように見せる政治的なコストは大きい――それはスポーツよりもずっと。どちらが劣勢であっても、両陣営の候補者は、本当の感情はどうであっても、浮かない顔をすることが求められる。それでも、政治家とその支持者たちが、敵陣営は見苦しく喜んでいると非難しがちな理由は、彼らの感情の本音と建前の間にあると思しき不一致にあるかもしれない[30]。たとえば、二〇一二年の大統領選挙の初期、バラク・オバマ大統領は、共和党がガソリンの値上がりという悪いニュースを熱狂的に歓迎していると主張した。ガソリンの値上がりは平均的な消費者には打撃となるにもかかわらず、共和党は政治的な絶好の機会だと「舌なめずり」をしていたというのだ。さらに、彼はこうも付け加えた。「悪いニュースを探りたがるのは、政治の世界だけだ[31]」。政治的な動機づけがシャーデンフロイデを促進しうるのは疑いようがなく、しかも、見せかけの心配でカムフラージュされていることが多い。興味をそそるようなスキャンダルに政敵が苦しめられるなら、間違いなくシャーデンフロイデの引き金を引く。しかし、一般にもネガティブなインパクトを与えるような不幸、もっと言えば、政敵に留まらないような影響力の大きい不幸が起きたときにもシャーデンフロイデは生じるものだろうか。社会心理学者のデイビッド・コームズと行った一連の共同研究で、私たちはこの問いを検証した[32]。調査参加者たちがどの政党を支持するかと、その強さについて回答を求めた。およそ二ヶ月後、つまり二〇〇四年のアメリカ大統領選の直前と、二〇〇六年の中間選挙の直前、二つのタイプの不幸が記されたニュース記事に対する調査参加者たちの反応を測定した。片方の記事は、共和党もしくは民主党にとっていささかコミカルで恥ずかしい内容であった（たとえば、ジョージ・W・ブッシュ大統領が自転車から転げ落ちたり、ジョン・ケリー上院議員がNASAを視察するときにコミカルな出で立ちであったりしたこと)。もう片方の記事は、政党の違いにかかわらず、誰が見ても痛ましいもので、来るべき選挙の結果を左右するような内容であった(経済ニュースが伝える低迷と、イラク戦争での兵士たちの死)。私たちの考えは、支持政党の違いが、参加者たちが感じるシャーデンフロイデの強さを予測するというものだった。

それはまさに正しかった。コミカルな不幸では、わかりやすい結果が得られた。ブッシュ大統領の記事について、民主党の支持者たちは共和党の支持者たちより面白いと感じ、ケリー上院議員の記事ではそれが正反対となった。スポーツでも見られたように、こうした傾向は政党への一体感が高いほど顕著であったので、一体感が低い者に比べて選挙結果への関心が強かったと見なせる。元来は「同じ」出来事なのに、それが政治的な視点の違いによって、とても面白いかそうでないかのいずれかに見えてしまう。

しかし、もっと興味深い結果が得られた。それは、二つの「客観的にネガティブ」な不幸についての質問からだった。民主党支持者たちは、共和党支持者たちよりも、経済的な低迷や兵士たちの死を喜ばしいとみなした。繰り返しになるが、この傾向は、政党への一体感が強く、選挙の結果を気にする者たちほど顕著だった。全体的に見れば、これらの喜びの感情は極端に高くはなかった。ただ、こうした客観的にネガティブな不幸もある程度は喜ばしいものであったこともまた事実だった。喜びというのは集団への一体感に応じて高まるのだから、政治的な利得とも関係があると見て良さそうだ。民主党の支持者たちは、経済低迷と兵士たちの死の両方について、随分どっちつかずの感情を抱いていたことを記しておきたい。それぞれの出来事から潜在的に思いも寄らない利益を得て歓迎しているように見える一方で、こうしたニュースが多くの人たちにとっては悪い出来事だという事実に葛藤を抱えている。これとは対称的に、共和党支持者たちが報告したネガティブな感情は概ね低かった。なぜこうなったのかといえば、おそらく共和党支持者たちが問題の深刻さを控え目に捉えようとしたからではないかと考えられる。自分たちの政党によってもたらされた悪い出来事にわざわざ振り回される理由が、彼らにはないのだから。

私たちの初期の研究では、共和党支持者も客観的にネガティブな出来事にシャーデンフロイデを感じていると示せなかった。これは、私たちの研究している期間中に見られた障害とも言えるのだが、実は調査時期が、民主党ではなく共和党のスキャンダルで染まっていた時期と重なっていたのである。与党である共和党の支持者にとって、経済や軍事関係の悪いニュースには、とてもネガティブな意味が込められていた。しかしながら、民主党の支持者たちだけが政治に関するシャーデンフロイデを感じるとは言い切れない。別の研究では、民主党と共和党のどちらかに責任を負わせるようなネガティブな出来事に関する架空の記事を用いた。この研究を実施した時期は、二〇〇八年の大統領選の予備選挙の終盤で、民主党のバラク・オバマ上院議員と、共和党のジョン・マケイン上院議員が、それぞれの党の候補者として指名された後だった。研究で用いた記事には、彼らが指名される前の年に、マイホームを持つ者たちの財産を脅かすような高い住宅ローンを直接もたらす法律を押し通したと書かれていた。記事では、その影響は広範囲にわたり、ネガティブであることが強調された。先行研究にならい、調査参加者の支持政党と、その政党への一体感の強さを測定した。結果は従前の通り、どの候補者が不幸に関連しているかと、どの政党を支持しているか、そして支持政党への一体感の強さに左右された。

図4に示されている通り、オバマが不幸の原因だったときには、共和党の支持者たちの方が民主党の支持者たちよりも喜びの度合いが強かった。この結果のパターンは、マケインが悪法を通した場合には正反対になった。しかも、支持政党に傾倒しているほど、その傾向は顕著であった。スポーツの

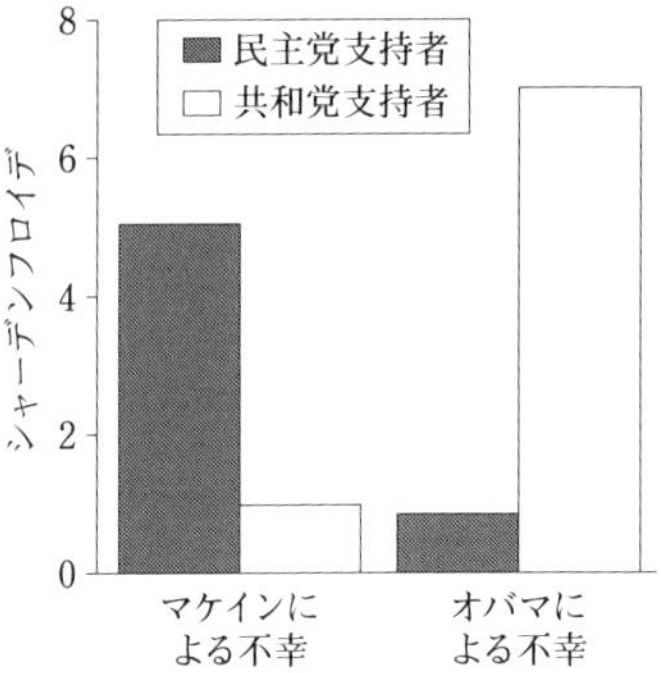

図4　シャーデンフロイデに及ぼす支持政党と，不幸に見舞われる党の役割　マケインかオバマによって見舞われた「不幸」への反応におけるシャーデンフロイデは，それを感じる者の支持政党によって異なっていた。

ような競争的な領域と同じように、政治的な命運となれば、他者の成果にどれほどの影響力があろうとも、自分たちの支持する政党の成功に着目する。コメディアンのスティーブン・コルベアは、二〇一二年の夏、現職のバラク・オバマ大統領と、彼に挑むミット・ロムニーの大統領選挙の際に、こんなことを言った。「良いニュースと悪いニュースがある。良いニュースとは、悪いニュースがたくさんあることなんだが、ミット・ロムニーには朗報だろうね[33]」。

シャーデンフロイデに及ぼす集団に対する一体感の影響は甚大だが、それは私たちに元々備わっている社会的な性質とも合致している。人間は常に集団の中で過ごし、私たちの個人的な生存はおそらく、強い集団に属することによる有利さと関連している。そのため、集団に属するのは極めて自動的なもので、これが内集団びいきと外集団ぎらいをもたらす——そして、外集団が苦しめばシャーデンフロイデが加わる。集団への忠誠心がとても強いスポーツと政治のような激しい競争の中にあって、シャーデンフロイデは特徴的な感情のように見える。

　スポーツと政治は一緒くたにされることがある。歴史学者のピーター・ゲイは、一九三〇年代、すなわち戦前のベルリンで育った。彼は、自叙伝『私のドイツ人としての問い』の中で、彼と家族がユダヤ人であったがために受けた迫害を、一九三九年にキューバに密航するまでにどう耐えてきたかを書き記している[34]。悪化していくナチスのひどい扱いから気を逸らすために、彼はスポーツに夢中になった。情熱的とも言える愛着をチームに注ぎ、チームが勝てば大喜びし、負ければ憂鬱になった。しかも、彼は父と一緒にナチスを嫌っていたので、二人ともドイツよりもアメリカに一体感を感じ始めていた。一九三六年のベルリンオリンピックで、彼らは「アメリカを熱心に」応援した。[35] 彼らはオリンピックのほとんどの行事に足を運び、ナチスへの憎悪とアメリカへの愛情が、さまざまな試合の結果によって、彼らの感情を大きく揺り動かした。ゲイは、ある出来事を鮮明に思い出す。それは、女子四〇〇メートルリレーで、有望株だったドイツチームが、バトンを落としたことで負けた、という出来事だ。

私が生きている限り、父が飛び上がりながら発した声を忘れないだろう。（ドイツ語で）「バトンを落としたぞ！」と父は叫んだ。アメリカにもうひとつの金メダルをもたらすべく、ヘレン・スティーブンスがゴールテープを切る中にあって、決して叩きのめせない者たちの象徴であったナチスの女性同盟の連中が、お互いに抱き合ってドイツの負けを悲しんで泣いていた……シャーデンフロイデは、人生の中で最も喜ばしいものの一つなのかもしれない。[36]

ゲイとその父が自分たちのシャーデンフロイデに何の弁解もしなかったのは当然だった。第5章と第6章で述べるけれども、相応性のある不幸であれば、恥とシャーデンフロイデは遠く引き離されうるからだ。ゲイらの経験を、私はまるで手に取るように理解できる。ヒトラーが観戦する中で、ジェシー・オーウェンズがドイツ人選手を下す場面を考えると鳥肌が立つ。たしかに、アーリア人は優れているじゃないかと。

残念なことに、これまでスポーツや政治で見てきたことは、また別の恐ろしいものをもたらす。集団間の関係性から生まれやすい感情は、葛藤のより極端な形態も助長する。民族や宗教間の紛争や、国家間の戦争がそれだ。こうした意味で、シャーデンフロイデというのは感じられてしかるべきものであると同時に、より強い薬に手を出させるゲートウェイドラッグのようなものであり、人に情けをかける心の扉を閉ざすものであり、そして、より暗い感情や行為を促すものかもしれない。後述する第10章では、この領域に足を踏み入れる。

第4章

自己と他者

Self and Other

抽象的で一般的な誰かの失敗や成功がどれほど重要でないかを、我々は知っている――彼が処刑されようとも私にはどうでもよい――しかし、代わりに我々自身が指名されるとき、それがいかに由々しき事態で酷いものかを知る。自分は敗者であってはならない、これが我々の心の叫びだ――つまり、失敗する者はそのままでいい、少なくとも自分が成功しさえすれば。

――ウィリアム・ジェイムズ[1]

友のいかなる苦境にも
個人の利害が先に立つ、
かたや自然はわれらを宥めんと、
悦に入らせる事情を示す。

――ジョナサン・スウィフト[2]

あとになってみると、苦力《クーリー》が殺されて本当によかったと思った。それは法的に私を正当化してくれ、象を撃ったことに対する十分な言い訳ともなった。

――ジョージ・オーウェル[3]

仮にあなたが、とある男性に密かに思いを寄せている女性だったとする。あなたはその男性を巡り、親友と競っている。問題は、その親友には、彼にアピールできるようなたくさんの魅力が備わっていることだ。しかし、あなたは親友が新聞社を解雇されたのを知る。記事の剽窃をしたからだ。そんなとき、あなたはどう感じるだろうか。ほぼ間違いなく、表向きには心配の声を上げるだろう。「ベティがクビになったそうで残念ね。心苦しく思うわ」。

これは、あなたが感じて「しかるべき」感情であって、心配をあらわにすると周りから褒めそやされる。結局、彼女は親友であるわけで、私たちは友人たちの不幸を気の毒に思うはずだ。ただ、気の毒に思うところはあるわけだけれども、次のような気持ちを付け加えるのもありだろう。「ベティの剽窃には驚いたわ。でも、これに関しては新聞社を責められないと思うの。きっと、彼女にはセラピーが必要よ」。

友人のキャラクターや精神的健康にちょっとしたツッコミを入れるのは、もうひとりの自分が嬉しがっているという明らかな兆候だ。それはまるで、獲物を食べるときに涙を流すというクロコダイルのようだ。転落によって、彼女は魅力溢れるライバルから、汚らわしい者へと変わってしまった。おそらく決定的なのは、今やベティは確実な負け犬となり、あなたの恋愛面での進展が約束された点にある。心の中では、彼女を心配する気持ちを強調するかもしれない。十中八九、彼女に向けた情けだけが、あなたの中にある唯一の感情なのだと一人で納得することだろう。しかし、そんな自分でも見えないところで、あなたは喜びで飛び跳ねてもいるかもしれないのだ。心から望んでいたものを手に入れられるかもしれないという見通しこそが、そんな感情の大きな源なのだろう。

明らかに、友人のトラブルを嬉しがるような気持ちは、私たちの心や道徳の領域に抵触する。感情の主たる源が、むき出しの狭量な利己心にあるとは認めたがらないのが私たちであって、それが友人の幸福度に関わることであれば尚更だ。秘密裏に一瞬だけ喜んだとしても、自分で自分の顔に泥を塗るようなことになる。もしかすると、自分自身と同じように周りの人たちをも、私たちの動機や感情の大部分が無私無欲に成り立っていると首尾よく偽れるかもしれない。しかし、そうすることで、ニーチェよろしく「わたしたちにとって、自己こそ見知らぬ者」となる。[4] 人生における数多の競争的な場面と同じように、交配ゲームでは、利己的な感情がしばしば強力に適応的となり、利他的な衝動を抑えこむ。こうした場面で、「自分にどんな得があるか?」を明らかにする指針があれば、それに伴って高まる感情を予測できるわけだ。

生まれながらにして善か悪か

アニメ『ザ・シンプソンズ』の初期に、次のようなエピソードがある。[5] サイドショー・ボブは、ピエロのクラスティをコンビニ強盗犯に仕立て上げて、クラスティの番組を乗っ取ってしまう。クラスティよりも才能も教養もあると自認しているサイドショーは、クラスティの馬鹿げた番組で端役やアシスタントを演じるのに不満を抱えていたのだ。彼はクラスティが檻に入っていることに気を良くして、古典文学を大声で朗読したり、スーザン・ソンタグの言葉を引用してみたり、コール・ポーターの歌を歌ってみたりと、好き勝手に番組を進めた。番組を終えたある時、こびへつらってくるスタッフたちと歩きながら、クラスティがかわいそうだと語る。指を噛みながらすすり泣いていた彼だったが、楽屋に戻ってドアを閉めると、表向きのすすり泣きは、本心である悪魔のような高笑いに変わるのだった。番組全てのコントロールと主役の座という、欲しがっていたものを手中に収めた彼だが、それはクラスティの失脚あってのもので、そこに幸せを感じていた。

他者の不幸から得るものがある限り、同時に同情が感じられるような場合でさえも、シャーデンフロイデは少なからず私たちの感情に甘味を帯びさせる。しかし、利己心と個人的な利益だけに動機づけられる者を誇張したのがサイドショーだ。つまり、彼の喜びには哀れみが交じっていない。もっと典型的な話をすれば、私たちは少なくとも二つの方向に自然と突き動かされる。一つは、狭い利己心とシャーデンフロイデ、もう一つは他者の利益と同情だ。どちらの方向も、人間性を完全に捉えることはできない。

かつて、ハーバード大学の心理学者であり哲学者でもあったウィリアム・ジェイムズ。心理学の歴史の中で、彼ほどに鋭く公明正大に人間の動機について理解している者はいないだろう。彼の代表作『心理学原理』の刊行は一八九〇年であるにもかかわらず、人間の心の働きがいかなるものかを説いたその類い稀な描写に、学者たちは今も立ち戻り続けている。ジェイムズがどれほど人間性の相反する側面を捉えていたか、ご覧いただきたい。

> 多くの点で、人間は最も冷酷かつ獰猛な獣である。群れをなす全ての動物たちと同じように、ファウスト曰く「二つの魂」が「胸中にある」、一つは社交性と人助け、もう一つは仲間への嫉妬と敵対心だ。しかし一般には、それらなしで生きていくことはままならず、特定の個人に関して言えば、それらと共存することもままならないような者もいる。[6]

そして現在のハーバード大学で教鞭を取る心理学者、ハワード・ガードナーは言う。私たちは

「善」として生まれるのでも、「悪」として生まれるのでもなく、「時には善、時には悪」として生まれるのだと。「善か悪か」[7]のいずれかで生まれるというのは、間違った二分法である。

また、もしも誰かが不幸に喘ぐのが自分たちの利得に繋がるのであれば、第3章で解説した政治におけるシャーデンフロイデ研究のように、私たちの感情はない交ぜになるのが普通だ。しかも、自然に湧き上がる同情は、同情に関する文化的規範と、誰かが苦しみを喜ぶのをあらわにすることへの厳しい非難によっても強化される。ライバルが負けたときに感じる密かな喜びは、それがどんなものであれ、いくばくかの罪悪感と恥を私たちに感じさせるだろう。

自己と他者のそれぞれの利益を巡って相互に複雑に絡み合う中にあっては、利己心と結びついた感情が勢いづいているのだろうか。利己心の声の方が大きいとでも言うのだろうか――とりわけ、人生において数多く訪れる競争的な局面において。[8] おそらく、その通りだ。誰が勝ったのかにこだわらなければ、競争がシャーデンフロイデを導くような話にはならない――「失敗する者はそのままでいい、少なくとも自分が成功しさえすれば」。このウィリアム・ジェイムズの言葉は言い得て妙だ。[9] 一八世紀の風刺作家ジョナサン・スウィフトも、似たような内容を詩にしたためている。

いるだろうか？　混雑した見せ物小屋にて、
他を低地へ留めて高台に上らん者など。
汝と等しく友を愛す
己の視界を妨げさせやしないが。
ならば渡してやろう、彼に地位を
――己が欲するは、高くて、あともう一インチ。[10]

勝利を勝ち取ろうと努力するのが、私たちの常ではないだろうか。相手側の勝利を望む競争に、誰が進んで飛び込むというのか。敵に「幸運を」と言うのは、矛盾した言葉ではなかろうか。競争では、概して自分たちの利益が最優先される。ナポレオンは「敵が間違っているのなら、邪魔するものではない」と忠告した。[11] ライバルの不幸からもたらされるどんな幸福感も、私たちは認めたがらないものだが、同情と罪悪感が交じりあった幸福感は感じられるだろうし、少なくとも幸福感の痕跡は必ず残る。

二〇一二年一〇月に行われた二度目の大統領討論の終盤に向けて、ミット・ロムニー州知事との忘れ難いやり取りをしたバラク・オバマ。おそらく彼は、ナポレオンの至言を実感しただろう。ちょうどオバマは、九月にリビアのベンガジで起こったアメリカ在外公館襲撃事件に関する質問に答え終えたところだった。この事件では、アメリカ大使の他にも三名が死亡した。甚大な損失を被っただけではなく、オバマと国務省は大使たちと個人的な関わりを持っていただけに、彼らにとっても大きな痛手になった。さらに、リビアの管理政策に厄介なセキュリティ上の陥穽があることも詳らかにされ、ロムニーと共和党側はこの点をいち早く指摘した。彼らの批判は、テロリストによる襲撃を早い段階で十分に認識し損ねたオバマ政権に向けられた。ロムニーはこれで点数を稼ぐと目されていた——そして彼は、オバマの答えに対して、それを実行しようとした。ロムニーが焦点を当てたのは、襲撃の翌日にはそれを「テロ行為だ」と言ったという、オバマの主張だ。ロムニーはオバマを見ながら、これは間違いなく大統領としての主張なのかと問い詰めた。オバマは頷き、こう言った。「それは私の発言だ」。

緊迫した瞬間だった。ロムニーが挑み、オバマも同じく切り返す。ロムニーはオバマが声明を出さなかったことを確信しているように見え、なじるように言う。「襲撃の翌日、あなたはホワイトハウスで言ったんですね。これはテロ行為であるのだと」。

ロムニーは自分に利があると考えたようで、少し黙っていた。眉を吊り上げ、はっきりと懐疑的な表情をオバマに向けて、自分の言い分を再び主張した。「あれは自然発生的な抗議デモなどではなかった。あなたがそう言っているのですか？」。

実際のところ、利があったのはオバマの方であり、彼にもそれがわかっていた。ロムニーが捲し立てている間、落ち着いてグラスの水を飲んでから、彼の申し立てに次のように答えた。「続けてくれ。さあ、続けてくれたまえ、州知事」。

オバマはロムニーを罠に誘うようにしていた。彼の眼光は鋭く、あたかも本物の罠が目の前にあるかのようだった――そして私が見る限り、微笑みすら浮かべているようだった。コメディアンのジョン・スチュワートは後にこの瞬間を、敵から続けるようにと言われたときには、こちらが苦境に陥っている「最初のヒント」だと評した。それはまるで、アニメキャラクターのロードランナーが「ただ岩に書かれただけの扉」にワイリー・コヨーテを誘っているようなものだ[12]。ロムニーは何度か言葉を詰まらせ、もはやオバマが優勢であるのに気付いたようだった。実際、討論会の司会をしていたキャンディー・クロウリーは、ホワイトハウスでの声明について、オバマ側の主張をすぐに裏付けた。オバマはこの討論会で最も重要な点を強調するかのように言った。「もう少し大きな声で言ってくれないかな、キャンディー」。

すると、討論会の聴衆は、笑いと拍手で湧いた。ロムニーにとっては屈辱的な瞬間であったが、オバマはこの一分一秒を楽しんでいたに違いない。もちろん、民主党の支持者たちも[13]。この一幕は、大統領選挙のキャンペーンの中では大きな転換点だったかもしれない。

人間性を語る上で欠かせないテーマ、利己心

自己と他者、それぞれについての利益という二重のテーマは、人間性に関するあらゆる総合的な分析の影響を受け、数千年にわたって思想家たちが活発に議論してきた。[14] しかし、シャーデンフロイデを感じる私たちの能力というのは、自己の利益を強調するものであるのは明確だ。この点は、少し触れておく価値のある話でもある。人間の行為に利己心が果たす役割を強調した学問的な例は、枚挙にいとまがない。西洋哲学では、第2章でも触れたイギリスの哲学者トマス・ホッブズが、力への飽くなき欲望に人間は元来動機づけられていると述べている。[15] もちろん、心理学でもそれは同じで、フロイトの言に立ち返るなら、私たちはもともと利己的であって、喜びと性への欲求によって動機づけられているという。[16]

多くの格言がこうした考えを端的に言い表しているが、第1章でも引用した、一七世紀のフランスの作家フランソワ・ド・ラ・ロシュフコオによるものがこれだ。「話をし合う場合、ものわかりがよくて、愉快そうに見える人がじつに稀である事情の一つは、人が十中九まで、相手の話にきちんとした返答をすることよりはむしろ、自分の言おうと思っていることに考えを持って行くからだ」[17]。シャーデンフロイデのような、人々の隠された利己的な側面を暴くのがラ・ロシュフコオのテーマであった。利己心とシャーデンフロイデに関する考えは、次のような公理からも導き出される。「われわれはだれも、他人の不幸を我慢して見ていられるほど、気が強いのである」[18]。

現代の大衆文化では、デール・カーネギーの考えが、利己心を言い表す良い例となっている。人生をどう切り拓いていくべきかについて、シンプルかつ良識的なアドバイスの代名詞がカーネギーである。彼の長年のベストセラー『人を動かす』の中で、私たちは元来、他者ではなく自分の利益を満たすように動機づけられているという主題が、さまざまな切り口で語られている。「中国で一〇〇万人の餓死する大飢饉が起こっても、歯痛に悩む人にとっては、自分の歯痛のほうがはるかに重大な事件なのだ」[19]。彼はまた、私たちの誇りと虚栄心によって、感謝と自分が重要であるという感覚を欲するとも強調する。だからこそ、相手の欲望や見解が——あなた自身ではなく——彼らを突き動かす大部分なのであって、それがわかっていない限り、誰かに影響を与えようなどとは考えないようにと忠告する。影響を及ぼそうとしている人たちが抱いている関心、その観点から言葉を表して影響を与えようと試みて、相手から見ても純然で確信がもてるようなやり方で、その人たちを称賛するように。これが彼からの助言だ。

カーネギーの主張するところによれば、私たちの行為と動機が気高いものだと相手に見せるように、私たちは己の行動を正当化するのに非常に長けているという。どんなに悪辣な行動であったとしても、ほとんどの場合、その動機がポジティブに見えるようにアレンジを加えることができる。その例として、彼は、多くの殺人と強行な手段で悪名高いシカゴのギャング、アル・カポネを挙げている。はたして、カポネは彼自身を犯罪者だと見做していただろうか。それは違う。禁酒法時代に、アルコールを人々に分け与えているに過ぎない「ありがたがられず、誤解されている大衆の後援者」[20]。彼は自分をそう見ていた。カーネギーによれば、批判されると刺々しくなるのは、私たちの中にある利己心で説明がつくという。批判が、その相手の行動をポジティブに変えるどころか、防御体制を敷いて、報復を求める悪意を呼び起こしやすいのは、「相手が大事にしている誇りを傷つけ、重要だという感覚を損

なう」[21]からだ。「よく心得ておかねばならない」、カーネギーは助言する。「相手を論理の動物だと思ってはならない。相手は感情の動物であり、しかも偏見に満ち、誇りと虚栄心によって行動するということを」[22]。

カーネギーの考えは、人間性について粗雑で不安定な視点を描き出す一方で、何世代にもわたり、社会的スキルの向上や、キャリアを前に進めようとする人々を導く原理にもなった[23]。カーネギーのような生き方をしている人に気づくのはたやすい。というのも、そういう人は、あなたの名前を知り、挨拶をして、自分自身よりもあなたの利益に焦点を絞ってくるからだ。しかし、こうした戦略を用いると、ご機嫌取りで本来の意図を誤魔化しているような印象を相手に与えてしまう者もいるだろう。カーネギーの助言を効果的に働かせるためには、人に対する理解を持ち合わせている、という能力が求められるかもしれない。しかし、彼の考えにはメリットもある。多くの人は自分たちの関心に傾倒するあまり、他者もまた同じような関心を抱いていることを理解し損なう。しかし、ひとたび動かそうとする人の視点を得たならば、難なく彼らを動かせるようになる。動かしたい相手に向けられた心からの称賛は、それがどんなものでも彼らを楽しませる。誰もが褒められたがっているのだから。また、動かされる人は、自分たちの利益に合致するような試みに対して、最も敏感になる[24]。そして、自分の利益が影響を及ぼそうとしている者たちの利益と合致する必要はないとわかれば、他者に影響を及ぼそうとする試みをより首尾よくできるように前進させる。

カーネギーが自身の考えを発展させてきたのは一九二〇年代から三〇年代であったが、決して時代遅れには見えない[25]。多くの人々、それこそ大統領から監督、俳優や女優から、成功した実業者たちに至るまで、デール・カーネギーの流儀に従い、自分たちの目標を達成させるためにカーネギーの方法を使った[26]。それに、人間性の利己的な側面を強調したのは、何もカーネギーだけではない。最近の例を挙げると、説得と社会的影響の理解に関する領域で、社会心理学者のロバート・チャルディーニによる社会科学的なアプローチがある。おそらく、チャルディーニは、こうした話題について最も尊敬に値する現代の専門家だろう。今や五版となった彼の好著『影響力の武器――なぜ、人は動かされるのか』では、彼や他の学者たちによって実施された多くの実験研究から得られた知見と、彼の経験から得られた洞察が混ざり合っている。彼はこうした融合を、説得や社会的影響を首尾よく説明するための核となる洞察に洗練させた。彼が強調したい説明には、利己心の原理（「利益を最大化し、損失を最小化したいという欲求」）というものはない。[27] しかし、それは重要でないと彼が思っているからではない。むしろ正反対なのだ。彼は、利己心の原理は基本的かつ自明であって、そこに焦点を当てるメリットがないと見ている。それは「あたりまえの動機」なのだから。[28]

切羽詰まったときの利己心

時として、利己心が私たちの行動に果たす役割がどんなものか、極端な状況で詳らかになることがある。一九五九年の一一月、カンザスの小さな農業の町で、取るに足らない前科者二人が、裕福な農家ハーバート・クラッターとその妻、子ども二人を惨殺した。トルーマン・カポーティはこの町を訪れて、数ヶ月にわたって住民たちにインタビューした。ノンフィクション作品のパイオニアたる彼の書籍『冷血』で、事件の詳細を語るためだった。カポーティはクラッター家に近しい人々、この事件を解決した当局、遂には、捕まってから処刑されるまでの殺人犯たちとも話した。[29] この殺人事件について葛藤している様子をあらわにした者がひとりいた。クラッター氏の生命保険代理店業者のボブ・ジョンソン氏だ。殺人が起こる数ヶ月前、ジョンソン氏はお金にうるさいクラッター氏になんとか保険を売ろうと、長い時間を費やしていた。そして、まさしく殺人が起こった日の午後、やっとクラッター氏から契約を取り付けた。それは四万ドルのプランで、事故死の場合にはその倍になるものだった。クラッター氏が保険を買うために署名した小切手はまだ現金化されておらず、殺人の知らせを受けたジョンソン氏の財布の中にあった。このニュースを耳にした際の最初の反応を悲しげに釈明する様子から、彼はクラッター一家に対する悲哀よりも、彼と会社が失うお金の心配をしていたのではないかと思われる。小切手について知る人物は自分だけなのだと、彼にはわかっていた。もし小切手を破棄しても、誰もそれを知ることはない。クラッター氏が友人であったにもかかわらず、彼の心の中は自分の財布のことでいっぱいだった。こうした心配が、彼の最初の、そしておそらく、根源にある反応のようだった。しかし彼は、小切手を破棄しなかった。当時を振り返る彼によれば、良心が正しいことをさせ、この件について（カンザス州の都市）ウィチタで担当者と話し合った後、会社はこの契約を信用した。しかし、緊急の金銭上の心配から生じた利己心と、クラッター氏に誠実でありたいという願望との間に緊張が走ったのは、紛れもない事実だった。

もう一つの語るに相応しい事件が、第二次世界大戦の回顧録『医師と呪われし者』に書かれている。フランスの医師であり、レジスタンス運動の一員でもあったアルバート・ハースによるものだ。占領下にあるナチスの司令部に侵入したものの、見つかって強制収容所送りになってしまう。そこは、酷く野蛮な状況と囚人たちに漂う絶望感のあまり、最も気高いといえる無私無欲の本能が発揮されるようなところではなかった。ある日、囚人の一団が看守の一人を襲ったかどで、ドイツ将校たちは、その報復として囚人一〇名につき一名を射殺すると発表した。看守は一列に並ばせられた囚人を数え、一〇人目になる度に撃っていった。脅えたハースは、一〇人目から逃れる幸運を必死に願った。ハースまで順番が近づいてきたので数えてみると、次に死ぬのは自分だった。そのとき、自分の左隣にいる男は身体が弱っており、死期が近いと気づいたハースは、その男を自分よりも前に押し込んで不安から逃れようとした。まもなく、ドイツ人の看守はその不運な男の頭に照準を合わせて、彼を撃ち殺した。ハースの述懐によれば、自分の「動きはあっという間」であり、「それを済ますまでは、何か考える余裕すらなかった」[30]という。この出来事の記憶は、彼の生涯にわたって心に留まり続けた。彼の決断は合理的なものであったにもかかわらず、罪悪感は尽きなかった。情けや自己犠牲のような感動的な行為についてもハースは記述しているが、恐ろしい状況下にあると、自分が生き残りたいという欲求以上を見る目を曇らせるのが普通だ。ブレヒトの有名な言葉がある。「まず食うこと――それから道徳[31]」。

私は、多くの人たちからシャーデンフロイデの事例を聞いてきたが、それらに通底するテーマは、利己心が他者の苦しみへの反応を誘うということだった。彼らがいかにたやすく、シャーデンフロイデを感じた強烈な経験を想起できるかを知るにつけ、私は感心させられた――彼らはその委細まで明け透けに話していたのだ――しかも、それがよい印象を与えるようなものでないにもかかわらず。シャーデンフロイデの事例の多くは競争を孕み、その競争は、数え切れないほどの多様性を有している。クラッター氏の小切手をどうするか決めかねたときにジョンソン氏が経験した葛藤に賛同する者もいれば、ハース医師の供述に共鳴する者さえいる。またある者は、職場でうまく仕事ができなかったときの状況を綴った。その彼は、自分の仕事ぶりが芳しくないことをよく知る上司からの評価を恐れていた。そんなときに、上司が大病を患い、退職するか、もしくは死んでしまうかもしれないという話を耳にした。上司は好人物であったにもかかわらず、そのニュースを聞いた彼はすぐさま「やった！」と思った。彼の正直な告白によれば、上司の病気が自分に対する悪い評価をのけてくれるかもしれないという一心から、最初の反応は密かな喜びだったという。もちろん、彼はすぐさま平常心を取り戻し、罪悪感に満ちた痛みと、同情の波を感じたものの、彼の当初の反応は、病気から得られるものへのこだわりから生じたものにほかならなかった。

このように利己心というものは、さまざまな出来事から感情的な反応を駆動させるので、たとえ他者の不幸を引き起こすような出来事であったとしても、その不幸から何かを得られるのであれば、私たちは喜びを感じられるのだ。

乳飲み子の口によって

子どもたちの無防備な行動は、人間性の利己的な側面について、また別の見方を提供してくれる。私が一〇歳くらいだったとき、両親がある家族を自宅に招いて、誕生日を祝うピニャータ・パーティーを催した。その家族には三歳から八歳になる三人の子どもがおり、ピニャータを壊す前までは行儀良くしていた。最初、皆はピニャータを一番に叩きたがっていたが、今度は、他の子よりも多く叩きたがった。私と私のきょうだいたちは引き下がり、彼らが棒を取ってピニャータを壊そうとする争いを見守っていた。そんな争いだけで、私たちをやきもきさせるには十分だったが、それでもピニャータが割れて、中に入っていたキャンディーが地面にぶちまけられたときには到底及ばなかった。三人の乱暴者はもれなく地面に飛びかかって、キャンディーを奪い合った。その光景は、ウィリアム・ゴールディングの『蝿の王』を彷彿させるものだった。大柄で太り気味の一番上の子が、最も多くを手にした。その彼が、自分より年下の子を押しのけるときの表情を、私はいまだに覚えている。その時の、無意識で野蛮な表情は、他の子がいかに泣き叫んでいようとも意に介していなかったことを示すものだった。彼はさらに多くのキャンディーを得られると思っていたようだが、遂には、両親がばつが悪そうな顔をしながら、それを制した。

これと同じような子どもたちの光景を目にする者は多いだろう。文化人類学者のアーネスト・ベッカーが、児童期を次のように特徴づけたのは、似たような光景を見ていたからかもしれない。

われわれは幼児期に、もっとも装いのない自尊心を求める争いを見る。こどもは自分がもっとも必要とするものや欲しいものについて恥ずかしがったりしない。彼の有機体全体が彼の生得のナルシシズムの要求を叫びたてる。……われわれは「兄弟喧嘩」について、それがあたかも成長過程のある種の副産物、つまり、甘やかされてきて、まだ寛大な社会性を身につけるまでには成長していないこどものちょっとした競争心や利己心であるかのように、なにげなく語りやすい。しかし、それは一つの脱線というにはあまりにも冷酷で、一心不乱なものである。それは人間の核心、すなわち、目立ちたい、万物の唯一無二のものでありたいという欲望を表わしている。あなたが生得のナルシシズムを自尊心を求める基本的欲求に結びつけると、自分が第一の価値をもつ対象、すべての生命を自分自身に体現した宇宙で最初のものであると感じずにはいられない人間をあなたは創り出すことになる。[32]

私の次女が四歳だった頃に、妻がとある会合のために家を留守にしなければならず、夕食に遅れたことがあった。夕方から激しい雷雨になった。空は暗い紫色に染まり、そのうち土砂降りの雨が降ってきた。それは恐ろしいもので、まるで自分たちが『宇宙戦争』の登場人物で、火星人の侵略が始まったかのようだった。そして、妻から、嵐で遅くなると電話があった。下の娘がこの会話を耳にしてしまうのだが、これが私を悩ませることになった。いまや、母への心配と相まって、娘の嵐への恐怖は強まる一方になった。事実、私が警戒していた通り、娘は大きく目を見開いて恐怖におののいているように見えた。しかし、娘が大声で放った一言に驚かされた。「私はどうなるの?」。私は面食らってしまった。少し考えてから、私はようやく娘の反応の意味に気づいた。幼い娘にとって、最も恐るべきものは、自分の世話をする母がいないことだったのだ。これはどういうことなのだろう。そこには彼女の姉もいたのだが、彼女は私と困惑しながら顔を見合わせた。四歳上の彼女は、その面白さを味のある態度で示した――外で雷が鳴り響いていても、それがわかるくらいに。この出来事は、私たち家族の中で語り草となっている。誰かの自己中心的な行動について冗談を言うとき、私たち家族はこうよく口走る。「私はどうなるの?」。

第1章と第2章で強調したのは、私たちに向けられた感情に、社会的比較がいかに貢献しているかというその重要性と、だからこそ、下方比較に潜在的にはポジティブな効果があるという点だった――たとえそれが、他者に生じた不幸によるものだとしても。社会的比較は、人間性の利己的な側面も詳らかにしうるものだ。この点について、ベッカーは次のように語っている。

こどもは自分が第二位になったり、価値を下げられたり、まして無視されるのは許せないのである。「彼にいちばん大きいキャンディをやったのね!」「彼に私よりたくさんジュースをやったわ!」「それじゃあ、もう少しね」「今度は彼女の方がジュースをよけいにもらった!」「彼女には暖炉の火をつけさせたのに、ぼくにはつけさせてくれない」「オーケー、あなたも紙を燃やしなさい」「でもこの紙は彼女のより小さいよ」など、とめどもない。……兄弟喧嘩は基本的な人間の条件を反映する重大な問題である。それはこどもが意地悪で利己的で横暴だからではなく、こどもが人間の悲劇的な運命を非常に率直に表現しているからなのである。人間は宇宙で第一の価値をもつ対象として、自分自身を必死に正当化しなければならない。[33]

自分と比べて、嬉しくなったり悲しくなったり

心理学者のハイディ・エアーと私は、実験を通じて、他者に起きる出来事に対してどう反応し、そ

れらが私たちの相対的な経験にどれほど根ざしているかを調べた。[34] この研究では女子大学生が実験に参加したが、この実験の目的について彼女たちは、試験結果のフィードバックを得る方法を評価するためだと思い込まされていた。彼女たちとは別の学生が知能検査を受けて、その結果を異なる方法で受け取る（口頭、もしくは文書）。実験に参加した学生は、この様子を観察して、フィードバックの効果を評価する、という段取りだった。この研究の（実験が終わると明らかにされる）本当の目的は、テストを受けた参加者の相対的なパフォーマンスが、他の学生のパフォーマンスに対する感情にどのような影響を及ぼすかを検証することにあった。この点をうまく調べるために、参加者に同じテストを受けてもらった。その表向きの目的は、テストを受ける学生の経験がよくわかるような立場になってもらうというものだった。続いて、他の学生に渡されるフィードバックの評価の一部として、評定者自身の感情（「それについて嬉しい」「それについて悲しい」など）への回答が求められた。加えて、参加者と観察される学生の知能検査の出来不出来はランダムに配された（もう一度言うが、実験の最後まで、実際に何が行われているかは知らされていなかった）。この研究ではシャーデンフロイデは測定されていない。しかし、たとえば、自分が低い得点であった場合に、観察された学生も低い得点だと、彼女らに対して同情を示す結果が得られた。これは、彼らの感情が相対的なパフォーマンスに根ざしている証といえる。参加者の感情は、単に他の学生が「失敗」したからといって、その客観的な事実に基づくものではない。観察される学生が失敗すると、参加者が成功したときよりも失敗したときの方が、その学生に対して悲しみの程度が低かった。一方、観察される学生が成功すると、参加者が成功したときよりも失敗したときの方が、その学生に対する喜びの程度が低かった。

要するに、他の学生の成功と失敗に対する参加者の反応は、単なる事実だけではなく、自分の相対的なパフォーマンスによっても左右されていたのだ。自分が相対的に成功を収めているという立場からは、誰かの失敗を悲しむのはたやすい。しかし、自分が相対的に失敗しているという立場からは、他者の成功を喜ぶのは難しい。

利己心と共感の天秤——その複雑な二重性

たとえ自分が失敗した実験参加者であっても、同じく失敗した他の学生に対して、ある程度の共感を示すのが普通だと知っておくのは重要だ——成功した学生に対する喜びもしかりである。これは、混じり合った感情を抱えていることを意味する。いま一度強調させてほしいのだが、人間性における利己的な側面についての私の見解は、他の共感的な動機づけを貶めようとするものではない。一八世紀のスコットランドの思想家アダム・スミスが類似した点を指摘しているが、私はその言い方が気に入っている。

いかに利己的であるように見えようと、人間本性のなかには、他人の運命に関心をもち、他人の幸福をかけがえのないものにするいくつかの推進力《プリンシプル》が含まれている。人間がそれから受け取るものは、それを眺めることによって得られる喜びの他に何もない。……我々がしばしば他人の悲哀から悲しみを引き出すという事実は、例証するまでもなく明らかである。……手の施しようがない悪党や、社会の法のもっとも冷酷かつ常習的な侵犯者でさえ、それをまったくもたないわけではないのである。[35]

人間における共感について述べた言説は枚挙にいとまがなく、この側面を探求し続ける研究者も数多い。[36] 人生のあらゆる段階で私たちが他者に依存するという事実だけでも、共感そのものが進化の名残りであることを示唆している。あまりにも利己的な人は集団から拒絶されやすい。少なくとも、人間の動機というものは、自己への関心と他者への関心の間の複雑な絡み合いが影響を及ぼす[37]。しかし、シャーデンフロイデとは何かを理解しようとすると、人間性の利己的な側面は、なぜ他者の不幸が共感の感情よりも喜びを私たちに与えるのか、それを理解する枠組みを提供してくれる。

第1章では、ヤーキス国立霊長類研究センターで行われている研究に触れた[38]。二匹のサルは、両方ともキュウリを与えられたときは、どちらも満足げだった。しかし、片方がキュウリ、もう片方がブドウを受け取ると、キュウリを与えられた方は落ち着きを失った。このように、サルたちは、不公平な扱いに対して懸念を示しているようにも見えた。ただ、第1章で私が言及しなかった点がある。それは、同じキュウリを、自分の方がより多くもらっていても、そんな不平等な扱いを気に留めなかったということだ。どうやら、他のサルより「不公平」に有利になったところで、それが落ち着きを失わせるという結果には繋がらないらしい。サラ・ブロスナン研究員は次のように述べている。「オマキザルたちが抱く不平等の感覚というのは、かなり一方的なものらしいのです。『自分』が不公平な扱いを受けたかどうか、それが全てなのです[39]」。当然ながら、不公平に有利な状況（自分の方が多い）と、不公平に不利な状況（他者の方が多い）の両方にストレスを感じるのが人間という生き物なのだが、ほとんどの場合、不公平に有利な状況は、不利な状況よりも問題にはならない[40]。

心理学者ロイ・バウマイスターとブラッド・ブッシュマンは、教科書として広く使われている著書『社会心理学と人間性』の中で、こうした自己と他者の利益の二重性を、興味深い考え方から特徴づけている[41]。彼らが強調しているのは、利己的な昇降はとりわけ進化的な名残りに根ざしたものであるという観点だ。なぜなら、個人的生存と繁殖を首尾よくさせるような特性が好まれてしかるべきだからだ。アリストテレス曰く、幸運というのは「投擲物が隣人に命中し、あなたから外れる」ときなのだと示唆したのは、まさにこれである[42]。たしかに、自分たちを生かしたいという強い衝動なしに生き残ることを想像するのは難しい。バウマイスターとブッシュマンはまた、人間は文化の求めに応じるものだという点についても重視している。文化の求めに応じるとは、個人の狭い利益を集団のニーズに合わせるように調整することにほかならない。より多くのポップコーンが欲しかったとしても、それを等しくシェアすることを私たちは学ぶ。私と妻が娘たちの成長を見てきた限り、これは確かに真実と言える。第1章で述べたように、幼かった頃の娘たちは、不利な状況にあれば抗議し、有利な状況にあれば動じなかった。しかし年を重ねるごとに、彼女たちの関心は広がりを見せ、何かにつけて平等を主張し、自分たちが見せる寛大さや自己犠牲に気を良くして誇りを感じるようにまでなった。しかし、そんな娘たちは今でも、休日に一緒に座り映画を観ているとき、私がポップコーンを平等に分け損なおうものなら、戸惑いを覚え、少しは傷つくことだろう。

バウマイスターとブッシュマンは、私たちが学ぶ多くのルール、たとえば、順番を守ったり、他者の持ち物を大事にしたり、といったルールは、利己的な行動を禁じる道徳原理に基づく点に着目している。とりわけ、よく知る人たちとの間では、罪悪感や恥のような道徳的感情は、このプロセスの助けになる。自分の欲求だけを満たして自分が属する集団や家族の利益を無視するなら罪悪感を感じ、自分勝手な行為が衆目に晒されるときには恥ずかしく思う。ところが、利己的な関心はたやすく表面化する。そこに求められるのは、その文化の中で適切な方法と見なされる慎重で計画的な努力である。バウマイスターとブッシュマンは、それを巧みに表している。

一般的に、人間の本性はやれと言い、文化はやめろと言ってくる……自己というのは、利己的な衝動と、それを抑えるやり方で満たされており、心の中の葛藤の多くは、これらの基本的な拮抗から来ているとみなしてよい。利己的な衝動と自制心との葛藤は、おそらく人間の精神における最も基本的な葛藤であるに違いない。[43]

クラッター氏の小切手をどうするか足掻いたジョンソン氏。病気の囚人と衝動的に場所を入れ替えたハース医師。自分が欲するものを自分と他者にどう分け与えられたかによって反応する子どもたち。彼らの心境を、そこにある緊張を、私たちは理解できる。

競争のように、他者の不幸が自分たちの利益を拡大させるようないかなる要因も、哲学者アンリ・ベルクソンの言葉を借りれば「心臓麻痺」[44]を促進させ、その結果として、シャーデンフロイデも強まる。これこそが、私たちがスポーツや政治の世界の多くにシャーデンフロイデを見る理由の一つなのだ。第3章で概観したいくつかの研究にあった通り、ライバルチームやライバル政党に降り掛かる不幸は、速やかに喜びを生み出す。自チームや政党への一体感が高い者たちにとっては尚更である。というのも、集団へのアイデンティティが重要であるとき、ライバル集団の損失は、自分たちの集団にとっては良いものであり、ひいては自分自身にとっても良いことになるからだ。これらの研究では、自己が得たという感覚は、シャーデンフロイデと強く関係していた。事実、こうした感覚がなく、ライバルを嫌う理由に乏しい参加者は、ごくわずかなシャーデンフロイデしか報告しなかった。こうした場合は、集団アイデンティティの影響を受け、そこに利己心があるかないかで、その後の感情は物の見事にひっくり返る。のめり込んでいるファンや政党の熱狂的な支持者にとって、他者（もし彼らがライバルだとしたら）に生じる「悪い事」は、自分の集団、そして自分自身によって良いと感じられたのだ。スポーツでは、不幸が深刻な怪我であったときでさえ、それが当てはまった。政治においては、兵士の死につながるような不幸であっても、それは同じだった。兵士の死に対する反応に見られたように、シャーデンフロイデの強度は弱いものではあるものの、心配と一体化し、他者に振りかかる不幸が自己の利益にかなう限り、それは喜びを後押しするものであった。

次の章では、私たちがシャーデンフロイデをよく感じる別の理由について話題を移す。それは、正義に関わるものだ。私たちは正義と公平に深く注意を払っている。他者に生じた出来事の良し悪しに応じた感情的な反応というのは、当該の出来事が相応なのか不相応なのか、もしくは、公平なのか不公平なのかという点に、その一部が委ねられている。不幸は悪いことではあるものの、私たちがそれを相応しいとみなしたときには、ほぼ確実にシャーデンフロイデが引き起こされるのだ。

第5章

相応しい不幸は蜜の味

Deserved Misfortunes are Sweet

平和な生活を愛好する人達を苛めて不安に陥れる漢が、とうとう襲撃されてしたたか打擲されたあげく追い払われるとしたら、これは確かに一つの禍いではあるが、しかし誰れも彼れもがこの事件に喝采をおくり、もし事件がそれきりで済みなんの後腐れも生じなかったとしたら、このような仕置自体を善と見なすのである。

——イマニュエル・カント[1]

あの残虐なやつが刑務所に入るときには、まともな人は誰でもいい気味だと思うだろう。

——レオ・ロステン[2]

私自身が農場の息子ということもあるが、「ねぐらに鶏がもどる」のは、決して悲しいことではなかった。いつだって、私を喜ばせてくれた。

——マルコムX[3]

復讐のプロットがなかったら映画業界はどんな映画を制作するのか、まるで想像がつかない。映画のバリエーションは無数にあるが、その基本的なパターンはシンプルで、予測しやすく――何より、観客に好まれる。ヒーローが悪役に痛めつけられるも、見事に復讐を遂げることで物語が完成する。そこに正義があれば、熱狂的な観客ほど喜ぶものだ。悪役に同情は寄せられない。私たちが喝采を送るのはその結末なのだ。悪い輩が相応の報いを受けるのを見るのは、とても愉快なのだから。

　こうした劇中に見られる、正義に触発された復讐が、復讐の末に生じる喜びと混じり合うというお約束は、正義とシャーデンフロイデが自然と結び付いていることを示唆している。[4] それに引き換え、血塗られたエンディングほど私たちを青ざめさせるものはない。一九七〇年代後半に、映画館の副支配人を務めた私が言うのだから間違いない。映写室は、観客の行動を観察する特等席だった。数多の映画を上映する中で、悪役に良くないことが起こると観客は沸いたものだが、そんな映画の中でも最も印象に残っているのが、ブライアン・デ・パルマ監督の『フューリー』だ。この映画の悪役は、ジョン・カサヴェテス演じる敏腕諜報員ベン・チルドレス。彼は二人の十代の若者たちが持つ超能力を利用しようと、無情にも彼らに人体実験を課す。彼の試みがそのうちの一人を死に至らしめたとき、もう一人の少女が超能力をチルドレスに向けて使う。彼女は、怒りと憎悪に任せて、チルドレスを数フィートほど浮かせてから爆発させた。劇場の観客たちは、そんなグロテスクなシーンにも物怖じしなかった。むしろ、歓声を挙げる者すらいたほどだ。この男への観客たちの憎しみは、まさにカサヴェテスによってうまく作り上げられたと言っていい。彼の死だけではなく、ミンチにされ、粉々に砕かれることまでを望まれたのだから。それが相応しかったのだ。ゾッとするような結末――だが喜ばしくもあった。[5]

　誰かがその人に見合った不幸に見舞われるのを見れば喜びを感じ、その喜びにはシャーデンフロイデが含まれる。そこに疑問を差し挟む余地はほとんどない。正義に伴う感情的な帰結こそがシャーデンフロイデだと述べるのは、この感情について最も多くを記した哲学者のジョン・ポルトマンだ。[6]彼によれば、不幸が相応しいという感覚から途切れずにシャーデンフロイデが続くという。また、ノーマン・フェザーやウィルコ・ヴァン・ダイクといった社会心理学者たちは、誰もが予想できたことを実験によって裏付けている。彼らの実験に参加した者たちは、相応しくない不幸よりも相応しい不幸にシャーデンフロイデを感じると報告しているのだ。[7]

そもそも相応しい不幸とは何か？

私たちは、不幸が相応しいかどうかを決める基準を共有しており、普段からそれを使っている。たとえば、不幸になる「責任」のある人々は、苦しむに相応しいと私たちは考えており、そこではシャーデンフロイデはよくある反応と言える。[8]鉄面皮の詐欺師バーニー・マドフは、ポンジ・スキームという彼の手口と、その空前絶後の被害規模から、歴史にその名を刻むことになる。投資家たちは配当金を渡されているように見えたが、それは、実際には彼らより後に出資した投資家たちからかき集めた金だった。多くの有名な個人投資家たち、慈善団体、非営利団体が巨額の損失を被り、その総額は六〇〇億ドルにまで達した。[9]二〇〇九年六月、マドフが禁固一五〇年の刑を言い渡されたとき、法廷は多くの被害者たちによる拍手喝采で満たされた。[10]当のマドフですら、遂には自分がしてきた悪事の非道さをようやく理解できたようだった。この最大の量刑が科された後、彼は被害者たちの方を向いてこう言った。「私は自ら招いた痛みと苦悩とともに、人生の残された日々を過ごしていきます」[11]。

不幸の相応性について私たちが共有しているもう一つの基準は、バランスと適合に関わるもので、多くの場合は責任と繋がっている。私たちは、良い人には良い運命が相応しいように、悪い人には悪い運命が相応しいものと信じている。また、とても良い行動は大いに報われるべきであるように、極端に悪い行動は厳罰が科せられるべきであるとも思っている。だからこそ、映画『フューリー』でカサヴェテスが演じたような悪役たちは悲惨な終焉を迎えるのが相応しいのであって、それは彼らの極悪な性質と非道な行いに由来する。彼らは「当然の報い」を受ける。それは、どんな運命を辿るべきかという私たちの考えに合致するがために、その様子を見るのは喜ばしい。この喜びには審美的な部分もある。悪行が悪い結果をもたらせばバランスが取れるので、ある種の勧善懲悪を生み出す[12]。

マドフの罰への反応もまた、この基準に適合していた。間違いなく、彼は酷い苦しみを生み出したばかりでなく、多くの信頼を裏切ってきた――まさに、恥知らずがごとく――逮捕されるまでは[13]。判決を言い渡される前、自分たちが被った損失について述べる機会があたえられた被害者たちは容赦なかった。

被害者の一人、マイケル・シュワルツは、精神障害を患う自分の双子の兄弟をケアするために家族で貯めていた金を失い、「私がただ一つ望むのは、檻が棺桶になるくらいまで長期の刑だ」と述べた[14]。マドフの犯罪を「並外れた悪」と評した裁判官もシュワルツの要求に賛同し、マドフが自白した数々の犯罪をもって最長の刑を科した。「すっきりしたよ」。そう語るのは、判決の知らせが出されたときに法廷の外の群衆の中にいたドミニク・アンブロシーノ。彼もまた、マドフによる数多の犯罪被害者の一人であった[15]。

マドフの事件で最も不運な逸話を残した者の中に、ノーベル平和賞受賞者で、アウシュヴィッツ強制収容所の生き残りのエリ・ヴィーゼルがいる。マドフのやり口によって、ヴィーゼルは、彼の人道支援財団の資金一五〇〇万ドルを失った。この資金は、全て財団に寄付されたものだった。ヴィーゼルには、許そうなどという気はさらさらなかった。「サイコパス――彼にはそれでも生温い言葉だよ[16]」。

ヴィーゼルはそう言うと、さらにマドフを、被害者の面々を映す——朝も、昼も、夜もずっと——スクリーン付きの独房に五年間いれておくようにと進言した。[17]

マドフが刑務所に収監されたときも、彼に対する同情は一片もなかった。それどころか、他の非暴力的な知能犯たちと同じような軽警備の施設に送られたことに失望の念をあらわにする者までいた。法律で許される最大の罰は、到底十分ではないように見えた。とはいえ、ほとんどの人がこの出来事からできうる限りの喜びを得た。とりわけインターネット上では歴然としており、記されたコメントの大半は喜びに溢れ、露骨なものも少なくなかった。ある投稿では、マドフの刑務所のベッドの写真と一緒に、次のようなコメントが添えられていた。[18]

そこに置ける釘のベッドはないのか?
彼の頭に枕が敷かれているのを見て激怒する人はたくさんいるだろうね。
ベッドがシラミだらけであればいいのにと願うばかりだよ。

マドフの詐欺は、それほどに画期的だったのだ。友人たちにとどまらず、慈善団体、そして明らかに自分の家族からの信用までも、彼は裏切った。どんな基準を以てしても彼には罰が相応しく、彼のことを気の毒に思うような人など皆無に等しかった。むしろ、偽物の金もうけの才を持ち合わせた金の亡者が囚人にまで落ちぶれたのを見た者はそろって、喜びを公言するほどだった。

正義があるところに、シャーデンフロイデは力強く育つ。シャーデンフロイデの根本にある相応性には、利己心と関係ないように見せるという利点がある。なぜなら、正義かどうかを決める基準は、個人的で潜在的に偏っているというよりは客観的に明らかになるものだからだ。[19] そのため、シャーデンフロイデは「無法者」の感情であるとか、恥ずべき気持ちである、と思われにくくなる。ジョン・ポルトマンは、有力なローマカトリック教会の神学者、バーナード・ヘリングを引き合いに出している。ヘリングは、シャーデンフロイデは邪悪で罪深い感情であると断じているものの、シャーデンフロイデの特徴を条件付きで次のように語っている。

> シャーデンフロイデは邪悪であり、恐ろしい罪ではある――ものの、咎人が何者かの手によって衰弱させられたときに限り、それは美徳となる。なぜか？　咎人のところに赴き、こう言えるからだ。「ご覧なさい。あなたは神の道を外れているのですから、神が苦しみをお与えになったのですよ」[20]。

シャーデンフロイデを認めるような神の教えを私は知らない。しかしながら、ヘリングの心情は、一三世紀のカトリック司祭、聖トマス・アクィナスや[21]、一八世紀のプロテスタントの牧師、ジョナサン・エドワーズのような他の宗教家たちとも呼応している。たとえば、エドワーズの説教の一つに「なぜ邪な意志を持つ者の苦しみは、高潔な者たちの悲嘆の原因にならず、その反対のことが起こるのか」と題されたものがある[22]。なるほど、この状況は邪悪なシャーデンフロイデではありえるだろうけれども、咎人が相応しい仕打ちを受けたときは、咎人らの受けた苦しみは高潔な人たちの悲嘆を呼び起こさない。神聖なる正義の鉄槌が下されたならば、シャーデンフロイデも――また――正義なのだから。

偽善者の転落には並々ならぬ喜びが

種々の相応性のなかでも、特に満足させてくれるシャーデンフロイデがある。とりわけ、偽善者の転落を越えるものは数少ないのではないだろうか。いくつかの忘れ難い事例の中でも、ジミー・スワガートは際立っていた。スワガートは才能やカリスマに溢れたエンターティナーで、キリスト教の布教活動の中でも、特有のブランドを確立するのに貢献した人物だ。それはテレビ宣教師である。彼の番組『ジミー・スワガート・テレキャスト』は、ピーク時には世界中の何百ものテレビ局で放送されたほどだ。スワガートは今日に至るまで、多くの支持者たちを喜ばせ、魅了し続けている。彼はそういう意味でも注目すべき人物で、自力で成功を収めたアメリカで唯一無二の存在だ。しかし、そんな彼も一九八〇年代後半、自ら招いたトラブルに見舞われた。スワガートは、罪の結果を説いて回るだけでは飽き足らず、他者の罪を暴露して回った。最も知られているのは、スワガートとはまた別の宣教師、ジム・バッカーの淫らな行為だ。ところがほどなくして、スワガートもまた自らの道徳的基盤を揺るがす事態に陥る。スワガートに不貞行為を糾弾された教団のメンバーの一人が、私立探偵を雇ってスワガートの活動を監視させたのだ。その探偵が映した写真は、スワガートが売春婦のところによく訪れているものだった。はたして、スワガートが属するアッセンブリーズ・ゴッド教団の上層部がこれを知るに及び、彼に三ヶ月の停職処分を下すことになる。そして、今や大衆文化を象徴するイベント――公開懺悔にて、スワガートは会場に観客と視聴者を前に自分の罪を認めて、許しを乞うた。[23]

これを観た者たちの大多数にとって、苦しみに顔を歪めて頬に涙を流すというスワガートのイメージは、当時、そして今もなお、臆面もなく浮かれ騒ぐ原動力となっている。彼の振る舞いは偽善そのものであり、彼が受けた屈辱は全くもって相応しくみえた。実際、ほとんどのメディアの記事と大手新聞への投書はスワガートの偽善的な行動に集中し、嫌悪、冷やかし、そして歓喜で山盛りだった。[24] スワガートに

とってまずかったのは、完全に悔い改めることなく宣教師として復帰したことだ。これによって、彼の懺悔の滑稽具合がさらに皆の記憶に刻まれてしまった。遂に、アッセンブリーズ・ゴッド教団によって聖職特権が剥奪されるに至る。その二、三年後、別の売春問題がスクープされた。このときの彼は、後悔にたじろぐことはなかった。支持者に向けて彼はこう言った。「主は仰った。あなた方には全く関係ないのですよ、と」[25]。懺悔と後悔はまったく別の話なのだ[26]。

偽善と、私たちからすれば喜ばしいその暴露については、宣教師が際立っている。どうやら、こうした仕事を生業にしている者の多くは、自ら道徳的な過ちを犯すことへの脆弱さをよそに、他人の道徳的な失敗をすぐに指弾するように見える[27]。序章では、ジョージ・リーカーズの一件を記した。Rentboy.com で雇った青年をヨーロッパ旅行に同行させたことがスクープされ、彼の反同性愛者運動はお釈迦になった。さらに彼の偽善が突出するレベルにまで引き上げられたのは――そして、シャーデンフロイデをそこまで相応しいと思わせたのは――同性愛的な行為に及んだ人たちをわざわざ傷つけてきたことにあった――しかも三〇年以上。彼がメディアから総攻撃を受けるのに同情した者もいたかもしれないが、もともと彼が同性愛者を罰していたやり口が、シャーデンフロイデを逸らすのには不利に働いた。メディア配信の大元に所属するコラムニスト、レナード・ピッツ・ジュニアはこう綴っている。「プライベートに端を発する揉め事について公衆の面前で言い訳しようと右往左往している姿を見るのは、倒錯的ともいえる愉快さをもたらすが……そう感じるのは道徳な罪を犯しているも同然である」と[28]。結局のところリーカーズは、自分で断罪し、罰してきた多くの人たちと明らかに同じことをしてきたのだから。

他のよく知られたケースに、テッド・ハガード牧師がいる。彼は、マイク・ジョーンズというマッサージ師との同性愛を認めた後、コロラド・スプリングスの大教会を辞した[29]。ハガードの行動は明らかに偽善的であった。というのも、幾度となく、そして熱心に同性愛を非難してきたからだ。ドキュメンタリー映画『ジーザス・キャンプ――アメリカを動かすキリスト教原理主義』の中でも、彼は強い信念を持って語っている。「同性愛をどう考えなければならないのか、そこに議論の余地はない。聖書にもそのように書かれているじゃないですか」[30]。彼の著書には、『この日を境に――あなたの誓いを生涯続けさせるために』[31]と題されたものもある。一方、ハガード（ちなみに、ジョーンズを訪ねるときには、「アート」という偽名を使っていた）がコロラド州で同性婚を禁止する法改正を支持していると知ったジョーンズは、自分たちの関係を暴露したがっていた。法改正へのハガードの影響力がいかに大きいか理解したジョーンズは、怒りが込み上げてきたという。

パソコンの画面に映った彼の写真を見て、こう叫んだのを覚えているよ。「畜生！　お前よくも！」このアメリカでは、アートも異性愛者とみせかけた同性愛者のカップルも、好きな回数だけ結婚も離婚もできるっていうのに、男性同士、女性同士となれば一度だって結婚できやしない、ましてや結婚すれば受けられるはずの法的措置にも恵まれない……日に日に怒りは募るばかりだった[32]……この偽善者め[33]！

当初、ハガードはジョーンズから申し立てられた性的関係を否定していたものの[34]、それを覆す証拠が山のように出てきて、シャーデンフロイデの波が押し寄せてきた。はたして、彼の行動はさまざまな形態を通じて風刺されることになる。それこそ、深夜に放送されるコメディー番組から、性的なスキャンダルを語る本（『消えるパンツの同胞団――保守層のセックス・スキャンダル図鑑』）丸一冊分に相当するまで[35]。この事件を喜んだブロガーの言葉は、一連の反応を集約している。「朝の偽善は格別だ[36]」。ただ、当のマイク・ジョーンズが語るところによれば、ハガードの偽善が暴かれても何の喜びも感じられなかったという。彼の友人たちですら、ハガードとの関係について取材を受けるときにはもっと気丈に振る舞うべきだとコメントするほどだった。しかし、ジョーンズは「嬉しくもなんともなかった」[37]と書き記している。おそらく、「陽気」であると彼の動機が疑われるかもしれないと懸念していたのだろう。いずれにしても彼は、ハガードが公に訴えていることと、プライベートの行動との間には紛れもない矛盾があるとの認識を示していた。ジョーンズ曰く「あなたの秘密について反論すべきではない。自分が説教してきたことを実践しなさい。この話を一言で表すなら、それは偽善なんだと忘れないでほしい」[38]。

　宣教師は、格好の標的だ。彼らの仕事に求められるのは、他者に道徳的な行動を推奨することにある――たとえ、信徒たちと同じように、宣教師たち自身にも欠陥があるとわかっていても。そして、そういうことなら私たちも同様だ。平静を装い、少なくとも周囲の人々よりは道徳的に高い地位を維持しなくてはならないという宣教師ならではの必要性によって、こうした職業上の危険というべきものは悪化する。だが、キリスト教徒たちへの助言という、彼らの職業上の活動は、多くの強烈な誘惑にさらされることになるかもしれない。場合によるけれども、オスカー・ワイルドを引き合いに出せば、「誘惑を除きさる方法はただひとつ、誘惑に負けてしまうことだけだ」[39]。スワガートとハガードは、ふたりとも、偽善が露見したのでわかりにくくなっているが、自分たちの欠点を補う素質がある。私は、スワガートの説教やゴスペルソングを気に入っている者のひとりだ。アン・ロウ・シーマンによるスワガートの伝記にもあるように、「面白味に溢れ」[40]、「貧しくも才能と意志の強さを備えた」[41]ユニークな生き様には惹かれるものがある。それに、ハガードとその妻の失地回復には感心させられた。ハガードはリーカーズを許すようなコメントを残しているが（たとえば「私たちは、ひとり残らず罪人なのだ」など）[42]、そんな彼も、自分はリーカーズほど偽善的ではないと述べている。[43]第1章と第2章で強調したように、社会科学から得られたエビデンスを通じて明確にされているのは、他者より自分が優れていると見る自尊心には利点がある、ということだ。ならば、ハガードのような状況下にあって、下方比較をしないで一体いつするというのか。

今度は、ビル・ベネットについて見てみよう。彼は有名で教養豊かな保守思想家で、『モラル・コンパス――こころの羅針盤』や『魔法の糸――こころが豊かになる世界の寓話・説話・逸話一〇〇選』などの本を著している。ベネットは、彼の支持者たちの間でも他者の過ちを諫めることで評判だった。[44] 二〇〇三年、そんな彼が何年もカジノに通い倒して、八〇〇万ドルもの大金を失ったという噂話が広まる。彼を擁護する者たちもいた。[45] 子どもに道徳を教え込むのに、彼の美徳に関する本が活用されていたからだ。しかし、多くの物書きはベネットの噂話をあげつらった。とりわけ、マイケル・キンズリーは、オンラインマガジン『スレート』誌にて、ベネットに「シャーデンフロイデのピューリツァー賞」を与えたほどだった。キンズリーは、多くの悪人たちが長年にわたって、ベネットは自分たちのクラブの秘密のメンバーだと考えていると推測して、次のように書いている。「喜ばしい言葉が飛び交うにつれて……すねて物を見るような者なら、一瞬でもこう考えただろう。やはり神はいらっしゃるのかもしれない、と」。[46]

堕ちた偽善者たちが連なる名簿があるとすれば、宣教師や、人にどう生きるべきかを説くことを生業とする者は、その上位を占めているだろう。しかし、偽善そのものは誰かを贔屓することはない。政治家は、自らの当選を求めて、力を誇示するだけでなく、対立候補を批判する必要性を感じてばかりいる。だからこそ、政治家たちは、彼らを取り巻くスキャンダルやメディアからの注目の中にあって、偽善者として宣教師の真後ろに着けている。信徒を感動させなければならない宣教師よろしく、投票者と有権者から非難されるだけではなく、それ以上の立場を取らなければならない。

偽善者の苦しみは、なぜこれほど面白く見られるのか？

そう。偽善者が苦しみに喘ぐのを見るのは、状況に即した面白さがある。この特別な喜びの背後にあるものとは何だろうか。偽善的な行動によって、公言していることと、私生活でやっていることのズレが浮き彫りになる。それがよく見られるのが、道徳に関わるものだ。偽善者たちは美徳を声高に叫びながら、実際には罪を犯している。ある福音書の記述によれば、宗教指導者たちに見られる偽善は、イエスさえも怒らせたという。

律法学者たちとファリサイ派の人々、あなたたち偽善者は不幸だ。杯や皿の外側はきれいにするが、内側は強欲と放縦で満ちているからだ。……律法学者たちとファリサイ派の人々、あなたたち偽善者は不幸だ。白く塗った墓に似ているからだ。外側は美しく見えるが、内側は死者の骨やあらゆる汚れで満ちている。[47]

歴史の至るところで、また、あらゆる文化を通じて、一貫性のない行動というのは魅力に欠けるとわかってきた。「言うことと実際の行動が一致していない場合、その人は支離滅裂、裏表がある、果ては頭がおかしいのではないかと思われてしまうのです」。第4章でも触れた『影響力の武器――なぜ、人は動かされるのか』の中でこう述べているのは、社会心理学者ロバート・チャルディーニだ。[48] 一貫性のなさは悪さをするよりもまずいと、チャルディーニは考えている。欺瞞を漂わせ、信用を失わせるものだからだ。

偽善者たちを非難に晒すものは、何も路肩から傍観していた者からの軽蔑だけではない。偽善者は自らを道徳的に優れた立場にあるとみなす場合が多い。したがって、周りにいる不完全な人たちには、そんな彼らと比べて道徳的に劣っていると思わせてしまう。このような具合なので、偽善的な行動が明るみに出る前であっても、偽善者たちは人を苛立たせ、不愉快にさせる存在になりえる。彼らの「いかにも聖人ぶった」立ち居振舞いは気に障る。[49] たとえば、スタンフォード大学の心理学者ブノワ・モナンは、菜食主義者の存在を認識するだけで、雑食者の自意識が強まることを発見した。彼が示したのは、肉を食べる人は、菜食主義者から非難されると予想するので、菜食主義者よりも自分たちが道徳的に劣ると感じられる、という点だった。[50] 菜食主義者からの言葉はいらない。彼らの存在そのものが、肉を食べる人からすれば道徳的にイライラさせるのだ。そこで想像してみてもらいたい。菜食主義を公言する人が、リブロース肉を頬張っているのを見つけたときの、肉を食べる人が感じる喜びというものを。この欺瞞と偽善に満ちた行動を目にするのが、いかに心躍る出来事か。私たちは自分が思っているほど劣ってはいない。むしろ、道徳的に優れるという意味で形勢逆転したといってもいい。この逆転こそが心地よいのだ。

偽善者に降り掛かる不幸にこれほど満足させられるのには、他にも理由がある。大抵の場合、自分たちが他者を指弾した内容とまさに同じことをしでかして問題となるのが、彼らの不幸の特徴だ。彼らをトラブルに陥らせた行動と、それに対する道徳的な叱責がぴったりと合っていると、彼らの失墜に対する心地よさが際立つ。こうした逆転劇は、極めて特別な美しさが備わっている。[51] この正義が、まるで詩のような趣さえ漂わせるのだ。まさにこれが、偽善の暴露を満足のいく物語にさせてくれる。

社会心理学者ケイトリン・パウエルとの共同研究で私たちが示したのは、偽善者がそれまで批判してきた行動と同じことをして捕まるのを見て、どれほど喜ぶか、という結果だった。[52] この実験に参加した大学生たちは、まず、同じ大学に通う学生のインタビュー記事を読む。記事では、その学生が剽窃を削減し、同時に罰することを目指した大学組織の熱心なメンバーであることが幾度となく語られる。インタビューの中で、学生は「私はね、カンニングや剽窃する学生を見ると、本当に頭に来るんですよ。ただ怠けてるだけじゃないですか。私たちの活動は、最近だけでも三件のカンニング犯を罰するのに貢献できたのですよ」と話している。一方、他の条件の参加者には、この学生は単に大学のクラブのメンバーであることだけが告げられる。続いて、同じ学生の後日談の書かれた記事を読むのだが、それは、二つある道徳的な過ちのうち、どちらか一つで告発された、という内容だった。剽窃、もしくは窃盗したかどで捕まり、停学処分を受けるというものだ。そこで、調査参加者が記事を読み終わったあとに質問紙を渡して、その学生と、学生の過ち、それに続く罰について、彼らがどう思い、どう感じたかを測定した。私たちの予測通り、単なるクラブのメンバーだった学生と比べて、学業的な不正を見つけることに関わる組織のメンバーだったのに、その後、自分も不正をして捕まった学生の方が、より偽善的だと見なされた。このとき、参加者たちは学生に下された罰も、より相応しいだけでなくより喜ばしいとも思っていることがわかった。

この研究でより興味深かったのは、記事の学生が所属していた組織（不正行為を見つける学内組織か、大学のクラブ）の違いによる、二種類の不正行為に対する反応を比べることだった。記事の学生がクラブの一員だった場合には、不正行為の内容（窃盗かカンニング）にかかわらず、その後の不幸は等しく相応しいものと見られ、同程度の喜びが経験された。結局のところ、両方の行動はともに道徳的に間違っているということだ。では、剽窃に対抗することを目指した組織に属していたらどうだっただろうか（図5を参照）。このとき、参加者たちは、記事の学生が批判していた行動、すなわち、剽窃のかどで捕まったときにより喜んだのだ。ここで肝心なのは、彼らは剽窃も窃盗も等しくモラルに反する行動だと思っていたにもかかわらずそう感じた、という結果が得られた点にある。それはなぜか？　剽窃について他者を批判していたという知識が、捕まった学生に対する感情を変容させた。つまり、不正行為と、その前に自ら嫌悪すると語っていた不正が合致していることが、偽善の感覚と不幸の相応性を高めたというわけだ。

この点に疑問の余地はない。相応しい不幸は、その目撃者を喜ばせる。この実験で見られたような偽善、もしくは不幸を相応しいと見せるような別の要因によって。シャーデンフロイデの性質について、学問的に幅広く検証したジョン・ポルトマンが、なぜ他者の不幸を喜ぶ主たる原因を相応性だと結論づけたのか。私たちはここに来て、ようやくそれが理解できる。ただ、実際には、シャーデンフロイデをもたらすものは、もう少し補足できる。次の章では、その点について取り上げてみよう。

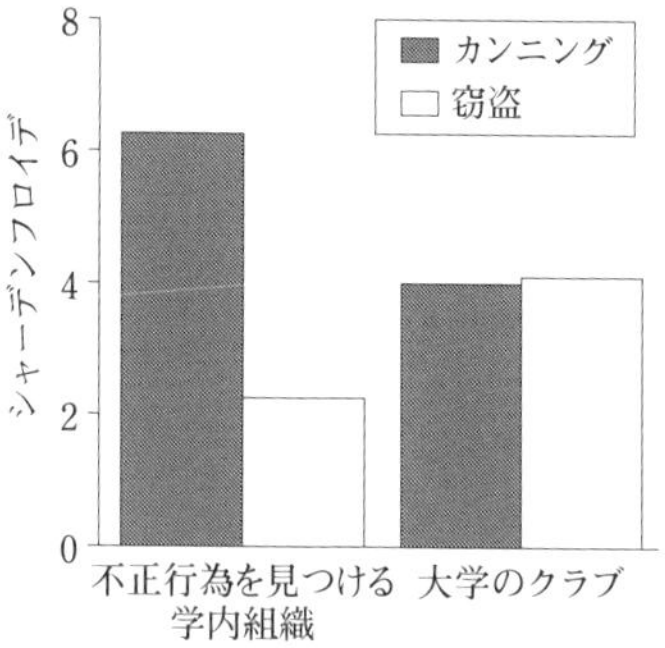

図5　先行するカンニングに関する道徳的な価値観の押し付けがシャーデンフロイデの強度に及ぼす効果
自分が捕まる前にカンニングについて講釈を垂れていた場合，その人物が窃盗で捕まるよりもカンニングで捕まったときに，顕著に大きなシャーデンフロイデが生じた。

第6章

正義は人の為ならず

Justice Gets Personal

おお、なんと麗しい、仇討ち成就の、この日の光――**アイスキュロス**[1]

遂に彼が捕まったと聞いて、私は喜びに満たされたわ。

――**サウンドラ・ウーレン（九月一一日のペンタゴン攻撃で亡くなった軍曹の母）オサマ・ビン・ラディンの死のニュースを聞いて**[2]

俺は執念深い男じゃあないけど、ちょっとした報復なら時々満喫してるよ。
――**『ザ・ニューヨーカー』誌の漫画**[3]

相応な不幸を目の当たりにすることの魅力のひとつに、そこで感じるどんな喜びも悪意とは無縁に見える、というものがある。これまでの章で強調してきたように、喜びと悪意の切り離しが顕著になるのは、相応性の判断が明らかであって、文化的に共有された基準に従っているときだ。このようにして、私たちの考えは公明正大だという太鼓判を押され、もっともな喜びを感じても構わないとのお墨付きが与えられる。[4] しかし、ここで認識しておくべき重要な点は、このような喜びを高める相応性の判断には、強いモチベーションを備えた構成要素がある、ということだ。ときに主観的で、偏りのある、このプロセスは、調べておく価値が大いにある。

公正世界信念

相応性の判断が主観性を帯びてしまう理由のひとつ。それは、この世界は公正だと解釈するように私たちがたびたび動機づけられているからだ。普通、人は相応しいものを得て、また、その人が得たものは相応しいという「公正な世界」を信じなければならない。[5] そうすることで、種々の出来事が、予測可能で、秩序だった力によって導かれているかのごとく生きていける。それとは別の信念、すなわち、相応性などなく、何事もランダムに生じるという世界観は、用意周到に行動する価値を減じさせる。また、そこに仄めかされる混沌は不安を引き起こす。私たちの多くが抗うのは、こうした自己の存在意義を脅かす結論だ。

公正な世界を信じたいという動機には何の罪もないように見える。もともとは心理学者メルヴィン・ラーナーによって提案されたものだが、彼をはじめ他の研究者たちは、この信念が、罪のない人たちが苦しんでいるときに彼らを非難する、という皮肉めいた効果をもたらしうることを示した。この考えを支持するのが、ラーナーと彼の同僚キャロライン・シモンズが一九六〇年代後半から一九七〇年代前半にかけて行った、今や古典となっている一連の研究である。彼らの最初の研究[6]では、実験参加者たちが電気ショックを受けている人物を目撃する。これらの電気ショックは不公平と思しき理由から与えられている設定となっており、実際、無実の人が電気ショックを受けるという情報は、その様子を見た者たちの心に情けを生んだ。ある条件では、電気ショックを受けた人物を救い出して補償できる機会が与えられ、実験参加者たちはそれを選んだ。しかし別の条件では、電気ショックを受けた被害者が引き続き電気ショックを受けるだろうと予測させられた。すると驚くべきことに、実験参加者たちは被害者の特徴を悪く評定する傾向にあったのだ。ラーナーとシモンズは、こうした反応が見られたのは、両条件ともに正義への関心によるものではないかと説明している。この世界を、相応なものを得られるほどに公正な場にいるのだと信じなければならないのだとしたら、あらゆる出来事は、この信念を確かめるために精査される。実験の最初の条件では、被害者が不相応な電気ショックを受けていると認識するのは容易で、それが被害者に向けた情けを引き起こした。しかし、次の条件では、無実の被害者が相応しくない電気ショックを受け続けるという不安を呼ぶ感覚は、そうなってしかるべきだと考える合理化された見方の原因となった。ラーナーとシモンズによれば、他者に生じる良いことと悪いことの両方をどう解釈し、どう反応するかに関わる頑丈なフィルターとなるのが、公正世界信念だという。

被害者を非難し、それを楽しむ

公正な世界を信じなければならない。こうした考えは、そんな世界を信じないでいると首を傾げるような出来事への反応を、首尾よく説明してくれるかもしれない。

一九八〇年代後半に起きた印象的な事件について考えてみよう。フォート・ローダーデールという町にあるレストランの駐車場で誘拐された若い女性が、刃物で脅され強姦された、という事件だ。加害者は逮捕され、裁判にかけられたものの、陪審員たちは彼を無罪とした。陪審員長は「私たちは総じて、まるで誘っているかのような彼女の服装を問題視した」とコメントした。[7] 事件当時、被害者の女性は白いレースのミニスカートとタンクトップ姿で、下着を付けていなかった。これは、挑発的で、人目を引く身なりだったかもしれないが、暴行を受けるに相応しかったのだろうか。陪審員たちはそのように考えたようだ。さもなければ、どうして加害者を無罪と評決したのだろう。公正な世界を信じなければならないという欲求は、その一つの手がかりを与えてくれるかもしれない。

ラーナーは、一九八〇年に刊行された『公正世界信念――根本的な妄想』の中で、公正世界信念をどのように考え出したかを説明している。公正な世界への動機という彼の最初の考えを促したのが、他人が感じるシャーデンフロイデに気づいたことだった。彼が精神病患者をケアする医者と看護師と一緒に働いていた当時、医師や看護師たちが、患者について、蔭で、時には面と向かって冗談を言っているのを目にした。こうしたことは、彼の気に障った。というのも、患者は不幸な人たちであって、自分たちの心理的な問題をほとんど制御できないのが普通だったからだ。しかし、彼はそんな同僚たちを冷淡であるとは見なかった。むしろ、彼らの反応は、患者たちの病に直面しているという不快な現実に対する対処だと結論づけた。はたして、こうした反応が引き起こされる重要な動機として、彼は公正世界信念への欲求という見解を作り上げるに至る。もし、患者たちが抱えているトラブルが大いに「相応しく」見えたとすれば、彼らに対する冗談が心地よいと感じる者もいるだろう。[8]

ラーナーの中核的な考えは、広範囲に及んだ解釈もできる。わずかな正義すらない世界を信じれば、たしかに存在の不確かさに落ち着かなくなるかもしれない。厭世的な皮肉屋でさえも、迷信にあるような、ある種の因果応報を信じているだろう。バランスを元に戻し、不正をただすような宇宙原理が万が一あったとしても、皮肉屋たちは因果応報という宿命の存在にしがみつく。悪行はいずれ罰せられる——どうにかして、何らかの形で、そのうちに。

正義への関心とシャーデンフロイデとの関連性をより強固なものにしているのは、人々が公正な世界を信じる欲求を持ち合わせている可能性だ。そこには、少なくとも二つの理由がある。一つ目は、不幸を非難するのに、お誂え向きで「客観的」な理由があるなら、私たちはよりいっそう非難したがる、という点だ。結局のところ、しっかりした理由があれば、動機づけの糧となる。そんなわけで、不幸に明らかに責任を伴うとき（たとえば、運転中にメールを打って事故を起こす、投資信託でリスクのある融資をして破産する）、不幸という結果に彼らがどう与したかについて、よりいっそうの注目が向けられる。こうした不幸に私たちは飛びつき、脚色しさえする。相応性に備わる客観的な要素の一つ一つが、公正な世界を求める動機をよく満たしてくれる。二つ目の理由は、「公正」だと解釈される不幸な出来事の範囲が広がる、という点にある。因果に関する感覚というものは、もともと正当な不幸ではないにもかかわらず、正当であると偏って見ようとする欲求によって、えてして歪められやすい——これこそが、被害者が非難を受けるリスクにさらされる理由かもしれない。

公正な世界への動機づけが相応性の判断を偏らせるならば、人間のバイアスそのものの問題が浮き上がってくる。というのも、人間が抱くバイアスの数々が、判断を歪ませてシャーデンフロイデを作り出すかもしれないからだ。社会心理学者マーク・アリックの調査で明らかにされたのは、他者は実際よりも悪い結果をコントロールできるはずと、私たちは見てしまう傾向にある、ということだった。「有責コントロール」の感覚は、結果として、他者が非難に値すると判断されることを意味する——そして、この有責コントロールが、他者の苦しみを嬉しく思う反応を強めてしまう。アリックは、これを成果バイアスと名付けている。とりわけ、私たちが誰かを悪く評価したいと思うと、彼らが引き起こしたネガティブな出来事がどのように生じたかを遡る際に、裏付けのある事実よりも、彼らの意図と予測に焦点を当ててしまう。[9] もしかすると、シャーデンフロイデそのものが、このプロセスを促すかもしれない。言い換えれば、人々が苦しんでいて面白いと見れば、彼らはきっと非難に値する者たちに違いないと結論づけるだろう、ということだ。

正義と利己心

第5章で述べたように、バーニー・マドフがポンジ・スキームで罰せられると決まって喜んだ人は多かったが――最も歓声を上げたのは、その被害者たちである。これと同様に、オサマ・ビン・ラディンが死んだというニュースを嬉しがった大多数の中でも、それを最も喜んだのは、ビン・ラディンが主導したテロによって亡くなった者の親類たちだった。二〇〇一年の九月一一日、ペンタゴンへの襲撃で息子を亡くしたサウンドラ・ウーレンは語る。「できれば、ビン・ラディンを生け捕りにしてもらって、じわじわと死の恐怖を味わわせてほしかったのよ……どちらにせよ、死んでくれて嬉しかったわ」[10]。どうやら、他者を傷つけた人たちよりも、「自分たち」に対するひどい仕打ちの原因となっている人たちの方が、間違いなく苦しみに値するとみられるようだ。そして、彼らの苦しみは特に満足させてくれるようなシャーデンフロイデを生み出してくれる。私たちは、そんな苦しみに歓喜するのだ。

イソップ寓話では、キリギリスが飢えて苦しんでいるのを見て、アリは良い気分になった。なにしろ、アリがせっせと働き、冬に備えて食べ物をため込んでいる間、キリギリスは踊って歌うばかりでなく、そんなアリをバカにしていたのだから。

私たちは、人に対してたやすく強い不満を募らせ、人を嫌いになり、時には憎悪さえ抱く。それは、彼らが私たちを不当に扱ったからである。ただ、こうした感情は些細なもののようで、個人の心の中に留っている場合がほとんどだ。しかし、それでもなお、いざ不当な扱いをしてきた人たちが苦しむとなれば、これらの感情によってシャーデンフロイデを感じるお膳立てが整う。そしておそらく、彼らが酷く苦しんでいるときでさえ、それが相応しいと感じるだろう。この点について得心させられるものに、故ケネス・ドーヴァー卿の例が挙げられる。彼は、最近亡くなったギリシアの生活、文学、言語の研究で名高い学者で、古代ギリシアに関する多くの先駆的な著作を残している[11]。それらは、この時代の歴史についての多くの前提を覆すようなものばかりだった。注目すべきことに、彼の素晴らしい業績はオックスフォードとセント・アンドリューズ大学時代に培われたにもかかわらず、最もよく知られているのは、晩年に書かれた回顧録に記述された、ちょっとした告白らしい[12]。その著書には、生活の多方面にわたって、彼の赤裸々な見解が含まれている[13]。中でも、最も注意を引く告白は、オックスフォード大学時代の同僚、トレヴァー・アストンに対する強い嫌悪感だ。この人物は、癪に障るような性格の持ち主、すなわち、人を思い通りに動かそうとする男で、酔ったときの振る舞いも悪く、そして、しょっちゅう死んでやると騒ぐ。アストンのこうした態度は、当時、彼の対処係だったドーヴァーにしてみれば、自殺の後押しを熟慮させるほどのものだった。ドーヴァーは次のように記述している。「私の問題は、残忍かつ率直なものだと定義するよりほかない。どうすれば、トラブルに巻き込まれずに彼を殺せるか、というね[14]」。アストンはドーヴァーにとって頭を抱えるほどの重荷となっていた。だから、「見て見ぬふり」をして、彼が命を絶つ日を待

つことを考えた。[15] そんな計画においてドーヴァーが尻込みするのは、法的な問題だけだった。アストンが本当に自殺した翌朝、ドーヴァーはそのときの反応をこう綴っている。「朝日が輝いていたかどうかはわからない。だが、確かにそう感じた。そして、ゆっくりと自分にこう言い聞かせた。『アストン時代が終わった最初の年の、最初の日なんだ』[16]」。

はたして、ドーヴァーは情けに欠ける人物だったのだろうか。それとも、他人なら胸に留めておくような感情を告白するという点で、胸がすくほど率直だったに過ぎないのだろうか。[17] オックスフォード大学の講師で、ビザンチン帝国を専門とするジェイムズ・ハワード＝ジョンストンなどは前者の考えで、ドーヴァーを「冷たく、冷静で、もはや人間ですらない」と評している。[18] 他方、歴史学の特別研究員で学生指導もしているブライアン・ハリソンは、この考えに異を唱える。「私は一〇〇パーセント、ケネス側の人間だ。彼が何年も辛抱してきたのは、驚くべきことだ」[19]。どうやら、ドーヴァー自身もこの問いには敏感だったようだ。というのも、彼は回顧録の中で、アストンの訃報を耳にした二人の同僚たちも安堵以外の言葉がみつからなかったと述べているからだ。[20] もちろん、ドーヴァーはアストンの葬儀と追悼式では適切に言葉を選んでいたものの、一般の人が抱く心情は自分のそれと大差ないだろうと信じていた、とも綴っている。

ドーヴァーが自分自身について述べたことに、読者は衝撃を受けてしかるべきだったのだろうか。私が賛同したいのはスティーブン・ハリウェルの意見だ。彼は、セント・アンドリューズ大学のギリシア語の教授で、『ガーディアン』紙にドーヴァーの追悼記事を書いている。そこで彼は、自らの生き方を真摯に探求したドーヴァーが、そのために不公平な批判にさらされていると示した。ドーヴァーは、自分の感情や欲望を素直かつ全て説明しようとする課題を受け入れた。人生というものは、いくらかの不穏な出来事があると、素晴らしい業績や、感心される人だというイメージが薄れてしまう。[21]

ドーヴァーがアストンの死を望んだのはさておき、蔑視する人たちが不幸に見舞われたときに喜びを感じるのは自然であるように見える。[22]とりわけ、自分たちが酷く扱われたがために軽蔑の眼差しを向けていたのだとすれば尚更だ。こうした不幸は当然のことのように「感じられ」――そして、喜ばしい。

何年か前に友人から、ある大企業の管理職にあった男が解雇された話を聞いた。しばらくの間、彼らは同じ会社で働いていた。友人は、多くの同僚たちと同じように、この男性から酷い扱いを受けていると感じていた。彼は皆に不親切で、恥をかかせてきたり、いじめてきたりする場合が多々あった。しかし遂に、彼の行為が行き過ぎて、社長は彼をクビにすると決めた。友人はその知らせに随分と興奮した――その他大勢もしかり。彼は私にこう言った。「やっとわかったよ。君が研究している感情、そう『farfegnugen《ファールフェアグニューゲン》』だっけ[23]？ 聞いて驚くな、いまそれを感じてるんだよ」。あからさまに興奮と歓喜を滲ませながら、彼は詳細を話し続けた。まるで『不思議の国のアリス』に出てくるチェシャ猫のように、にんまりとした笑顔を湛えながら。自分の中にあるシャーデンフロイデに気づくほどまでに彼は、心の底から誰かを嫌っていた（そうでなければ、憎んでいた）のだ。

第4章では、ドイツの強制収容所を生き延びたフランス人医師アルバート・ハースの回顧録を引き合いに出した。[24]終盤に送られたある収容所で、チフスが流行した。ハースが慰みを得たのは「病気を蔓延させる、政治とは何の関係もないシラミたち[25]」だった。ナチス親衛隊（以下、SS）の看守たちの多くは回復したものの、何名かは死んだ。「監視塔の一級射手が病気で死んだときは、特に嬉しかった[26]」。ハースとその友人たちの言だ。

マルコムXの生涯もまた、他者から虐げられた経験が、その他者が苦しんだときに喜びを引き起こすことについて、いくつかの例を提供してくれている。ネーション・オブ・イスラムのムスリム指導者だった彼は、卓越した雄弁さと独特のカリスマ性を発揮して、一九五〇年代と六〇年代初期に一世を風靡した。アフリカ系アメリカ人の不遇の原因は、おそらく他のどんなものよりも白人にあると彼は考えていた。そして、白人にそうした責任を負わせることを上首尾にした方法のひとつが、奴隷たちのほとんどは、自分の主人が苦しんだら幸せだったに違いないと訴えることだった。一九六二年、ミシガン州立大学で行われた講演で、「ハウス・ニグロ」と「フィールド・ニグロ」を対比して論じた。ハウス・ニグロは、フィールド・ニグロよりも比較的良い暮しぶりだったので（もちろん、ハウス・ニグロも、主人の古着を着たり、残り物を食べたりはしていたものの）、彼らは主人と自分たちを同一視していた。そんな同一視は非常に強いもので、主人が病気になったときなどは、「どうなさいました、ご主人様。ご主人様と私は体調が悪いのでしょうか？」と口にするほどだった。しかし、ハウス・ニグロは少数派で、はるかに大勢いたのがフィールド・ニグロだった。フィールド・ニグロたちは、主人が病気になったときに、どんな風に感じただろうか。マルコムXは、次のように表現している。「彼らは、そう、主人が死ぬよう祈った。もし火事にでもなれば、さらに燃え立たせるように、そよ風がさらなる強風を招くように祈ったのだ」[27]。ここに暗示されるシャーデンフロイデは見事に聴衆に響き、この話を聴いた者の多くは動揺しただろう。奴隷の主人たちに生じた不幸が、野外で奴隷となって苦しんでいる者たちから見れば相応しく思えるのは当然ではないだろうか。はたして、シャーデンフロイデは強烈なものになったに違いない。

復讐とその歓喜

正義が個人的動機に基づくものであるなら、不正をただすことは、復讐への強い動機と復讐による満足を明確に融合させうる。しかしながら、復讐に由来する喜びは複雑な様相を呈している。というのも、少なくとも現代の西洋文化においては、この種の喜びを曖昧にさせる要因がいくつかあるからだ。たとえば、サイモン・ヴィーゼンタールのケースを見てみよう。彼は、複数のナチスの強制収容所に送られながらも生き残り、第二次大戦後は、ナチスの戦犯たちを追跡して捕らえることを自らのライフワークとした[28]。中でも最も世に知られているのは、ホロコーストの首謀者の一人として悪名高い、アドルフ・アイヒマンの逮捕であった。アイヒマンはアルゼンチンに潜伏していたが、ヴィーゼンタールが集めた情報のおかげで、ブエノスアイレス郊外に仕事から戻ってきたところを、待ち伏せていたイスラエルのエージェントたちが捕らえたのだ。アンネ・フランクとその家族を拘束した張本人を明らかにするなど、他の功績にも関わっていたヴィーゼンタール。そんな彼でさえ、たとえナチスの戦犯を捕まえることにかなり正当な理由があったとしても、自分の動機が執念深いものとは見なされまいと注意を払っていた。「これは正義なのであって、仇討ちではない」[29]。ヴィーゼンタールが何度も繰り返し述べていたモットーだ。

ヴィーゼンタールは、自分が復讐によって動機づけられていると認めなかった。むしろ、人々がホロコーストの恐ろしさを忘れない確証を求めていた[30]。これには正当な理由があった。戦後まもなく、世界の大半が、ナチスを追跡することへの関心を失ってしまったためである。冷戦が注目の的となり、強力な政権にはなくてはならないものとなったことで、ナチスの残党たちが戦争犯罪に与していたかを調べるよりも、さまざまな目的で彼らを科学者や諜報員として利用するようになった[31]。さらに、戦争中に起きたことを信じない人々がいるのも問題だった。ヴィーゼンタールが直面したのは、『アンネの日記』はでっち上げられたもので、死の強制収容所はプロパガンダと結論づけるような戦後の世代の存在だった。ナチスを追いつめて責任ある者を罰することだけが、ヴィーゼンタールの軌跡を修復し、永遠に安定したものとする唯一の手段だった。彼は、その動機が個人的なものと思われないように用心し、偏っているとみなされるのを避けたのだろう。たとえ、かつては復讐を望んでいたと認めて、「おそらく……それは最初のほんの短い間だけだった」と述べていたとしても。[32]

とはいえ、復讐から正義を心理的に切り離すのはおかしい。私たちは不当な扱いを受けると、その相手に復讐したいという衝動に駆られるものだ。[33] そんな相手には、自分たちを苦しめたのと同じような苦しみを「公正」に味わってほしい。復讐の要点がここにある。自分が受けた損害は不公平であり、不当だと感じられる。こうした強い不満は、自分に都合よく考えて生じるケースがままあるものの、不公正の感覚に満たされている。さらに、潜在的には自分に都合のいい解釈がありえるとしても、復讐への衝動は正義と近しい関係にあるので、関連するさまざまな感情が混じり合って作られる。そこには、怒り、憎悪、義憤、そして激怒が含まれ、もれなく悪いことをした相手に向けられている。

もちろん、個人的な復讐にはどっちつかずな思いがあるからこそ、整然と理解できる例もある。ここで改めて、いくつものドイツの死の収容所を経験し、地獄から生還した、フランス人医師アルバート・ハースの回顧録を思い返してみよう。彼が最後に収容されたのはグーセンI だった（その名前だけで恐怖におののくほどの収容所である）。アメリカ軍が収容所を解放するために間もなくやってくるとの報が届くや、ドイツ軍から強制収容所の全てを爆破せよとの命令が下った。証拠の隠滅と、情報漏洩を防ぐためであった。しかし、SS将校たちが動いたときには、すでに収容所の抵抗勢力グループが盗んだ武器による暴動を計画しており、準備万端だった。囚人たちは弱っていたものの、数では勝っていた。ハースは、悪化する高熱により正気を保つのが精いっぱいだったにもかかわらず、「銃を手に」して「力を得た」[34]。彼は戦いに加わったのだ。強制収容所の門付近で対峙したSS隊員は、両手を挙げて、撃たないでくれと懇願する。「私は何もしていない！」[35]。ハースにはこれが耐えられなかった。このときに自分がしたことを、ハースは包み隠さず、次のように綴っている。その男が「自分には何の罪もないと否定しようとも、積もりに積もった怒り、その全てがここで爆発した。私はそいつに全弾をたたき込んでやった[36]」。

進化心理学者たちは、執念深さの衝動は本能的なものと結論づけている。危害に対する反応として執念深く振る舞うことは、将来的な危害に対する強力かつ適応的な抑止として役に立つ[37]。ジェフリー・マーフィーのような法学者も、この見解に同意している。彼は著書『借りを返す――許しとその限界』の中で、執念深い感情とそれに焚きつけられた行動は、私たちの祖先が自分自身と道徳的な秩序の両方を守るためになくてはならないものだったと示唆している[38]。彼の言によれば、道徳的な人というのは、悪に対する知性と感情の両方の反応を持ち合わせていなければならないという。おそらく、個々人の道理を求めるための感情的な関与が、匡正的な行為を引き起こすのだろう。不正に対して激昂しないのなら、私たちは悪をただすことなどできはしない[39]。

マーフィーは、なぜ復讐は悪評が立つのか――そして、正義からかけ離れたように見られるのか――についても熟考している。そこで彼は、文学と映画の中で、復讐が極端で病的に描写されやすい点に注目し、一九世紀初頭の中編小説『ミヒャエル・コールハース』を例として挙げている[40]。この小説では、領主からの酷い仕打ちと、暴力による妻の死に怒る男が、大胆な行動に出る。彼は逃げ隠れた領主を見つけ出すために二つの街に火を放ち、多くの罪なき人々に危害を加えるのである。マーフィーは次のように指摘している。この男の反応は「正気とは思えないほど限度を超えたもので、世の中の復讐がもれなくこんな具合であったなら、もはや何人たりとも口出しできない」と[41]。

第5章で述べた『フューリー』の結末のように、映画の中での過度な仇討ちの例は、容易に思い浮かぶ。では、『コマンドー』はどうだろう。アーノルド・シュワルツェネガーが主演する初期の映画の一つで、復讐がテーマとなっている。劇中、ならず者たちの一団に誘拐されたシュワルツェネガーの娘を救出しようと、彼が突き進んだ跡には、大きな混乱とならず者たちの死体が残された。クライマックスで、悪役の男を鉄パイプで串刺しにした彼は、「これで腐ったガスも抜けるだろう」[42]と言い放つ。話の中にちりばめられた誇張の数々が、おそらく人気を博したのだろう。もし、恨みを晴らそうとするヒーローが仰々しくなく、分相応のリアクションしかとらなかったとしたら、はたして私たちの記憶に残るだろうか。受けた被害を上回る復讐は必要ない。しかし問題なのは、個人的な動機に関わる復讐はやり過ぎてしまいがち、という点にある。詩人W・H・オーデンは、正義の定義を次のようにまとめている。

正義——突かれたら、それよりもうちょっとだけ突き返すこと[43]

そのため、不当な扱いをされると、被害と危害の釣り合いを失い、両者が合理的な関係にあるというよりはむしろ（危害が）正当化されてしまう。だからこそ、そこに「正義」があると結論づけるのは難しい。

にもかかわらず、執念深い動機の性質の中に、合理的な要素を持ち合わせていても、その動機にまつわる感情の感じ方は変わらない。他人が苦しんでいる不幸も、それが相応しいと知覚されるなら、見守るのが楽しい——とりわけ、不当な扱いを受けたと感じている人の視点からは。

極端な暴力行為の背景によくみられるのが、執念深い動機だ[44]。復讐への欲望というのは、ほかのどんな関心事、たとえば自己保存さえも振り払うほど強力になりえる。復讐心よりも強い人間の情熱はありそうもない。復讐を遂げる満足感というのは、往々にして甘美なものだ。よく知られた一節に、ジェロニモの記述がある。彼が、仲間のアパッチ族の戦士たちと、愛する親族を大勢殺したメキシコ兵たちを倒して意気揚々とした瞬間だ。

敵の血に濡れて、敵を倒した武器を手にし、戦いと勝利、そして仇討ちの喜びで熱くなったまま、私は勇敢なアパッチ族に囲まれて、全てのアパッチ族の戦士長となった。それから、死体の頭皮を剥ぐように命じた。愛する人の魂は呼び戻せないし、死んだアパッチ族を蘇らせることもできないけれども、この復讐を喜ばしく思うことはできた。[45]

ジェロニモとその一族は非常に苦しめられたわけで、彼の行為は復讐であり、サディズムではないと解釈できる。しかし、復讐が顰蹙を買うような文化でそれを実行に移そうものなら、喜びと後悔の交錯をもたらすだろう。たとえば、今日の西洋文化では、復讐をテーマとした映画や小説を楽しむのと同じように、実際に復讐することがないように戒められてもいる。法による罰の行使はあっても、個人による罰は違法とされている。ユダヤ教とキリスト教に共通した聖書にもあるように、復讐を行使する権利を持ち合わせているのは神だ。[46]「『復讐はわたしのすること、わたしが報復する』と主は言われる[47]」のようなフレーズが、私たちの考えの中に昔から留まっている。

こうした見方を支持したのが、復讐に向けられた態度を調べたケビン・カールスミス、ティム・ウィルソン、ダン・ギルバートによる実験だった。[48]実験に参加した大学生たちは、四人一組になって、互いに数ラウンドあるコンピューター・ゲームをプレイしていると思い込まされる。プレイヤーたちには最初にお金が渡されるのだが、お金をグループに投資するか、自分で持っておくかを選ぶことができる。彼らには、グループへの投資（協力的）は、最も多額のお金が得られ、ゲーム終了後に均等に分配されると教示される。投資を促すため、四〇％の配当が全てのグループに約束されており、それもゲーム終了後に分配される。しかし、そこには「タダ乗り」する誘惑もあった。グループに投資しないプレイヤーがいると、当該の彼ないし彼女が最も多くのお金を獲得し、他のプレイヤーたちの分け前が少なくなる。グループにとって最良の策は全ての参加者がお金を投資することなのだが、投資せずにお金を溜め込んで、最後の分配で四分の一も受け取れる（この時点で、他のプレイヤーからの投資によって、結果的に彼らよりも多くなる）という、利己的に振る舞う誘惑がそこにある。こうした状況を作り上げるために、研究者たちは、四人のうち三人の行動に細工を施した。残りの一人のプレイヤーに、いくら他のプレイヤーたちと協力し合いながらプレイしようと呼びかけても、そのプレイヤーがあたかも利己的な選択肢を選び続けてゲームが終わるように仕組んだのだ。この状況を使って、実験参加者には、いくつかの条件が割り当てられた。そのひとつ、「処罰者」条件では、実験参加者たちには、他のプレイヤーの誰か、もしくは全員に金銭的なペナルティーを科すことが許されており（文字通り「しっぺ返し《ペイバック》」ができる）、実験参加者たちは、自分が罰したことについてどう感じたかを報告した。一方、「予測者」条件では、ゲームが終わってから、タダ乗りしたプレイヤーを仮に処罰したなら、どう感じるだろうかと尋ねた。

はたして、予測者たちが報復して得られるだろうと予測した満足度は、処罰者によって実際に報復されたそれよりもさらに高かった。この効果は、参加者が自分たちの行為にどれほど思いを巡らせたかによって、部分的には説明できそうだ。回答を求めたのはゲームの一〇分後であった。そのため、処罰者は他の参加者よりも、自分がしたことについてより多く、じっと考え続けたことになる。このように、復讐の満足度は、えてして過大評価されやすいように見える。というのも、復讐を予測する者たちは、執念深い行為が「自分が罰した人について（忘れるというよりは）考え続けさせる」原因となってしまうことに無自覚であるからだ。[49] そこで問いたい。復讐は功を奏するのか、と。反芻を免れないという点では、少なくとも復讐にはマイナス面があるかもしれない。もし、この実験の研究者たちの結果が正しいのであれば、復讐した後、その反芻が自らの執念深い行動に対する後悔を深めるだろう。[50]

社会心理学者キム・ソンヒによれば、復讐の機能のひとつに、自尊心の回復があるという。誰かが自分を全く尊重することなく傷つけようとしていた事実によって傷つけられた自尊心の回復だ。復讐はバランスを回復してくれる。[51] しかし、悪さをした者と同じレベルになってしまっては、道徳的な優位は損なわれてしまう。少なくとも、現代の文化ではそうなる。だからこそ、最初の危害が極端でないか、もしくは、危害を加えてきたものが卑劣きわまりない人間でないかぎり、復讐することに対する内在化した規範が文化によって導かれ、それが復讐をなす喜びを絞り取ってしまうかもしれない。視聴者から見損なわれない程度に、堪忍袋の緒が切れるまで執念深い行動をためらうヒーローを描くハリウッド映画が無数にあるのは、何ら不思議なことではない。私たちはヒーローに復讐してほしいわけだけれども、非の打ち所がないほどにヒーローが正しいという状態になってはじめて、そうしてほしいのだ。

カールスミスと共同研究者たちによる調査は、復讐に対する私たちの複雑な態度をうまく描き出している。さらに、どのようにシャーデンフロイデが引き起こされるのかという、もう一つの重要な点を理解する助けにもなっている。文化的規範が復讐に及ぼす強烈な影響力とは、目撃証言をするような行為、要するに間接的な復讐の方が、直接的なそれよりも大きな喜びをもたらす可能性を意味している。心理的な利得の観点からすれば、この間接的で「受動的な」形態の復讐がもたらしてくれるメリットは多い。喜びの表情は加減しなければならないけれども、野蛮な方法を用いたかどで脅される危険性はまるでないのだ。それと同時に、そのような不幸は執念深い感情の数々を和らげるのに大いに役立つはずだ。カールスミスたちによる実験は、この考えも部分的には支持している。追加された条件では、参加者は罰するのではなくて、罰するのを目撃した。この条件は、「処罰者」条件よりも有意にポジティブ感情が生起し、それは参加者が罰したいと考える「予測者」条件に匹敵する高さであった。「目撃者」条件でもまた、処罰に思いを巡らすことがなかったのだ。そう。自分たちに悪さをした誰かが苦しむのを目撃するのは、自分たちでそうした苦しみを与えるよりもよいところはたくさんある。これこそ、罪悪感を感じないで済む（しかも、復讐で返されることもない！）シャーデンフロイデの醍醐味なのだ。

これまで述べてきた通り、私たちがシャーデンフロイデを感じるのは、他の誰かが苦しんでいるのを目撃したときだけであって、不幸をもたらしたときではないと学者たちは主張している。[52] シャーデンフロイデは受動的なものであって、能動的ではない。この境界は、巧妙に過ぎるとさえ思える。私には、ケンタッキーの東部で育った友人がいる。そこは、ハットフィールド家とマッコイ家の争いで有名な地域の近くだった。彼の祖父はかつて、十代の頃にアマチュアボクシングの大会で優勝し、八十代後半になった今でも、血気盛んで喧嘩早かった。真珠湾攻撃があった頃、彼はまだ一六歳だったのだが、自分の年齢を誤魔化して、たちまち軍隊に入ってしまった。しかし、フィリピンで日本軍に敗北を喫し、不運にも捕虜となった。開戦して間もない頃の話である。そして、ハンプトン・サイズが著した『幽霊兵士』にも詳細が描かれている、「バターン死の行進」に苦しめられた。[53] 行進の最中、仲間のひとりが、日本兵に首を刎ねられてしまう。ただ図体が大きいというだけの理由で——少なくとも彼にはそう見えた。終戦を迎えて他の生き残った兵士と一緒に救助されるまで、友人の祖父は捕虜収容所で何年もの間、恐ろしい苦難に耐えてきた。友人によると、祖父はこの時の経験についてあまり語ろうとしなかったようだが、そんな祖父が躊躇せずに話した事件があった。彼と他の捕虜たちが砕石場での重労働を強いられていたときのことである。彼らは、捕虜を冷酷に扱い、過酷な労働で死んでも気にも留めないような衛兵たちに監視されていた。捕虜の兵士たちは、衛兵たちを憎んでおり、彼らを「事故に見せかけて」殺す方法を探っていた。あるとき、友人の祖父は大きな岩石を運んでいたのだが、衛兵が眼下の岩棚に立っているのが見えた。彼は狙いを定めて、岩石を落とした。それは見事に当たり、衛兵の頭部は潰れて即死した。この話をするときの祖父は、正義がなされたという満足感からの歓喜に溢れていたという。これは六〇年以上も前の出来事ではあるが、今でも生き生きと思い出せる記憶だった。友人からこの話を聞いたとき、自分も想像してみてわずかな笑みを溢したと白状しておこう。

シャーデンフロイデを感じたのは、友人の祖父ではなくて、友人と私だけだったのだろうか。というのも、岩を落としたのは祖父であって、自分たちではなかったのだから。シャーデンフロイデを感じた人が誰だったのか、それははっきりと区別できるものではない。とにかく、衛兵の死を喜んだ友人の祖父を責められなかった。彼はサディストのような人ではなく――普段から他人を傷つけては喜ぶような人でもなければ、そうした喜びを探し求めるような人でもなかった。[54]戦時下という状況が異常だったのだ。戦争から編み出された公正さをもって、友人が身振り手振りで「正義」が執行された様子を再現してみせ、彼のにんまりとした笑顔を見ると、まるで彼の祖父になりかわったかのように、その幸せな満足感を想像することができた。これとどこか似た匂いを感じるのが、先述した、アルバート・ハースがSSの男にした仕打ちだ。私たちを酷く不当に扱った他者に振りかかる不幸は、私たちに深く根ざした正義感に訴える。そこには、何ら疑問の余地はない。

シェイクスピアによる不朽の復讐劇『ハムレット』で、ハムレット暗殺計画の駒となっていたローゼンクランツとギルデンスターン。彼らには、イングランド国王にハムレットを殺させるよう指示した親書を届ける役目があった。しかし、ハムレットは親書を盗み見て指図を差し替え、自分の代わりにローゼンクランツとギルデンスターンを殺させた。これによって、ハムレットが良心の呵責に苛まれることはなかった。なぜなら、この二人の学友は、信頼できない叔父の太鼓持ちであって、「毒蝮」のような輩だと思っていたからだ。彼が心待ちにしていたのは、次のような結果だった。「自分の仕掛けた地雷で打ち上げられるのを見るのも一興」[55]。たしかに、ここまで読んでくれた読者なら容易に想像できるだろう。ハムレットと同じように、この芝居を観た観客たちにとっても、それは見物なのだと。

第7章

屈辱エンターテインメント

Humilitainment

その時、制作者が本当に私の才能のなさをうまいこと利用したと感じたよ。私は馬鹿みたいだった。笑い者じゃなくて、上手く見せたいんだ。

——ウィリアム・ハン[1]

他人を侮蔑することで、自分が優越しているとどうして思えるのでしょうか。この謎は今日にいたるまで解けないでいます。

——マハトマ・ガンジー[2]

捕まえたバッタの足を引っこ抜き、蝶の羽をもぎ取り、カエルの腹を裂く少年たち。彼らはそんな行為とそれにまつわる問題を「歯牙にもかけず」に、そうしている。

——ウィリアム・ジェイムズ[3]

二〇〇三年の秋、ウィリアム・ハンは、カリフォルニア大学バークレー校に通う地味な学生だった。そんな彼が、よもや有名人の地位を掴むなど、誰も予想できなかっただろう。二〇〇四年の一月中旬、大人気のリアリティTV番組『アメリカン・アイドル』第三シーズンの最終オーディションに残った彼は、大して上手い歌も歌えなかった。オーディションでリッキー・マーティンのShe Bangsを披露したのだが、オリジナルのセクシーさとは正反対のぎこちなさであった。野暮ったい姿と出っ歯は、『ティファニーで朝食を』でミッキー・ルーニーが演じた日系アメリカ人の残念な姿を彷彿とさせるものだった――ウィリアムの残念さたるや、一一歳まで香港に住んでいたが故に残った訛りも相まって、まさしく完璧なものだった[4,5]。かくして、ハンが見せつけた親しみやすく温厚な人柄は、番組の趣旨を超えた娯楽性をもたらし、彼が出演していたシリーズが終わってからも、彼の名声は芸能人さながらの勢いだった。しかし、所詮は「アメリカン・アイドル」の器ではなかった。

そもそも、ハンには優勝する見込みすらなかったわけだが、コミカルで下手くそなパフォーマンスに視聴者が釘付けになるということを、番組の制作者たちは薄々感じ取っていたか、確信していたのではないかと踏んでいる。「アメリカン・アイドル」の座をかけて、一二席の予選枠を数千人が競った。番組制作者たちは、予選オーディションのハイライトとして放送するのに、大勢いる中から、特に良かった者だけを選ぶこともできた。それなのに、才能溢れる者が審査員から高く称賛されているのをピックアップするのと同じくらい、お粗末なパフォーマンスと、時としてそれらに浴びせられる容赦ない批評が視聴者に見せられることもあった。実は、『アメリカン・アイドル』が成功した秘訣の一つが、ここにある。ハンの場合、最悪のパフォーマンスは最後まで取って置かれた。見どころになると思われた屈辱的なシーンは、たしかに高視聴率を記録した。

世間知らずの凡才を辱める魅力

二〇〇二年の第一シーズンから、『アメリカン・アイドル』は最もよく見られたTV番組の一つだった。その人気の理由はたくさんある。才能ある者が無名の状態から抜け出して何週もかけて成長していく姿を見たり、音楽界の伝説と化しているゲストたちが出演するのを視聴者が楽しんだりしなければ、ここまで人気を博すことはなかっただろう。しかし、持ち上げられるだけではなくて、ときに辱められること。両者のバランスを欠いていては、この並々ならぬショーの魅力は減じてしまう。

屈辱は、最悪な経験のひとつかもしれない。[6]それは、公的自己をぼろぼろに引き裂き、不完全で劣ったものにしてしまう。そんな状況にある人たちは社会的に死んだようなものであり、社会学者アーヴィング・ゴッフマンよろしく「分類されるが分離はされず、生きている者たちと共に歩かされる」。[7]

このように、誰かが人前で痛みを感じているのを見て、一体何が嬉しいのだろうか。その背景の一つには、それを見る側の社会的比較があるかもしれない。第1章と第2章で明確にしてきたように、他者の屈辱も含む、どんな下方比較にも、喜びと同情は混在しうる。確かに、大方にとっては、画面上で酷いパフォーマンスを演じるウィリアム・ハンを見たところで、優れた誰かと比べる「上方比較」でしょげてしまう危険性はない。可視化して比較できるレベルでは、番組にのめり込んでいないようなフラットな目線で見ている視聴者たちですら、自分たちと比べて下した判断には何の脅威も感じなかっただろう。むしろ、ハンに比べれば、自分たちは容姿や才能に優れ、身の丈を知っている——よりクールだ——とみなすことができた。それに、アジア系でない人たちは、アジア系の人たちに対するステレオタイプを確認できて満足感を得たかもしれない。アジア系という成功した少数民族に自分の価値を脅威に晒された経験があったなら尚更だ。予選で勝ち抜くたびに、感心すべき素質の多くをハンはあらわにした。彼の人間性は人々を魅了させるものだった。しかし、ハンのような容姿とパフォーマンスで次に勝ち進むとか、あまつさえ優勝するだろうと馬鹿げたことを想像するだけで、優越感に浸れる。

屈辱を見た痛みが、優越からもたらされる喜びを上回らないのはなぜだろうか。ハンがパフォーマンスする最中に視聴者が見たのは、審査員たちが立て続けに彼を小馬鹿にする様子だった。審査員の一人、ランディー・ジャクソンは、自分の顔をハンカチで覆って表情を隠した。普段は情に厚いポーラ・アブドゥルでさえ、溢れ出るおかしさを抑え切れずに笑い転げた。三人目の審査員、サイモン・コーウェルに至っては、彼のキャラクター通りに馬鹿馬鹿しいと思った自分の気持ちを隠すことなく、ハンが全て歌い終わる前に中断させた。「君は歌えないし、踊れもしない、君はどんな言葉を求めてるんだ?」[8]。さすがにこのリアクションは、ハンにとっては明らかに痛ましいものだった。しかし、多くの視聴者にとってはそうではなかった。実際のところ、審査員たちの嘲笑は、面白さの大部分を占めていたからだ。彼らは抑え切れなかったようだ——パフォーマンスに対する正直な反応や自分たちの感情を。三人のエキスパートたちは間違いなく楽しんでおり、それはまるで——視聴者が感じている楽しみを代弁しているかのようだった。

『アメリカン・アイドル』には、この他にも同情より楽しみをもたらす特徴がいくつかある。オーディションには、自分から進んで参加してくる。誰も無理強いされているわけではない。次の「アメリカン・アイドル」は自分だと単純にも厚かましく考えるような人が、決まりの悪いパフォーマンスをして、笑い者にされる。それなのになぜ、哀れみを向けられる必要があるのだろうか。また、参加者の多くがそうなのだが、かなり正確なフィードバックを得ても敵意的にでもなろうものなら、より一層の屈辱が相応しいと見られる。第5章と第6章で明らかにしてきたように、不幸の相応性を通じて、シャーデンフロイデは確実に生み出される。ウィリアム・ハンの控え目で愛すべき振る舞いは、放送にピックアップされるような、お粗末なパフォーマーたちの典型ではなかった。サイモン・コーウェルの批判に対して、ハンは「うーん、ベストを尽くしましたし、全く悔いはないです」と返した。[9]この謙虚で朴訥な反応こそが、結局のところ視聴者の心を掴み、一五分以上も番組に出られた理由の一つであるのは間違いない。たしかに、『アメリカン・アイドル』出演者ら・し・か・ら・ぬ人物像は、彼が経済的な恩恵に与るのには役立った。というのも、基本的に見られるのは、ある別の参加者が予選ラウンドでとったような行動だからだ。アレクシス・コーエンは、彼女のパフォーマンスに対するサイモン・コーウェルの批評に、罵詈雑言と身振り手振りの集中砲火を浴びせて応えた。番組のカメラが追ったのは、オーディション会場から建物を出るまでの間、怒りを爆発させ続ける彼女の素の様子。ある程度ではあるが、これもまた視聴者には「面白い」見せ物だった。というのも、彼女が「劣っている」と感じさせ、彼女の受けた屈辱が相応しいと思わせてくれたのだから。

『アメリカン・アイドル』に限らず、屈辱のネタが際立つことは、リアリティ番組にはありがちな話だ。メディア研究者アンバー・ワッツの分析によると、現実の世界を用いた設定の中で、人々にさまざまなやり口で屈辱を与えて、視聴者を惹き付けるような番組が増えてきているという[10]（たとえば、『サバイバー』、『ビッグ・ブラザー』、『アメリカズ・ネクスト・トップモデル』、『ジャージー・ショア』など）。たしかに、テレビ番組表に少しでも目を通せば、こうした番組が四六時中放映されているのは明らかだ。また、別のメディア研究者サラ・ブッカーとブラッド・ウェイトによる番組の内容分析によると、リアリティTVショーには、筋書きのあるドラマより多くの屈辱が含まれていることもわかった。彼らは、このトレンドを「屈辱エンターテインメント」と名付けている。[11]

ただ、屈辱の娯楽性を全面に出すという点において、『アメリカン・アイドル』はそこまで極端なものではない。この番組は、屈辱のテーマとは正反対に苦心して成功していく構成であって、鳥肌が立つようなパフォーマンスも散見される。さらに言えば、公然の屈辱と引き換えに、つかの間の名声を欲していると思しき参加者も交じっている。しかし、他のリアリティ番組は、とりわけ強烈な屈辱を主なテーマに据えている。

『これがハウイーのやり方（原題：ハウイー・ドゥー・イット）』という、短命に終わった番組の中で、私にとって忘れられないエピソードがある。[12] コメディアンのハウイー・マンデルが司会を務めるその番組は、『どっきりカメラ』の拡張版のような内容で、そのコアとなる要素は、色々な極端な状況で屈辱を受ける人々を見せる、というものだった。番組のウェブサイトには、この番組の目的が臆面もなくまとめられていた。

それぞれのエピソードで、何も疑わない「標的たち」は、新しいゲーム・ショーやリアリティー・ショーのスターになれるとか、ハリウッドの大作映画かTV番組の役のオーディションを受けていると思っています。気づいていないのは、そんな彼ら「こそ」がまさにスターであるということです。それも、知らず知らずのうちに何百万人もの前で、最も予想外で、面白味が満載な形でスターになっているのです。[13]

あるエピソードの一コマでは、若い男性がB級感漂う日本式ゲーム・ショーに参加していた。このゲームでは、回答者であるその男性が一般常識に関する問題への回答を誤ると、彼は自分とペアを組んでいるチームメイトに電気ショックを与えることになる。しかも、間違えるたびに、電気ショックの強度が倍になっていった。実は、彼のチームメイトは番組による仕掛け人で、ショックを感じるふりをするように指示されていた。三回目の誤答で、チームメイトが電気ショックの痛みで叫び声をあげて、煙が立ち、バチバチ音を立てるように、番組の制作者たちが仕掛けを施した。仕掛け人は意識を失い、呼吸も止まったかのように見せた。二人の救急隊員が駆けつけて心肺蘇生の応急措置を施して息を吹き返したものの、それはクイズに回答した若者がチームメイトを殺してしまったと瞬時に確信した後の話だった。

　実際に何が起きているかをわかっている観客たちは、大きなスクリーンに映し出されている騙された男性のリアクションのリプレイ動画を見て笑い、その光景が視聴者にも流される。司会者のマンデルは、笑いを盛り上げるように実況をした。屈辱が増すように、「番組の参加者たち」は、皆が揃いも揃って全身タイツを着用し、馬鹿っぽい赤い帽子まで被らされていた。もちろん、その若い男性は自分がチームメイトを殺しかけたことに酷く動揺していたのだが、その様子にスタジオの観客は笑い転げ、拍手喝采を送った。

　その若者にはすぐに、チームメイトが本当は無事であり、それが大仕掛けの冗談の一部だったと告げられた。しかし、それで気が収まる彼ではなかった。この「標的」は、そう易々と冷静にはなれず、「この残酷な畜生どもめ‼」と叫んだ。そんな怒りの爆発にマンデルはどう応えたか。彼は観客たちを見渡してから、「私たちは残酷だよ。でも、面白いのさ」とあっさり認めたのだ[14]。マンデルの率直さは感心に値するけれども、寄宿学校で苦しめられてきた屈辱の少年時代を綴ったジョージ・オーウェルの言葉を借りるなら「あの楽しかりし日々」だった[15]。

見苦しさに憩う屈辱エンターテインメント――『プレデターをやっつけろ』

おそらく、強い屈辱をメインテーマに据えた人気番組の最も極端な例といえるのが『プレデターをやっつけろ』だろう。二〇〇八年をもって新しいエピソードの制作は打ち切られたものの、本書を執筆している現在でも、再放送や『実録・プレデター』のようなスペシャル番組が放送されている。それぞれのエピソードには、未成年者と性的な関係を熱心に結ぼうとする男たちを、おとり捜査で捕まえる構成が含まれており、男たちが話した内容が全国に流されれば、それがどんなケースであっても、不名誉な逆転劇をもたらす。この番組は、インターネット上にプレデターが潜んでいるという問題に対する公の警戒を強めるという価値があるわけだが、それだけではなくて、テレビがどこまで屈辱を鍵として衆目を集めることができるか、その見事な例といえるかもしれない。この番組は、こうした類のショーがなぜ私たちにシャーデンフロイデを感じさせるのかについて洞察をもたらしてくれる。その意味でも、刮目しておくべき番組といえる。

番組の制作者たちは、おとり捜査を首尾よく進めるために、私設の監視組織の手を借りる。番組スタッフたちは、偽の未成年アカウントを作って、チャットにプロフィールを投稿する。はじめの頃は、未成年であるかのような写真を使い、あたかも一二歳から一五歳くらいの年齢であるような文章を書く。いきなり性的な内容に触れることは差し控えているが、寄ってきた男性がある一線を越えてくると、もっともらしく性的なテーマについて明け透けな会話を開始する。そして、おとりは会おうと煽る。もし男性がそれに賛成すれば、今度はおとりとの電話を通じて場所が決められる。通常は郊外の家だ。男性は簡単な標的だ。『ハフィントン・ポスト』紙のジェシー・ウェッグマンは、次のようにまとめている。「どうなるかって? ちょろいもんだ、いつだってね」[16]。

待ち合わせ場所には、ありとあらゆるところに一七台もの隠しカメラとマイクが仕掛けられていた。

若々しく見える女性の役者は、男性と会いたがる少年か少女に扮して、男性と挨拶を交わしてから、テラス席、もしくは家の中（たいていはキッチン）に彼を招き入れる。短い会話の後、おとりが少し部屋を空けると、一緒にいた男性はこのショーの司会クリス・ハンセンの姿に驚く——というのも、おとりが出ていったドアを開けて入ってくるからだ。大抵の場合、サプライズがさもお約束であるかのように、「何してるんだい？」と皮肉めいた調子でハンセンは会話を始める。もしくは、男性が飲食物を持参して待ち合わせ場所にやってくると、「これからお楽しみなんだね？」と声を掛けるといった具合だ。ハンセンから座るように促されると、大方の男性はすぐにそれに従い、続いて家にいる理由を尋ねられる。オンライン・チャットの会話の詳細をすでに知っている視聴者たちは、ほとんどの男性が語る嘘に対峙するハンセンを見守る。男性がおとりと交わしたオンライン上の会話、その全文のコピーをハンセンが持っているのがお決まりのパターンだ。彼が、男性の主張と矛盾する文章を読み上げると、その次に視聴者が見るのは、今さっき話した内容とチャットの文章の不一致を取り繕おうと、躊躇いながら落ち着かない様子の男性の姿だ。会話が狙い通りになったところで、ハンセンは自分が誰で、なぜここにいるのかを、次のようなフレーズで告げる。

「私はNBC『デイトライン』のクリス・ハンセンです。この番組では、コンピューター・プレデター、つまりインターネットを経由して未成年とセックスしようとする大人たちを取材してい

るんですよ」[17]。

ハンセンが身元を告げるや否や、『デイトライン』の番組クルーのふたりが、大きな撮影用のTVカメラを肩にかけ、長いアーム付きマイクを手に部屋に入ってきて、嵌められた男たちのリアクションを間近のアングルから捉える。もちろん、ことが計画通りに進んでいないと男たちはすでにわかっている。むしろ、その多くが大きなトラブルに巻き込まれていると理解している。ハンセンが、以前も同じように、このショーに登場しているのを知っている者さえいる。しかし、彼らがおきていることの重大さを全て理解するのは、ハンセンがテレビ番組だと打ち明ける時なのだ。すると、すぐさま部屋を出ようとする者もいれば、自分の手で覆ったりシャツをまくり上げたりして顔を隠そうとする者、はたまた床に崩れ落ちる者もいる。なんとか外に出ても、今度は銃を構えながら金切り声で命令を発している警官隊に囲まれている。はたして、警官たちに地面に身体を押し付けられた男は、後ろ手に手錠をかけられると、逮捕と罪状認否のために連行される。そこまでされた男たちは――またたくまに除け者になり――運命のどん底に突き落とされる。評判が地に堕ちた今、彼らは「不滅の部分を失ってしまった。もうけだものも同じことだ」。シェイクスピアの言葉を拝借するなら、そんな風に言えるだろう[18]。

新しいエピソードが次々と放送されている間、この番組はNBCで視聴率の稼ぎ頭だった。再放送の中には、あまり編集されず、より入念な構成になったものもあったが、それらも視聴者を惹き付け続けた。クリス・ハンセンはプレデター退治の象徴、そして、オンライン上のプレデターたちの行動に詳しい専門家となり、当該の問題について連邦議会で証言を求められるまでになった。その番組で繰り返されるパターンは大衆文化の一部になるほど良く知られるところとなった。中でも最も顕著なのが、全国ネットで自分の屈辱が流されるという事実に気づいた男性たちとハンセンが交わす会話だ。これ以上ないほど公の場で、彼らの人生が台無しになる姿が描き出される。「私はクリス・ハンセンです」というフレーズは、いまやパロディとして親しまれ、『ザ・シンプソンズ』や『サーティー・ロック』のような番組にまで波及している。[19]

『プレデターをやっつけろ』は、なぜこんなに楽しいのか？

「吐き気がするほど釘付けにさせられる」。この番組の魅力について、こう巧みに語るのは、『スレート』誌のスティーブン・ウィンだ。[20] 番組に惹き付けられるのには、たくさんの理由がある。まず明らかなのは、他者の知られたくない秘密を知って嬉しがるような視聴者がいるということだ。二一世紀の今、テレビという公共の場は国民が注視する大舞台であり、その舞台の上でこのような番組を流せば、もはやゴシップだ。また、男性たちとおとりのオンライン・チャットの細かな部分には、ポルノ的な要素も間違いなくあった。[21] あとは、想像せずともおわかりだろう。このようなチャット履歴が用いられたのは、極めて相応なおとり捜査と思しき文脈だった。そのため、チャット履歴を覗いているとか、それがポルノ・コンテンツであるという視聴者たちの意識は弱まり、代わりに正当信念に基づく嫌悪感を抱く。繰り返しになるが、第5章と第6章で重視したように、相応な不幸こそが、直接シャーデンフロイデを引き出す。しかし、『アメリカン・アイドル』に出演したウィリアム・ハンを筆頭とする才能に欠けた出演者たちに魅力を感じるのは、その大部分が下方比較に基づく滑稽さに対する喜びに、屈辱というスパイスが加わるとわかっているからだ。どうやら『プレデターをやっつけろ』は、この満足感をさらに高いレベルへと引き上げるらしい。クリス・ハンセンを紹介するのに、深夜番組のゲストに彼を招いたジミー・キンメルの言葉以上に相応しいものは見当たらない。

「さあ、お次のゲストは、最も面白いコメディ番組の司会者です。『プレデターをやっつけろ』と題されたこの番組だ……もし観たことがないなら、小児性愛者を標的にした『どっきりカメラ』と思っていただければばと。すばらしい番組ですよ……では、クリス・ハンセンさん、よろしくお願いします」[22]。

『プレデターをやっつけろ』を観ると、自分たちはまだましだと思わせてくれるが、これは他者の極端な屈辱あってのものだ。覗き趣味やポルノ鑑賞者たちに楽しみを提供するだけでは飽き足らず、情け容赦なく誰かの屈辱を全国放送で流しておいて、どうして番組の制作者たちは逃げおおせられるのだろうか。人々が、地の底までたたき落とされて、俗悪で薄汚い物に向けられるような眼差しを浴びている男性たちを見て快く思うだろうと、どうしたら制作者たちは、視聴者をそこまで信頼できるのだろうか――しかも、罪の意識に苛まれずに。

下の、さらにその下

この番組のタイトルは、私たちに多くを語ってくれる。視聴者が目にするのは「プレデター」とみなされた男たちであり――番組の最初から下劣な人間に分類されている。行動とは実際には幅広いもので、その程度や更生の度合いによって変動するものであったとしても、「性的なプレデター」を越えるレッテル、すなわち、深い嫌悪、恐怖、そして軽蔑を向けられるものはまずない[23]。子どもに対する性的な行為は、ほとんどの文化における不道徳な行為リストの最上位か、もしくは上位付近に位置している。そうした行為をした人たちに対しては反発を招くような気持ち悪さだけではなく、変えがたい欠陥があり、モラルは堕落し、もはや人間ではないとみなされる。犯罪者たちの間でさえ、子どもに猥褻なことをするのは、他に比類のないほど嫌悪され、平均的な受刑者たちの自尊心を押し上げるかもしれない——「はい。私は人を殺しました。でも、小児性愛者ではありません」[24]。このように嫌悪される性犯罪者は、刑務所内で他の受刑者から暴力を振るわれるリスクが特に高いという。暴力沙汰で有罪判決を受けた者たちとも異なり、子どもへの猥褻行為で有罪となった者たちは、犯罪者として登録され、ウェブサイトに公開される。彼らが引っ越すと、その隣人たちには通知が出され、学校の千フィート以内には住めなくなることが多い。

『プレデターをやっつけろ』は、プレデターたちに向けて抱かれるこうした認識を改めさせるようなことは何もしない。『コロンビア・ジャーナリズム・レビュー』誌に寄稿する弁護士ダグラス・マコラムは、「プレデター」というレッテルだけで、多くの視聴者は次のようなイメージをすぐさま呼び起こすと述べている。それは「その手にはキャンディで一杯になったバッグを手にし、トレンチコートを着て、よだれを垂らしながら郊外の遊び場をうろついている性犯罪の常習者」というものだ[25]。一二歳の少女が殺害されたポリー・クラース事件のような、世に知れ渡った子どもの誘拐事件があるがために、人々の恐怖はたやすく引き起こされる[26]。こうしたわかりやすい警戒心があるからこそ、他の番組制作に比べて相当な自由を与えてくれる。番組に登場するような者たちには、人として最低限の敬意すら払う必要はほとんどないようだ。彼らには屈辱が相応しいだけでなく、とらえられ、悪行を阻止する方法として恥をかかされなければならない存在でもある。こうした一連のプロセスが、なぜ視聴者にとって、男たちの屈辱がそれほど喜ばしいのか——そして楽しませてくれるのか——についての理解を助けてくれる。結局のところ、こうした男たち、つまりプレデターたちは、少年少女と性交渉を持ちたいという明確な意図を持って姿を現した。そこにどんな弁解の余地があるのだろう。屈辱はそんな彼らに対する罰の始まり、いわば監獄に入れられる幕開けに過ぎないのだ。

もはや公開で絞首刑、磔、さらし首をするような時代ではない。そんな現代の感性は、他者が辱められているのを見てわざわざ喜ぶという考えに抵抗させる――公式見解などでは最小限に抑えられる。[27] しかし、子どもに猥褻行為を働く人たちに向けては、こうした感性が同様には働かないらしい。これは、男たちを番組で辱めて批判されたとしても、『プレデターをやっつけろ』の制作者たちには防御する効果的な手立てがあり、制作に関わる上での全ての罪悪感も払拭されることを意味している。相応性が明瞭に感知されていれば、道徳に妨げられることなく、シャーデンフロイデまでの一本道が築かれる。

ほとんどの人にとって、子どもたちに猥褻な行為をする人たちに向けた軽蔑を大袈裟に語ったとしても実際とは程遠い。そこまで深い軽蔑は、あまりにも根深く反射的であるため、どんな形であれ男たちに同情を示せば、軽蔑すべき人物の擁護者であると悪臭まみれになるリスクが伴うだろう。私はこのリスクをしみじみと感じている。『プレデターをやっつけろ』について書かれた多くの感想を読んできたが、これらは男たちがとった類の行動への嫌悪感を強調するものばかりで、番組制作に関わった者たちが暗に批判されるのを避けるように書かれたコメントも、そのように誤解されてしまう。この番組の倫理について問題提起したマコラムでさえ、次のように書いている。「変態の仲間に同情の余地などないことを、真正面から認めようではないか」[28]。なるほど、「プレデターたち」は、人間として罵られる者たちであり――彼らを悪くみようとしない考えを持つ者たちは、汚名を着せられる可能性すらあるのだ。

いともたやすく追い込む

屈辱が完全に相応しいものなのかと、視聴者が疑いの目を向けていたとしても、この番組がそうした疑念を深めることはまずない。男性たちに不利な証拠が公平かつ客観的に提供されているように見えるかもしれないが、実際に視聴者が見ているのは、編集済みのオンライン・チャットと、同じく編集されたハンセンと男たちのやり取りに過ぎない。番組一回分の放送では、平均一〇回ほどのやり取りが含まれる。チャットは数日間にわたる場合もあったが、それ以外は一時間にも満たないものだった。せいぜい、視聴者が知るのは数行の会話に過ぎず、その大半はわざわざ抜粋された性的なものだけだった。『プレデターをやっつけろ』を放映しているワイドショー番組『デイトライン』は、男性側が性的な手ほどきばかりして、最初に会おうと仄めかしてくると説明しているが、このプロセスの全貌は滅多に明らかにされない。事の真相を理解するには情報は十分ではなく、この問題に限らず、視聴者は制作者たちを信用するしかない。それに、ここで語られるテーマを視聴者に疑わせるまでに、番組のストーリー展開が変化する余地もない。チャットでの会話が表示されるときは、まるでリアルタイムで起こっているかのようにスクリーン上にタイプされていく。こうした編集は、書かれた内容のニュアンスを誇張したり、視聴者へのインパクトを高めたりするかもしれない。放送に選ばれるのは、たいてい非常に強い嫌悪感をもよおす（同時に、「そそられる」）会話、そして表面的には有罪を示唆するようなものばかりなので、視聴者からすれば、男たちによりポジティブな面があったところで、それは的外れにしか思われない。さらに、ハンセンは常に切り札を隠し持っている。目に見えて酌量すべき事情があろうとも、男たちがどんな弁解をしようとも、未成年と性的な接触をはかってその場に現れたという、明白な事実がそれだ。「プレデターたち」が意図的で、責任があり、罪を負うことを示唆するのが微妙だと思わせるような些細な出来事があったとしても、この事実がそれらに邪魔されることはないだろう。

男たちのいる部屋に入っていくとき、ハンセンには彼らに優る大きな利点がある。というのも、ハンセンは視聴者と同じように、彼らの明白な意図を知っているが、男たちは、それが知られていることを「知らない」（もちろん、全国の視聴者にも知られるなど、知る由もない）。ハンセンはこの利点を活かして、男性たちが愚かで馬鹿げている、もしくはそれよりも酷いように演出し、屈辱とシャーデンフロイデの度合いを高める。

シャーデンフロイデを潜在的に感じさせる編集で、さらに誇張させた巧みな演出はたくさんある。ある回には、大半の男たちと比べていかに自分が洗練されているかを見せつける著名な医者が登場する。おとり捜査は、郊外の家の裏庭にあるテラスが舞台となった。おとりの女性は、ピッチャー入りの冷たいレモネードを作り、彼女が家の中で着替えている間にレモネードをグラスに注いでくれるように頼んだ。彼がピッチャーを傾けると、ピッチャーの中に溜まっていた氷が雪崩落ち、グラスから溢れて飛び散ってしまった。男は平静を保とうとした。このほんの少しのコミカルな瞬間が、この後に続くドラマの娯楽性を高めることとなる。医者がタオルを探していた矢先に、『デイトライン』のカメラスタッフを見つけてしまったのだ。彼はすぐさま踵を返し、サングラスをかけて自分の身を隠すという、今更何の役にも立たないことをして、テラスから逃げ出した。家の前の車道までたどり着くと、三人の警官が彼に銃口を向けながら群がり、地面に引き倒す。セメントの舗道に押し付けられた彼は、背中越しに手錠をかけられてしまった。[29]

こうした一連の出来事はつぶさに映像として残された。その中には、警官たちだけではなく、他の人たちも映っている。大きなテレビカメラを抱えた男は、医者の右側数フィート近くまで寄っていった。さらにもう一人、別の男も右側から近づいていた。なぜこうした余分なカメラが必要だったのだろうか。結局のところ、固定の隠しカメラが四方八方に用意されていたというのに（編集されたものが放送されたように）。これらの追加カメラを見た視聴者から、『デイトライン』が目指す娯楽性に警察が馴れ合い過ぎていると問題視されなかったのだろうか。しかしながら、番組の目的と魅力の秘密が、娯楽性を高めるために誰かを辱めることにあるなら、多数のカメラによって、尋常ならざる屈辱感が増幅させられる。警官に捕まってから、編集された次のカットでは、医者の反応がクローズアップされていた（彼が警官たちに立つことを許された後のシーンだ）。「私は何もしていない……あぁ畜生、何もしてないんだよ！」。彼が抗議しているカットだ。わずか二フィートの距離まで近づき、半泣きになっている彼の顔が映されていた。続くシーンでは、警察から医師が尋問を受ける一連の様子が、編集されて視聴者に見せられる。落ち着き払ったハンセンの解説は、あくまで客観的な立場を崩さず（「警察は形式的な個人質問をしているのに過ぎないのだが、医者は取り乱した様子だ」）、時には疑念を呈し（「彼ほどの地位を有する者が、一三歳と自称する少女に会おうとしてくるなんて、にわかに信じがたい」）、この番組で使われた手法を咎めることなく、常に道徳的に優位に立った雰囲気を醸し出した。[30]

この番組で用いられていたやり口が適切だったのかどうか、そんな疑いからは、ハンセンは縁遠く見えた。二〇〇七年に、彼が『プレデターをやっつけろ』について書いた本からは得るところが多く、プレデターたる男たちとのやり取りの多くが記述されている。彼は「やり過ぎない」のが肝心だと述べているものの、あたかも「検察官のような」トーンを時折用いたことも認めている。「多々の悲しいケースに期せずして遭遇した」[31]わけだが、男たちの人を操るような行為の特徴、チャットでの勢い、彼らの方からコンタクトを取ってきたという事実、そして、彼らによって社会的な脅威が代弁されていると強調した。これらに加えて、他にも考えられる主張を頭に浮かべた上でも、男たちとのやり取りで、強い同情を引き起こされたのはただの一度もないと認めている。[32]

満足させてくれる高い地位と復讐

リアリティ番組はなぜ人気を博すのか。それを探る社会科学の研究は、『アメリカン・アイドル』

や『プレデターをやっつけろ』のような番組に、特定の内容が含まれる理由を教えてくれる。基本的な動機と欲望を満たしたいがために、TVやあらゆる刺激が人々から求められていると述べるのは、メディア研究者のスティーブン・ライスとジェイムズ・ウィルツだ。彼らの研究に、大規模なサンプルを対象として、人々が自由時間にどんな活動をしているかを調べたものがある。調査対象者は、旅行、スポーツ、音楽、そして人気のリアリティ番組をどれほど楽しんでいるかを記した。それに加えて、一六の基本的な欲望からなるパーソナリティと、そうした欲望を満たすのに関わる喜びについても回答した。これらの中で、明確にリアリティ番組の視聴と関連していた二つの欲望がある。そのうち、最も強く関連していたのが、ライスとウィルツによれば「名声への欲望」、いわゆる地位だ。これは「自己重要性」の喜びと関係していた。次に強い関連があったのが、「借りを返したいという欲望」、つまり復讐心で、これは「弁護」の喜びと関係していた。多くのリアリティ番組が見られれば見られるほど、そして、番組が好まれれば好まれるほど、両者の関連性は頑健になっていく。[33]

『アメリカン・アイドル』も『プレデターをやっつけろ』も、視聴者の地位を相対的に高めて気分よくさせてくれるので、自分たちが重要な存在だと感じ取れる。『アメリカン・アイドル』に出演したウィリアム・ハンは、彼に才能があるというよりも、むしろ劣っていたからこそ、放映される時間が多くなった。『プレデターをやっつけろ』に出てくる男たちの人物像は、すでに下の下であるけれども、番組ではさらに彼らを突き落とす構成になっている。『エンターテインメント・ウィークリー』誌で、ダン・スナイアーソンとジョシュ・ウォークは、次のようにあからさまなコメントを書き記している。「人間の状態について貴重な洞察を得たいからリアリティ番組を見るのかって？　おい、おい、頼むよ。無様なシーンを見るのは、そうすれば記録される価値もないような自分たちの人生が、多少はマシだと感じさせてくれるからなのさ[34]」。

では、復讐心についてはどうだろう。『プレデターをやっつけろ』では特にそうなのだが、両番組に共通しているのは、屈辱が彼らに「相応しい」という点だ。『アメリカン・アイドル』の場合、屈辱を受ける出場者たちが、自分が勝てると考えているからこそ、馬鹿な奴だと思われる。オーディションを受けるように誰からも強いられていないのに。『プレデターをやっつけろ』に至っては、倒錯した男たちには圧倒的な屈辱――それと、当然ながら懲役――ほど相応しい報いはない。彼らはなるべくして、そうなったのだから。

ある意味『プレデターをやっつけろ』のような番組は、多くの文化圏で屈辱がより一般的な罰であった時代を彷彿とさせる。[35] ナサニエル・ホーソーンによる小説『緋文字』はフィクションではあるが、罰とは辱められるべきものだと信じられていたピューリタンたちの精神を代弁している。[36] 一九世紀までは、投獄の代わりにさらし台が公の罰とみなされていた。しかも、罪人は、村の芝生のような人が集まる場所にさらされる刑に処された。罪人たちを馬鹿にして、腐った食べ物から動物の死体まで、なんでもかんでも彼らに投げつけるのが一般的だった。さらし台が好まれたのは、彼らの顔と両手が固定されていたからだ。顔が動かないようにと、耳に釘を打ち付けられることすらあった。多くの見物人は、まるでシャーデンフロイデが振る舞われる宴のような時を過ごしたに違いない。[37]

今日、これと似たような役割をテレビ番組の一コマ一コマが担っているのだろうか。たしかに『プレデターをやっつけろ』は、社会に潜んでいる脅威を視聴者に知らしめる番組ではある。しかし、多くの人が夢中になる娯楽性を制作者側は承知の上で番組を用意し、自ずとそのテーマに釣られて方針を選択している。屈辱と、その結果として生じる罪悪感のないシャーデンフロイデから得られる満足感に、人は引き付けられて止まない。だからこそ、この番組では、相応しい屈辱と予定調和のシャーデンフロイデが番組を成功に導く定石であり、両者のペアリングから得られる満足感を膨らますように作られているように見える。

『プレデターをやっつけろ』の制作者たちは（同じく『アメリカン・アイドル』や、他の多くのリアリティ番組もそうだが）、越えては行けない一線を心得ている。どこまで男たちを辱めればシャーデンフロイデがピークとなり、どこからがやりすぎと見なされるのかを試しているような節はあるが、シャーデンフロイデが番組への激怒へと取って代わり、視聴率も下がり、広告収入を減らすということがないようにと腐心している。『プレデターをやっつけろ』が繰り返し再放送されるのは、この一線だけは越えられていないことを示唆している。たとえ、二〇〇八年のエピソードで、テキサス州の男が公衆の面前で逮捕されて屈辱を受けるより自らの死を選んでからというもの、新たなエピソードが作られていないとしても。この番組でハンセンは名を馳せたが、その勢いは留まるところを知らなかった。オンライン上の性犯罪者問題についての連邦議会で、開会前に証言を求められるほどの尊敬を集めるなど、屈辱を用いたにもかかわらず偉業を成し遂げた。番組そのものではなく、男たちがあたかも悪魔のようにみなされたのは、この点からも看取できる。

しかし、私としては、『プレデターをやっつけろ』でハンセンが屈辱の采配を振るのは気掛かりでならない。いくら、彼と彼の制作陣が、私たちの心を否応なしにとらえるほどの番組を作っていると認めるとしても、だ。かくいう私も、かつてはこの番組を楽しみにして、魔法がかかったかのように夢中になり、少なからず自分の顔に泥を塗っている。ここで思い出されるのは、映画『ダイ・ハード』シリーズに登場する、視聴率に貪欲なリポーター、リチャード・〝ディック〟・ソーンバーグだ。第一作では、ジョン・マクレーン刑事の妻ホリーから、顔面パンチをお見舞いされ、第二作の終盤では、テーザー銃で撃たれる人物だ。俳優ウィリアム・アザートンが完璧に演じ切ったリポーターは風刺的ではあるものの、さほど誇張されているわけでもない。第一作でビルの一角が爆発したのをソーンバーグは目撃する。しかし、カメラが撮っていたかどうかまではわからなかった。

ソーンバーグ：すげえ、すごいぞ。おい、今の撮ったか？
カメラマン：ええ、バッチリです。
ソーンバーグ：完璧によそを出し抜いた。[38]

ソーンバーグにとっては、世間の話題をさらうようなネタを仕入れるのが全てだ。彼は自分が市民の「知る権利」を改革する者だと自称しているが、実のところは、他社を出し抜くようなスクープのためなら何でもする人物に過ぎない。だからこそ、TVで誰かを辱めることさえ厭わなかった。そんな彼は皮肉にも、ホリーに鼻を殴られてから、彼女が自分に接近できないよう裁判所に申し立てて受理されていた——「あいつは公衆の面前で、俺を侮辱し、暴力を振るった」という理由で。[39] 人々を辱めていた彼が、今度は辱められている。実に見事な描写だった。

ますます複雑で競争が激しいTV番組の世界で、高い視聴率への殺人的ともいえる要求から、世間を湧かせるような内容とは縁遠い啓蒙よりも、エッジの利いた娯楽性を追求し続けなければならないというプレッシャーが生まれているのだろう。相応しいであろう屈辱を目の当たりにすることによる満足感——そして、結果として生じるシャーデンフロイデ——を、この熾烈な競争の中で利用しないでおこうとする方が難しい。そうは言っても、『プレデターをやっつけろ』のような番組を応援する必要が私たちにあるのだろうか。社会問題の露呈とその阻止が番組の表向きの目標ではあるものの、ハンセンも自認しているように、そこには人を夢中にさせるようなテレビを作り出したい欲望もある。実際の社会で起きている問題が、番組で流されているような様相を呈しているかどうか、それは全くもってはっきりしていない。[40]子どもを対象とする性的虐待のほとんどは、家族もしくは顔見知りによるというのは、多くの専門家が指摘するところだ。[41]サイトに現れた男性の大半は、大掛かりなおとり調査がなかったなら、そこまでしていただろうか。そもそも、この番組から、インターネット上にいる性的な逸脱者の特徴をどれほど知れるというのだろうか。『プレデターをやっつけろ』、この番組は、誤った印象を作り出し、不必要な恐怖を煽り、問題を報告するというよりは、むしろ作り出したのではなかったか。そして、性的な逸脱行動の問題に対して公共の理解を促したというより、特定の人物を悪魔のように仕立て上げたのではないか。

何より――その人が何をしたように見えたかによらず――文明社会は制裁としての屈辱を認めるべきなのだろうか。罪悪感を欠いたシャーデンフロイデという満足感に頼り切った番組を推奨すべきなのだろうか。ここで間違ってはいけない。ハンセンが男たちに科したのは、行き過ぎた屈辱だ。それを相応しいと見なすのはたやすいが、男たちの家族は甚大な巻き添えを被り、『プレデターをやっつけろ』が終了してからも、そんな無実の人々が恥や羞恥の余波に長らく対処し続けなければならない。ハンセンと番組制作者たち（そして、視聴者）が、男性たちに同情すべきかどうか、そこは道徳的に複雑な問題を孕んでいる。はたして『プレデターをやっつけろ』とは、不正を追及するテレビ番組の草分け的存在なのか。それとも、ジェシー・ウェッグマンの言葉を再び借りるなら「独善的な馬鹿騒ぎに包まれた、安っぽい道徳劇」なのか。[42]どちらとするか、それはあなた次第だ。

第8章

エンヴィーに首ったけ

There's Something about Envy

他人の不幸を悦ぶような者も人を妬み易い者も、同じ一人の人間だからである。なぜなら、何かが生じてきたり、現にあったりすることに心を痛めるのであれば、当然のことながら、そのものがなくなったり、消滅したりすることに悦びを感ずるからである。

——**アリストテレス**[1]

妬みとは、他のものの幸せを見て悲しみにつつまれ、反対に他のものの禍を見て喜ぶように人が動かされるかぎりでの、憎しみである。

——**バールーフ・スピノザ**[2]

ホーマー：あぁ、そりゃないだろう。パパはフランダースの失敗が小気味いいだけで！　いつも能天気な顔をして、いい家族、いい友達に囲まれて、ムカつくんだよ。……で、その恥知らずの喜びの反対は？

リサ：負け惜しみ

ホーマー：へえ、ドイツ語っていうのは何でもあるんだなあ！

——**『ザ・シンプソンズ』**[3]

韓国には、こんな諺がある。「いとこが田んぼを買うと胃がねじれる」[4]。妬みによる痛みをうまく言い表しており、妬まれた者を貶めるような不幸が、どうしてシャーデンフロイデという形で心理的な掘り出し物となりうるのかも教えてくれる。妬みとは、自分が望んでも手に入れられないようなものを、他者が享受しているのを知って生じる、痛ましい不満、悪意、恨みの混合物であって、私たちにはお馴染みのものだ。しかし、妬ましい者にひとたび不幸が降り掛かれば、ネガティブな比較は消え去り、安心と喜びがやってくる。言うなれば、ねじれた胃が「元通りになる」というわけだ。しかも、不幸は、相手にとって競争の足枷にもなるので、将来の希望すらもたらしてくれる。

妬みは、人間誰もが持っている感情である。誰かに敗れ、自分が望んだものを得た人を睨み続ける。そんなときに妬みを感じるのは何ら不自然な話ではない[5]。第1章と第2章で浮き彫りにしたように、社会的比較は重要だという事実、その特別な証が妬みなのだ。愛する人があなたよりも美しく才能のある者を選んだときに、社会的比較が関係してくる。素晴らしい曲を作ろうと熱望するも上手くいかず——ある友人は対照的に、最近の作品で高い称賛を浴びているときも然りだ。映画『アマデウス』に登場するサリエリのキャラクターには、多くの人が感情移入できる。自力で成功を掴んだサリエリであったが、モーツァルトの天賦の才の前には、二流にしか見えなくなる。F・マーリー・エイブラハム演じるサリエリは、モーツァルトが書き殴った奇跡的な楽譜のメモを初見で演奏しながら、痛ましい表情で天井を仰ぐ。このシーンほど優れた妬みの描写は他にないだろう[6]。

第1章でも触れた、社会心理学者・神経科学者のスーザン・フィスクによる著書『上流への妬み、

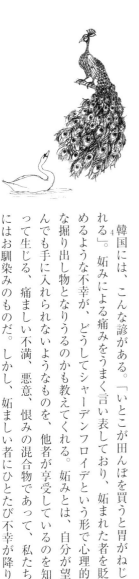

下流への蔑み――地位と地位とを分かつ溝』。妬みに関する神経科学的なエビデンスがまとめられたこの本によれば、人々が妬みを感じる際には脳活動が一貫したパターンを示すという。[7] 妬んだ相手を目の当たりにすると、良くも悪くも感情面で私たちに重要な事柄についての反応に関わる領域、すなわち扁桃体が活発になる。[8] おそらく扁桃体とは、ある重要な点で優れている誰かをすぐに見極めるために必要な部位なのだ。妬みと関連した脳二つめの部位は、前帯状皮質（ＡＣＣ）である。フィスクは、「不一致検出器」としてＡＣＣが妬みに一役買っていると示唆している。[9] ある意味、自分自身と他の（優れた）人との差異を検出できなければ、妬みを感じようがない。そして、妬みと関連する三つ目の部位が内側前頭前皮質（ｍＰＦＣ）であり、これは、他人が何を考え、何を感じているかを理解しようとするときに活動する領域である。[10] 私たちが望むものを手中に収めた妬ましい者を前にしたとき、彼らが自分より地位の低い者たちと比べて気になる存在となるとき、他者の思考や感情の理解がとりわけ重要に見えるようだ。[11] このように妬みが混じり合った感情である以上、そこには複雑な脳活動が伴う。しかし、誰かが自分が持ち合わせていない重要なものを持っているという認識、それを反映した妬みに関連した脳活動には特有のパターンが確かにあるようだ。もし認識されている当該の状況を何とかしたいのであれば、このパターンに細心の注意を払う必要がある。

本書を通じて、下方比較が個人の利益に繋がることを強調してきた。また、他者に降り掛かるどんな不幸も、社会的比較の観点からすれば、自尊心を潜在的に増強させるとも述べた。不幸のあるところに、好機が訪れる。他人の不幸が潜在的に自分の利益となるなら、妬ましい人に不幸が降り掛かれば、まさに棚から牡丹餅だ。[12] 競争的な環境にあると、妬みは最も勢いを増すので、不幸からはじかに、もしくは目に見えた利益を得られる場合が多い。また、誰かを妬むのであれば、妬みの定義からして、私たちにとって重要なのは比較の次元であり、このような塩梅で、不幸がもたらす価値はより加算されていく。おまけに、不幸は妬みによる苦しみの感情を取り除いてくれる――これは些細なことではない。感情は変換される。劣等感とそれに付随する不快感は、優越感とそれに伴う喜びに変わるのだ。苦痛を伴う上方比較は、いともたやすく、喜ばしい下方比較に変わる。何という変わり様だろうか。アメリカの小説家であり変わり者としても知られるゴア・ヴィダルが「友人が成功するたびに、私は少しずつ死んでゆく」と漏らしたのは有名な話だ[13]。これが本当であれば、その逆も然りと言えよう。「友人が失敗するたびに、私はもっと生き生きとする」。

マーク・トウェインの自叙伝『ミシシッピの生活』では、ミズーリ州ハンニバルでの少年時代の出来事が書き綴られており、その中に、妬ましい人が落ちぶれる姿を見た喜びの描写がある。彼の述懐するところによれば、トウェインは言うに及ばず、ハンニバルに住む少年たちはも・れ・な・く川船の操縦士になりたがっており、切実にそれを望んでいた。そんな皆から切望されている仕事に就いた少年がいた。さらに、少年たちが大事だと思っていることについて、その少年は誰よりも詳しく、それらをやってのけた姿に、周りの女子たちは釘付けとなった。そんなわけで、トウェインと彼の友人たちの敵意に満ちた妬みは、誰の目から見ても明らかなほど激しいものであった――だからこそ、川船に乗る少年が不幸に見舞われたときのシャーデンフロイデも大きかった。当時の感情を、トウェインは次のように綴っている。「とうとうしまいに彼の船が爆発事故を起こしたとき、何か月も忘れていた静かな安堵感がわれわれの間に広がったものだ[14]」。

小説家ウォーカー・パーシーも、異彩を放つ自己啓発本[15]『彷徨える宇宙』で、妬みからシャーデンフロイデに至るまでの安易な道のりをうまく言い表している。

隣人が新聞を取りに外に出てくる。あなたは、彼を同情を帯びた目で見る。彼は胸に酷い痛みを抱えており、冠状動脈バイパス手術を控えているのを知っているからだ。しかし、今朝の彼は心臓病の患者とは思えないような動きを見せている。その上、スエットパンツ姿でジョギングする間、ずっと微笑んでいたからだ。彼には良いニュースが三つあった。まず、彼の胸の病は深刻ではない裂孔ヘルニアに過ぎないとわかったこと。もう一つは昇進が決まったこと。おまけに、昇進に伴ってグリニッジ（コネチカット州）に引っ越す予定なのだが、そこでは自分のボートをトレーラーではなくて、岸につけておけるという。

「すごいな、チャーリー。本当にうれしいよ」

はたして、あなたはうれしいだろうか？[16]

うれしいはずがない、と述べるパーシー。「妬みやすい自己」にとって、この種のニュースは全く歓迎されないからだ。彼は続けて問う。「成功の代わりに生じるチャーリーの大失敗の数々なくして、あなたは彼の吉報にどれほど耐えられるものだろうか……」[17]。それはまるで、チャーリーに起こる不幸だけが、彼の吉報によってあなたの心に生じた妬みとわだかまりを解消してくれるかのようだ。自らの運命を変えられる確率とは、どれくらいあるだろうか。それに、チャーリーを引きずり下ろすのに、道徳的にも許され、実行可能な方法はあるだろうか。パーシーはこうも断言する。後々になって、彼の昇進が叶わなくなったと知れば、自分にとっての凶報ではなくなるのだと――その知らせがもたらしてくれた喜びを、否定したり、押し殺したり、もしくは隠そうとするかもしれないが。

シャーデンフロイデと妬みが結び付いているエビデンスとは？

認知心理学者テリー・ターナーと私は、妬みとシャーデンフロイデの繋がりを実験的に検証する共同研究チームで一緒だった。[18]私たちは最初に、医大に進学する予定の学生のインタビュービデオを実

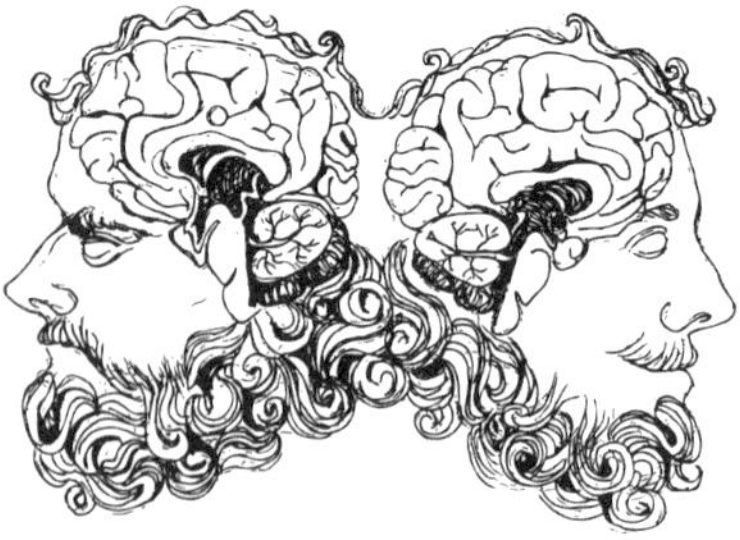

験参加者に見せて、彼らの妬みを呼び起こした。実は、その学生は私たちが雇った俳優であり、彼には優秀（妬ましい）か、平均的（妬ましくない）な学生を演じてもらった（実験の最後に、参加者には種明かしをした）。インタビュー中に学業や課外活動について話しているときには、実際に彼がそうした活動をしているシーンを付け加えた。妬みバージョンでは、有機化学の宿題に勤しみ、最先端の生物学の研究室で顕微鏡を覗き込み、ハーバード大学医学大学院に進学する助けとなるサマークラスに参加するため、ハーバード大のキャンパスを横切るシーンが映し出された。また、彼が大学に通っている間は父が購入してくれた高級マンションに住んでおり、BMWに乗り、魅力的な彼女と食事を作る様子も付け加えた。一方、平均バージョンで実験参加者に見せたのは、宿題に悪戦苦闘し、生物学の研究室で試験管を洗う姿だった。また、可もなく不可もない学生寮住まいで、満員電車やバスに揺られ、平均的な容姿の女性の知人とピザを食べる姿も見せた。それぞれのバージョンのインタビューが終わりに近づいたところで、しばらくの間、途中で映像を止めて、実験参加者に気分についての質問紙への記入を求めた。その中のいくつかに、妬みを測定する質問が含まれていた。続いて、インタビューを受けてから、学生がどうなったのかが画面に表示された。ここに、私たちは、とある不幸な後日談を差し込んだのだ。それは彼が、出入りしていた研究室からアンフェタミンを盗んだかどで逮捕され、医学大学院に進む計画を延期せざるをえないというものだった。そして、再び質問紙への記入が求められたのだが、その中には、喜びの反応にも触れる項目（たとえば、「インタビューの後に学生に起きたことがうれしかった」）が含まれており、他の項目の中に紛れ込ませることで、何を尋ねようとしたの

かをカムフラージュした。

私たちの予想通り、実験参加者たちは、平均的な学生よりも妬ましい学生の苦しみに、より多くのシャーデンフロイデを感じたとわかった。もっと言えば、最初にビデオを中断した後に報告された妬みは、その強さに関係なく、シャーデンフロイデの「原因」となっていたのだ。インタビューの前半部分を見て妬みを感じたと報告した参加者たちは、後の不幸を知って喜びやすかった。また、インタビューを見る前に、妬みのパーソナリティの得点が高い参加者たち（要するに「妬みやすいタイプ」の人たち）の方が、不幸に喜びを見出しやすかった。

脳をスキャンする技術を用いた研究もまた、妬ましい人が苦しむ場合における妬みと喜びの繋がりを支持している。[19] 日本人の研究チームは、シナリオに登場する人物が、自分より優れているか劣っているかを想像したときの脳活動を測定した。こうした妬み状況の想像は、身体的な痛みの経験とも関連する領域、すなわち、前帯状皮質（ACC）を活性化させた。続いて、実験参加者は、シナリオに登場した人物が、経済的なトラブルから身体の病気に至るまで、種々の不幸で苦しむ様子を思い描くように指示された。このような手続きを経ると、前帯状皮質とは別の領域、すなわち線条体の活動の活性化が見られたのだが、この領域は快楽中枢や報酬中枢と呼ばれる。そして、最初に妬みを強く感じた者に、この活動パターンが顕著に見られた。研究チームのリーダーである高橋英彦は、一連の結果をまとめるのに、日本の慣用句を用いた。「他人の不幸は蜜の味」という言い回しだ。[20] 韓国人なら、そこにこう付け加えるかもしれない。「妬んで胃がねじれていたなら、その甘さは格別だ」。

妬みと敵意

妬みは様々な要素が絡み合ったものなのだが、それこそが、なぜシャーデンフロイデとかなり密接な関係にあるのかを教えてくれている。トウェインの説明では、妬まれた少年の優れていたところが強調されており、そこには間違いなく劣等感が含まれていたとわかる。しかし、敵意を伴わずして、ボートが爆発して生じたシャーデンフロイデは、そこまで喜ばしいものにはならなかったはずだ。妬んだ相手に親身になる者などいない。実のところ、敵意こそが、単なる不満のような他者の優越への不快な反応とは異なる妬みの特徴なのかもしれない。[21] この点については、トウェインの説明からも容易に読み取れる。彼と彼の友人たちが感じた妬みは、決して穏やかなものではなかった。彼らの妬みの中に敵意があったからこそ、ボートの爆発に満足できたわけだ。[22]

妬みを帯びた敵意というのは、一種独特のものがある。妬ましいと思える相手が同じくらいか、自分と比べてもっと苦しみさえすれば、妬みを感じている側の人たちは、自分たちが損することを厭わない。[23] 損を許さない絶対的な利益を求めていても、妬んでいる相手の相対的な利点を目にして生まれる痛みは癒せない。だからこそ、妬みを感じている人たちは、自分を犠牲にしてでも相手を貶めるのだ。こうした点に気付かない限り、彼らの姿勢は自滅的に見える。

妬みが敵意的な感情であるのは、何ら驚くべきことではない。他者が望んだ何かを享受しているのに気付いて引き起こされる感情が妬みなのだが、その大部分は妨げられた望みで占められているからだ。[24] いずれは他者が享受している有利な点を自分も得られるとわかってはいても、誰かがそれを得ていると気付いて、自分がそれを欲している状況を想像してみてほしい。おそらく、ちょっとした不満は感じるだろうけれども、そこにいたるまでの道筋がはっきり見えてくれれば、そんな不満は瞬く間に消え去ってしまうだろう。これは妬みの一種ではあるが、本質的には良性のものだ。[25] しかし、そうした見通しがゼロであれば、そこで感じられる経験も違ってくる。他者との比較それ自体は、ここでは無関係に見えるだろう。私たちは、自分たちと類似した者を妬む。ただし、私たちがいくら欲しても手に入らないようなものを、彼らは持っている。そんな自分たちの欲求が叶わないとわかっているときでさえ、もしかしたら、切望する何かを手に入れられるかもしれないと想像させてくれるものがある。他者との類似性だ。私たちが敵意を抱きながら妬むとき、欲しいものを獲得できそうだという感覚を持つが――あたかも、その味までも感じられるかのように――同時に、実現できないとも感じる。強烈な欲望を妨げるものは、大事な目標を阻むものである。これこそが、まさに怒りと敵意を感じるのに十分なレシピと言える。そして、不満の原因となっている人が苦しむと、シャーデンフロイデが頻繁に引き起こされることとなる。

タブロイドとその魅力

『ナショナル・インクワイアラー』誌に代表される人気タブロイドの編集者たちは、一八世紀の哲学者・政治家エドマンド・バークの慧眼を評価するだろう。彼によれば、悲劇を観るために劇場を訪れた芝居好きたちも、罪人が処刑されようとしている場所が、劇場の「外」にある近所の広場だと聞けば、途端に関心を失って劇場を去るという。[26]「我々人間は、他人の現実的な不幸および苦に対して喜悦を、しかも少なからぬ喜悦を感じる存在である」と信じていたバーク。[27]その上で、彼の見地に立つなら、現実的な不幸というのはおそらく、あらゆる「模倣芸術」をも凌ぐことになる。

さらに、こんな風に考える者もいた。毛沢東である。伝記『マオ――誰も知らなかった毛沢東』の中で、著者のユン・チアンとジョン・ハリデイが力説するのは、彼が「動乱と破壊」に対する特別な嗜好を有する人物だったということだ。[28]しかも、こうした嗜好を持つのは自分だけではないと、毛が信じていた節もある。たとえば、ほ・と・ん・ど・の人たちは、恒久の調和よりも戦争を選ぶものだと、彼は主張している。

長期にわたる平和は人間にとって耐えがたいものであり、平時においては潮汐のごとく騒乱の波を起こす必要がある……歴史を眺めるとき、吾人は劇的状況が次々に展開する時代を好む……ここにこそ歴史を読む醍醐味がある。平和と繁栄の時代に至ると、退屈してしまう。[29]

これと似た見解を述べる者は他にもいる。先に述べたウォーカー・パーシーは、数々の災難や苦悩があくまで他の人たちに降り掛かっている限り、人々はそこに喜びを伴う魅力を感じると主張する。こうした主張を裏付けるように、人はタブロイドに惹かれ、メディアを通じて、犯罪、事故、天災が絶え間なく報道されている。

タブロイドは、現実の不幸を当てにしているのに加えてもう一つ、芸能人の不幸に焦点が絞られている点でも一貫している。タブロイドのこうした特徴について、私は心理学者ケイティ・ブーシェと『ナショナル・インクワイアラー』誌を用いて確かめたことがある。[30]私たちが調べたのは、およそ一〇週分の紙面だ。記事の中心となっている人物の地位と、その人物に生じた不幸（たとえば、離婚、スキャンダル、体重の増加、健康問題など）にどれほど触れられているかを、記事ごとに評定した。すると、記事中の人物の地位が高ければ高いほど、当該の記事で不幸に焦点が当てられる傾向にあった。金持ちや著名人に私たちは魅せられるが、彼らと比肩するほど成功したと感じている者はほとんどおらず、いささかの妬みを禁じ得ないに違いない。そして、著名人の失敗を目にする機会があれば、私たちは釘付けにならざるをえない——これこそが、タブロイドが大成功を収めている理由を物語っている。

マーサ・スチュワートを襲った不幸の数々

マーサ・スチュワートの事例を見てみよう。インサイダー取引で起訴され有罪となった彼女は、タブロイドにお誂え向きだった。アメリカン・ドリームの体現者であったスチュワート[31]。しかし、『スレート』誌にマイケル・キンズリーが記しているように、彼女が見舞われた数々のトラブルは「シャーデンフロイデの歴史上で画期的なもの」だった[32]。モデルに始まる彼女のキャリアは、株のブローカーとしての成功に続いて、長年の趣味であった料理、室内装飾、園芸を、ビジネスベンチャーの大成功へと繋げていった[33]。処女作『エンターテイニング』を出版すると、『ニューヨーク・タイムズ』紙でベストセラーとして紹介され、毎年のように一連の本を出していった。それらのテーマは、パイやオードブルの作り方から、結婚式や良いクリスマスの過ごし方まで多岐にわたるものだった。こうした本を執筆する傍ら、多くの雑誌記事や新聞のコラムにも筆を走らせ、全米のTV番組にゲスト出演する常連にまでなった。二〇〇二年にインサイダー取引で起訴されるまでに、彼女のメディア企業帝国たる、マーサ・スチュワート・リビング・オムニメディアという会社を作り上げていた。他のベンチャー企業と一緒になって、自分の雑誌『マーサ・スチュワート・リビング』を筆頭に、TVのレギュラー番組、フラワーギフトのインターネット販売事業（marthastewartflowers.com）や通販カタログ（Martha by Mail）まで手を広げていた。会社の株式がニューヨーク証券取引所で公開されるや、その日の終わりには、彼女は億万長者になっていた。

起訴される前、ちょうど疑わしい株取引をしているとの情報が出回った頃に、マーサ・スチュワートは、『ザ・ニューヨーカー』誌の法律アナリスト、ジェフリー・トゥービンの取材を許し、コネチカット州にある彼女の自宅でインタビューに応じた。彼女が受けていた冷やかし（たとえば、インターネット上に溢れる『鉄格子の中のマーサ・スチュワート』のような偽雑誌の表紙）は、おそらく大打撃

となっており、今回の取材がバランスを正す機会になると彼は予感していた。このインタビューを通じた彼の所見には、確かな説得力があった。

　スチュワートは、さも自分が完璧で粗がないかのように見せつけた。トゥービンの昼食に出した湖南鶏は、可能な限り最高の調理法で仕上げた料理だと強調されただけではなく、後で自分でも作れるようにとレシピまで渡してきた。彼女のキッチンは素晴らしいもので、あらゆる形状の銅鍋と調理器具が備えられていた。トゥービンの記述によれば、彼女の家に関するものは全て、話し方からトゥービンに振る舞われたものに至るまで、もれなく完璧を期しているように見えたという。なるほど、マーサ・スチュワートは多くの人から妬みを買うべくして買ったというわけだ。[34]

　しかし、自らの素晴らしい生活をトゥービンに明け透けにすればするほど、そこにスチュワートの限界が感じられてしまう。実際、利益には社会的な犠牲を伴うとわかっているようなコメントを残している。昼食で使った食器の中に、細い銀の箸があることに気付いたトゥービンに対して、スチュワートは次のように講釈した。彼女によれば、中国では箸が細ければ細いほど地位が高いとみなされるという。そして、この箸について「私が見つけた中で一番細いものなの。だから皆、私を嫌うんでしょうね」と語った。[35] 彼女もまた、自分が抱えるトラブルがシャーデンフロイデを生み出していることをよく自覚していたようで、メディアで大勢を占めているタブロイドの流れを言い表すのに、シャーデンフロイデという言葉を使ったほどだ。しかし、彼女は戸惑いもあらわにしている。「変なことで中傷されているのよ」。彼女の主たるビジネスは、そもそも女性たちが良い主婦になれるように手助けすることだったというのに。[36]

多くのメディアから酷い扱いを受けたスチュワートは傷ついたに違いない。彼女が綺麗に映っていない写真の数々が目に触れるようになり、それが彼女を苛立たせたとトゥービンは語る。そんな彼女の逆鱗に触れたのが『ニューズウィーク』誌だ。というのも、彼女が富と名声を得ていく中でもっと一般の人たちに優しくしていたなら、皆も彼女に優しく接していただろう、などと仄めかされたからだ。たしかに、種々の場面での彼女の反応は、かなりの上から目線だと思わせるものばかりだった。たとえば、「私は写真映えするのよ。メディアはどうにかして酷い写真を見つけてくるものね」と話す、といった具合だ。『ニューズウィーク』への反論は次の通り。「これまで私が親切にしなかった人なんて、どこにもいないわよ[37]」。

非の打ち所のない生活を求めるスチュワートの姿勢は、実現間近であったにもかかわらず、妬みのターゲットとされてしまった。ここで、よく引用される実験が思い出される。一九六〇年代半ば、ケネディ政権がキューバへの攻撃をしくじってからほどない頃に、エリオット・アロンソンと仲間たちによって行われたものだ[38]。この実験に携わったアロンソンら社会心理学者たちは、フィデル・カストロを倒し損ねてからケネディの人気が上がったことに衝撃を受けていた。不覚をとった大統領の魅力が増すとは、一体どういうわけなのかと。その理由として彼らが考えたのは、この事件前のケネディの姿だった。賢く才能に溢れ、カリスマ性も備えていたケネディは、一般大衆から同一視されるにはあまりに印象的であり、好まれにくかったのかもしれない。しかし、そんなケネディのミスが、おそらく彼を「人間らしく」見せて、より好ましいと思われたのではないかと。この実験では、カレッジ・ボウル・クイズ（ラジオのクイズ番組）で活躍した学生か、あまり活躍できなかった学生どちらかの音声が流された。続いて、実験参加者たちの一部には、当該の学生がコーヒーをこぼす音が聞こえた。普通に考えれば、不器用な振る舞いをした学生の魅力は、それ以前のパフォーマンスの良し悪しにかかわらず減じるものと思われるかもしれない。ところが、そうはならなかった。優れたパフォーマンスだった学生が失敗すると、より魅力的かつ好ましくなった。このしくじりによるネガティブな効果があるとすれば、それは平均的だった学生の魅力だけが下がったことだ。これらの結果は、研究者たちが予想した通りだった。

スチュワートにとって、ここに明らかな教訓がある。他の人たちの有能な点に感心すればするほど、実際に彼らを好きになるかという点において、有能すぎることはハンディキャップになる。脳外科医や弁護士を選ぶなら、私たちは有能な人を選ぶかもしれないが、そんな彼らをランチには誘わないだろう。弱点や脆弱性が少しでもあれば、優越性に対するネガティブな効果をじわじわと減じてくれる。第1章の冒頭で引用した「俺はチェビー・チェイス……だが、君は違う」のような態度でいなければ、邪悪な妬みの眼差しは和らぐに違いない。[39]

リアリティ番組の先鞭を切った人気番組『サバイバー』の第一シーズンが始まっていた頃、私が『トゥナイト・ショー』という番組で観たエピソードは印象深いものだった。『サバイバー』という番組は、遠く離れた場所にグループごと連れて行かれ、たったひとりの「生存者《サバイバー》」が残るまで、投票で脱落者を出していくことを前提とした構成になっていた。『トゥナイト・ショー』の司会であったジェイ・レノは、観客から五人ほど選んで、バーバンク市のどこかにある道路の「安全地帯」に置き去りにした。これは『サバイバー』のパロディーで、一〇分おきくらいに、観客たちが投票して、そのグループから一人ずつ脱落者を選んでいく。しかし、彼らが安全地帯に向かう前、レノはグループのメンバーひとりひとりに、一言二言、観客に向けて自己紹介させていた。私は、一人目にわずかながら嫌悪感を抱いたことを思い出す。彼は自分がスタンフォード大学の学生だと紹介し、彼がこれまで行ってきたご立派な功績を列挙しだしたからだ。第一印象として私の頭をよぎった無慈悲な思いは、彼が最初に脱落すればいいのに、というものだった。はたして、本当に彼が最初の脱落者となったところで、特に驚きはしなかった。他のメンバーたちは、ほぼ平均的で、一人目の彼よりも控え目だった。しかし、私はそこで気づいた。観客たちによる脱落者の第一指名は揺るぎないものだったと――しかも、その決定にシャーデンフロイデを伴った爆笑があったことも。

なぜ観客が笑ったのか、ジェイ・レノは誰よりもよくわかっていた。二〇一二年、『パレード』誌のインタビューで、彼のコメディの方針にデジタル世代からの影響があるかどうかが尋ねられた。彼の見解は、ユーモアというのは、どんな世代だろうと変わらない、というものだった。人は、まずうわべを見てから中身を見ていくようになるわけだが、その根底にある過程には違いはないのだという。レノは、それを言葉巧みにまとめている。「キャデラックから太った金持ちの男が降りてきて、泥水に足を踏み入れたら」いつだって面白いのだと。[40]

レノが高級車を引き合いに出したのはうまい。というのも、車は妬みを引き起こしやすいものだからだ。消費心理学者ジル・サンディーによれば、贅沢品を見せびらかすのは、エジプトのファラオの金の王座から、現代のランボルギーニのオーナーに至るまで、ほとんどの文化に共通に見られるテーマだという。[41] 彼女と共同研究者たちは、学生の参加者に、ある学生について書かれた二つの記事のうち一つについて尋ねた。記事には、六万五〇〇〇ドルのメルセデス・ベンツか、一万六〇八〇ドルのフォードのどちらかを学生が所有しているとあった。続いて、参加者に見せられたのは、車の写真と、その車がショッピングセンターでどのように故障して、所有者の学生とその友人たちが立ち往生したかという文章であった。写真では、車のボンネットが開いていた。フォードよりもメルセデスだったと書かれた記事を読んだ学生の方が、車の故障を知ると幸せを感じる傾向にあり、とりわけ、妬みを報告した学生で顕著だった。妬みが生じている時に予期されるように、その妬みには敵意が結びついており、こうした敵意は喜びとも密接に関わっているのだ。

二〇一二年五月、この研究と類似した出来事が起こり、その動画は多くの支持を集めた[42]。明るい黄色の二五万ドルのランボルギーニが、シカゴ郊外で方向転換を誤り、スピンしてしまった。誰にも怪我はなかったが、他の二台の車に挟まれてランボルギーニは立ち往生していた。この一部始終を、別の車に乗っていた者が撮影していた。動画には、事故を起こす前にはランボルギーニを癪に障ると話していた撮影者が、事故後に大喜びしている様子も映し出されていた。しかも、より近くから撮影しようと、わざわざUターンさえしたほどだった。YouTubeの統計情報によると、この動画は、約二四時間で三百八十万回も再生されたという。不運なドライバーは、かなりの冷笑を買った。ある視聴者は、スパイダーマンを真似て「大いなる力には、大いなる責任が伴う」と書き綴った[43]。「馬鹿な金持ちが見せびらかそうとするからだ」といったような、妬みに満ちた悪意あるコメントの数々も、多くの視聴者から寄せられた[44]。

妬みの思うがままに

有能な人たちに向けられ敵意を帯びた妬みも、彼らが好ましければ軽減されるだろうか。普通なら、そう考えられるだろう。イスラエルの心理学者シュロモ・ハレリの研究が示す通り、当然ながら、好きな人の苦しみは、嫌いな人のそれよりもシャーデンフロイデが少なくなる[45]。しかし、妬みはそう簡単には消えない。前述した私たちの研究では、シャーデンフロイデの呼び水として妬みを示した。その際、妬みを高く喚起させる（優れた学生）条件であっても、低く喚起させる（平均的な学生）条件であっても、インタビューされる学生たちが実験参加者から等しく好まれるように留意した。それにもかかわらず、高・妬み条件は、低・妬み条件と比べて、その後に示された不幸に対するシャーデンフロイデが高まった。

私はこれまで、妬みを経験した人たちの事例をたくさん聞いてきた。すると、望ましい才能や所有物の存在に加えて、親しみやすく良い人と記述された人も妬みの対象になることが珍しくないとわかった。しかし、妬まれる人物に備わる好ましい性質が、持たざる者の不満を悪化させるときもありうる。概して、妬んでいる人たちは、自分たちの悪意を合理化するかのように、妬みの対象となっている人を嫌う理由を見つける。妬まれた方は、「尊大だ」とか「ウザい」人物として不公平に見られてしまうかもしれない。このように、妬まれた人物に備わる好ましい性質は、妬んでいる側の悪意を容易に合理化させる近道となる――こうした性質は、悪意を正当化するもっともらしい理由をわかりにくくしてしまう。しかし、不満の源となっている不利な点は気持ちで払拭できるはずもなく、妬みはそう簡単に消えはしない。私の調査参加者のひとりはこう書いている。「私はサラが妬ましかったし、憎らしかった。自分よりも賢くて綺麗だったからよ。しかも、彼女は感じのいい人でもあったことが、私の気持ちをさらに悪化させたわけ。彼女を憎む理由なんて何もなかったのに」。なるほど、人物の好ましさというのは、誰かに向けられた妬みを和らげる特効薬にはならないようだ。妬ましくも良い人物に向けられた敵意が、たとえ気に障る人物へのそれより少ないとしても、その人の良さは妬ましい人物がいることで生じている問題の解決にはならない――彼らは有利で優れているのだから。『ガリヴァー旅行記』の中で、リリパット国（小人の国）とブロブディンナグ国（巨人の国）を作り上げたジョナサン・スウィフトが、作家仲間の間での妬みを引き起こすような対比がもたらす、ありがちな敵対的結末を次のように綴っているのも不思議ではない。

ポープの一行を読めば、
溜息が洩れる、己のものであれかしと。
彼が対句一連に込める意味は
こちらが六連をもってしても敵わぬ。
おもわず嫉妬の発作に駆られて叫ぶのだ、
「疫病神にとりつかれろ、文才もろとも」と。[46]

マーサ・スチュワートにはたくさんの良いところがあるとトゥービンは知っていた。彼女はきらびやかな生活を送っていたが、生まれつき裕福なわけではなかった。十分な信頼と金銭を得た上で、自らの力で勝ち得た贅沢な暮しを満喫していたのだ。「マーサ・スチュワートの人となりは、見せかけのものではない」とトゥービンは語る。[47]それに、彼女の良い性格や善行を証言してくれる友人もたくさんいた。トゥービンはまた、彼女が自分を苦しめる人たちをまず批判しなかった点にも触れている。深夜のコメディアンにすら不平を漏らさなかったのだから。[48]

しかし、妬みは、それ独自のロジックで働く。ホーマー・シンプソンが、隣人のネッド・フランダースに対して抱いた妬みが良い例だ。『ザ・シンプソンズ』に「シンプソン家vs.フランダース家」というエピソードがある。この話の中で、ネッドはホーマーを自宅の娯楽室へと誘う。そこには、何から何までいろいろなものがあり、外国産の生ビールがすぐ飲める、魅力的なバーまで備わっていた。父めがけて部屋に入ってきたネッドの息子は、彼の頬にキスをしてから、科学のプロジェクトに協力してくれたお礼を述べた。ネッドは「子育ても楽じゃないよねえ」と、あたかもこれが息子の見せる一番悪い態度かのように漏らした。その上、ネッドの美しい妻が、美味しそうなサンドイッチを作って持ってくる。ネッドには悪意を向けられる理由はまるでないわけだが、たちまち、ホーマーは妬みを帯びた悪意で一杯になってしまう。戸惑うネッドをよそに、ホーマーはネッドがわざと見せびらかしてきたと非難し、無礼な言葉を浴びせてから部屋を後にする。

こうしてネッドを憎むホーマーだったが、そうなった理由はよくわからないでいた。その夜、ホーマーは妻のマージと床に就いていたときに、ネッドへの妬みによる敵意を打ち明ける。マージがいろいろ質問しても、ホーマーは自分の敵意について理路整然と説明できないものだから、彼女は混乱する。はたして、会話は次のように終わる。[49]

マージ：怒ってたの？
ホーマー：いや。
マージ：無礼だったとか？
ホーマー：違うよ、態度はどうってことないんだけども。からだ全体で言ってんだよ、うちはダメ家族だって！[50]

ネッド・フランダースは、ホーマーにとって痛ましいほどの苛立ちを与える。よく目にする存在で、優れている。ただそれだけの理由からだ。ホーマーは、その心の痛みを妬みだとは意識できていないものの、ネッドが隣人であることが、恩恵よりも不幸の元凶になりうるとは理解できている。ネッドのビジネスがうまくいかずホーマーが大喜びしたのは、そのせいだ。ネッドと同じように、マーサ・スチュワートという人物もまた、魅力的で、とても洗練されており、ため息を誘うほどに成功し――加えて裕福で――まさに完璧。完璧過ぎると言ってもいい。世間一般の人たちはおそらく、そんな彼女が示す実現不可能な生活水準から遠ざかり、彼女の成功からもたらされる妬みを和らげる必要があった。彼女の法律上のトラブルに対して示されたシャーデンフロイデが、それを物語っている。

第9章

妬み転成

Envy Transmuted

だが、いまは、わたし自身が言うのだ――
いまのわたしは妬み屋だと。
わたしは妬んでいる、
深く、耐えがたいほど妬んでいる。
おお、天よ！　正義はどこにあるのだ？
神聖なる天賦の才能が、不滅の天才が、
燃える愛と自己犠牲への見返りとして与えられるのではなく、
労苦と勤勉と祈りへの贈りものとなるのでもなく、
かわりに、おろか者の頭、無為の放蕩者の頭を照らすなどとは……
おお、モーツァルトよ、モーツァルトよ！

――アレクサンドル・プーシキン 1

それがどうだ、
いまじゃその男はまるで神同然、そしてこのキャシアスはといえば、
まことにみじめな体たらく、そのシーザーから気のない会釈の一つも
頂戴すれば、あわてて小腰をかがめねばならぬ。

――ウィリアム・シェイクスピア 2

憎しみは能動的な、ねたみは受動的な不満である。それゆえ、ねたみが
急速に憎しみに移行するのも驚くにはあたらない。

――ヨハン・ヴォルフガング・フォン・ゲーテ 3

妬みと、それと結び付いたシャーデンフロイデについては、語っておきたいことがまだたくさんある。というのも、これまでの章では、この感情のある特徴について、ほとんど注意を払ってこなかったからだ。その特徴は、普通の人たちが妬みを感じるに当たり、精神面で重要な役割を担っている。そして、日常生活の大部分で抑えられているか、もしくは水面下で働いているような妬みのあり方にも関係しており、多くの学者たちもそのように考えている。その特徴とは、一般的に自分が妬みを感じていることを私たちは否定する、という点だ。他者に自分をアピールするときは特にそうで、私的な状況にあって自分の中で妬みを感じていると認めた時でさえ、私たちはこの感情から距離を置く。[4]この章の目的は、妬みにこうした特徴があるからこそ、次のような結果が生まれると示すことにある。すなわち、妬まれた人が苦しむと、シャーデンフロイデをさらに高め、それが他者に不幸をもたらす行為が促進されるというプロセスだ。[5]

自分の妬みをなぜ否定するのか?

これまでの章で強く主張してきたように、妬んでいると認めることは、それが自分の中の話だったとしても、自分の方が劣っていると認めるに等しい。だから、大方はその逆であり続けようと足掻く。劣等性を示す証拠が明らかな場合でさえ、傷つけられた自己愛をすぐさま修復しはじめる。自己イメージを痛めつけるような攻撃から身を守れるように、私たちは十分な備えと練習をする。もし、その守りにしくじれば、次から次へと守りを固めようとする。第2章で強調したように、数学的にはありえない――皆が平均以上であるはずがない――にもかかわらず、大半の人が自分自身を平均以上だと信じうるのはこのためだ。自分たちの強さや弱さを測るときに、私たちは優れた自己イメージに引っ張られるのが普通だ。実世界では間違いなく失敗していても、この自己があるからこそ、軽視や不正と闘う重要な、でなければ英雄的な存在として自分を見ることができる。ある種の神ともいえる自己は、私たちの利益を阻むと思しき者たちに対する勝利や復讐を空想する役割を担う。そんな自己が妬むようなことはまずありえない、私たちはそう確信している。妬みを認めることは、自らの品位を汚し、見苦しくもある。他の人たちはこの厄介な感情に苛まれるだろうが、私たちは違うのだと。[6]

私たちの大半は、妬みを受け入れようとはしない。妬みには、敵意的で人をはねつけるような性質があるためだ。自分よりも誰かが秀でているというだけで彼らを嫌い、ことによれば憎み、傷つくのを見て喜びさえ感じる。それを知って落ちつき払ってなどいられない。はたして、そんな敵意に値するような何かを、彼らが実際にしたというのだろうか。罪なきターゲットに向けられた敵意がそこにはある——言い換えれば、不当で、感じるには決まりの悪い敵意だ。この種の敵意には、卑しさと悪意が漂っている。そして、明らかな道徳心の欠陥であると同時に、自分たちを高く評価することへの脅威でもある。[7]

自分の中の妬みを認めようとしないのに加えて、私たちは世間体も気にする。妬みにより自分の劣等性に気付くだけで十分に痛みを伴うが、他者にそれを打ち明けるとなれば、屈辱の痛みがそこに積み重なる。妬みによるしみったれた泣き言を聞いてくれるような人はいない。その上、妬みの底にある汚らわしい悪意は軽蔑されている。これは無理もない話で、多くの文化では、妬みを感じたり、それを表したりすることは強力に制限されている。妬みに動かされるなんて論外だ。そのため、妬みを表そうものなら、ほぼ間違いなく他者から咎められる。自分たちが感じている妬みを露見させると、劣等性に基づく羞恥とない交ぜになった妬みの敵意的な性質から、自らをさらに惨めに、そして恥ずかしめることになる。[8]

妬みを容認している宗教があるかといえば、ありそうにない。ユダヤ教とキリスト教の伝承は、妬みに警告を発している。旧約聖書から、有名な十戒を検討してみよう。

隣人の家を欲してはならない。隣人の妻、男女の奴隷、牛、ろばなど隣人のものを一切欲してはならない。[9]

古くさい部分もあるが、その要点は広く、誰にでも理解できる。つまり、他人が持つものを妬むなかれ、ということだ。妬みを感じるだけで罪なのだから。

聖書に少しでも目を通したことがある者なら誰でも、妬みのテーマがその中に盛り込まれているとわかる。そのため、聖書が営利目的で書かれた作品のようにも読み取れてしまう。[10]兄カインが弟アベルを殺した主たる理由は、おそらく妬みだ。カインとアベルは、主に供え物を捧げた。しかし、主は、カインが捧げた「地の産物」を好まず、アベルが捧げた「肥えた羊の初子」を暖かさと尊敬をもって受け入れた。はたして、カインは「アベルに憤り、彼を殺し」、そのかどで主から追放され、呪われた。ノドの地をさまようカインは、土を耕しても決して実を結ばないようにされた。[11]こうして、妬みは人類初の殺人を引き起こし、私たちに早い段階から明確な道徳的教訓を残した。「汝、妬むなかれ」と。もしあなたのきょうだいが自分より良いものをもっていたなら、自分に足りない点に目を向けるべきである――きょうだいを殺したところで何の解決にもならない。

キリスト教における妬みの概念は、ときにサタンとして擬人化され、ジョン・ミルトンによる高尚な詩編のように、悪と妬みが結びつけられる。

ところが、サタンが（われわれが今彼をそう呼んでいるのは、以前の名前がもはや天国では口にされなくなっているからだ）起きていたのは、そのためではなかった。彼は、最高位の大天使ではなかったが、高い天使の階級に属し、権力においても、寵愛と名誉においても偉大な存在であった。しかるに、この日、御子はその父なる神によって栄光を与えられ、油を注がれし王、即ち救世主と宣示され給うに及んで、嫉妬にかられ、傲慢にも御子の姿を見るに堪えずとばかり忌避し、自分が不当に貶黜《おとしめ》られたと思い込んでしまった。そうなれば、悪意と憤怒の念は一層強くなるばかりで、夜が更けて一同が寝しずまる頃を待ちかねて、暗に乗じ、部下の全軍を引きつれ、本部を撤去しようと決心するにいたった。傲岸不遜にも、今さら神の御座の前に拝跪し、神の言葉に唯々として服従するのはもっての他だ、と考えたのだ。[12]

サタンは力を持ちながら、自分よりも神に愛されているイエスに対する妬みで一杯になっている。これが負い目となって、サタンの誇りは傷つき、悪意が芽生え、復讐を期して悪を世界に放つ。放たれた妬みよりも警戒すべきものが他に思い浮かぶだろうか。ミルトンの詩を読んでもなお、妬みが良性で前向きだと思うのは難しい。

キリスト教では、慣例的に妬みは大罪のひとつに数えられる。妬みは、それだけで罰せられているような痛みを伴うが、妬みの罪がもたらす結果は、著しく不快なものだ。ダンテの神曲（煉獄篇）では、妬み深い者の両目が針金で縫い付けられているが、この描写は相応しいものであるように見える。[13]というのも、ラテン語の in「～の上で」＋ videre「見る」が envy《妬み》 の語源だからだ。[14] 妬む人たちは有利な他者に悪意を抱きながら、邪眼を向けている――「そして、他者に不幸が降り掛かると嬉しそうに眺める」。妬みは他の罪の引き金になりうる。キリスト教哲学者ジョージ・アクアロによれば、ほとんどの罪深い行動を引き起こす核となる感情が妬みであって、これが他の戒律を必要とさせているという。[15] 妬みさえなければ、カインはアベルを殺さずに済んだかも知れない。悲しいかな、妬みを避ける戒律に従えないがために、私たちには「汝、殺すなかれ」という戒律があるのだ。

どんな信仰があろうとも妬みが厄介な代物なのは、宗教学者の力を借りずとも自明である。だからこそ宗教的信念は、そんな恵まれない者たちの苦しみを一時的ではあっても緩和してくれるはずだ。聖書を引くと、次のようなイエスの発言がある。「重ねて言うが、金持ちが神の国に入るよりも、らくだが針の穴を通る方がまだ易しい」[16]。邪悪で勢力のある傲慢な者ではなく、柔和な者が地を受けつぐであろう。これは不利な立場にある人

にとって朗報だ。というのも、劣等性に道徳的な価値を付与し、長期的には報酬を約束してくれるからだ。それでも、劣等性という絶えず離れない目下の事実は、それを知った瞬間にすぐ無視できるものではない。不平等――そして、戒律如何にかかわらず生じ得る妬み――というものは、特定の宗教による不平等の説明とその正当化、その基礎をも侵食するだろう。妬みは、それを感じている者が持つ、運命に対するあやふやな不平の前兆となり、宗教的信念への疑惑を抱かせ、ゆらがせてしまう。個人間の差が妬ましいと不平を感じたとき、私たちは、自らをそのようにつくられた至高の存在たる創造主の話を思い起こす。神の御業にさえも疑問を差し挟んでくる存在、それが妬みなのだ[17]。

積み重なる自己欺瞞

劣った自己や悪評と結び付いた妬みがもたらすのは、自己欺瞞と気取り、そのバリエーションの数々である。繰り返すようだが、人は間違いなく、自分の妬みを認めたがらない。人類学者ジョージ・フォスターなどの学者たちは、妬んでいる者が本当の気持ちを隠している際に、そこで現れる反

対の感情がどのように検出されるのか、数々の例を挙げている。スペインの作家ミゲル・デ・ウナムーノの小説の中に、「その賛辞は誰に贈るもの？」という一節がある。[18] フォスターは、この言葉を引用して、妬みが反対の感情で現れるという衝撃的な考えを説明しようとした。当然、人々は自分の中に妬みがあると、公私ともに認めることはできる。しかし、大抵の場合に、妬みは「抑えられるか、回避されるか、もしくは別の感情に様変わりする」。こう綴る社会理論家で政治学者のヤン・エルスター[19]は、その理由として「感情を何としても封じようとする強い精神的なプレッシャー」を挙げている。[20] つまり、妬みを感じていても、もしかするとさらに妬むがゆえに動いていても、それに無自覚であることを意味する——たとえ、妬んでいるだろうとか、妬みの感情によって行動しているなどと、他者からレッテルを貼られたとしても。[21]

妬みと不公正、そしてシャーデンフロイデ

妬みに混ざり込んでいるもう一つの重要な要素、それが不公正の感覚である。妬んでいると、妬まれた人が享受している有利な点を相応しくない、少なくとも自分が不利なのは相応しくないと考えがちだ。[22] 私たちは、妬んだ相手の有利な点に憤る。これはなぜだろうか。果報の「平等化」へと向かう強い傾向から妬みが生まれると目していたのは、社会心理学の先駆者フリッツ・ハイダーだ。[23] 私たちは、自分と似た背景を持つ他者は、似た報酬を得られるはずと考えている。さもないと、バランスや正しさに関する根本的な感覚が侵害されてしまう。互いに似たもの同士[24]——ただし、妬みの引き金になるような特徴を除いて——の間で妬みは最も生じやすいからこそ、相手の美点によって、他者と等しくあるべきだという感覚が乱される。このようにして、妬みは恨みというスパイスで彩られるのだ。

フロイトも同じく、不平等に対して抱く子どもの妬みこそが、まさしく正義感の起源であると述べ

ている。不公平との主張は、不平等な扱いに対する正当な抗議手段として用いられるだろう。そのため、おそらく大人の不平等に対する反応でさえも、子どもの頃にどう反応してきたかに遡る要素が含まれているかもしれない。フロイトによれば、幼い頃の自己が夢中になってきたことは、その後も強く残るという。子どもじみた平等への拘りから全く抜け切れない私たち。なるほど、こうした大人は、子どもの時代から作られているといっていい。[25]

妬みにおける不公正の感覚。そこに寄与していると思しき、もう一つの要因がある。それは、妬みをもたらす種々の事柄を変えるのは、常人の能力の限界を超えている、という点だ。[26] 肉体美、知性、運動能力や音楽的才能――こうした属性はあげればキリがないが――を整えるために私たちができることには限界がある。富や家族的な背景のような事柄でさえ、人生の始まりの時点から永遠に人と人とを分け隔てる、乗り越えがたい差異だ。こうした不平等が人生の成功を牽引する重要な要因であることは疑いようがない。それは、仕事であっても、恋人の気を引く場合であっても同じだ。だからこそ、これらは妬みの火種となる。この点から見ると、妬みを感じる人たちに劣る点があるからといって、それを咎めることなどできない。なぜなら、彼らの劣等性はそもそも「相応しくない」のだから。この見方を広げるなら、妬まれている人たちの有利な点もまた「相応しくない」。それでも――そして、ここが重要でもあるのだが――少なくとも、ほとんどの文化ではこれらの差異が報酬の分配における不公平の基盤とみなされてはいない。むしろその逆で、こうした差異はメリットの源といえる。もし、アンナがスーザンよりも数学が苦手なのであれば、スーザンが学生のラジオのクイズ番組の出場メンバーに選ばれたところで、アンナがそれに抗議する道理はない。もし、メアリーが持ち前の美しさでポールの気を引いたとしても、平凡な容姿のジェーンがそれを訴え、裁判に持ち込むこともできない。それらが「不公平」だったとしても。妬みを感じている人の目には、こうした利点の数々は不公平に映るけれども、これらを救う手立てはどこにもない。不公正の感覚を駆り立てる感情が妬みであるとするなら、ほとんどの文化では、その強い不満を個人の中に留めておくように強いられる。次の一節は、オマル・ハイヤームの『ルバイヤート』をエドワード・フィッツジェラルドが翻訳したものだが、運命がもたらす不満をうまく言い当てている。

動きゆく指ぞ書くなる。書き終わり、
動きゆく。汝が敬神も才能も、
一行のなかばだに塗《け》せしめがたし。
汝が涙、そのひと言《こと》も洗ひ落さじ。[27]

妬みは私たちを逆説的な世界へと誘う。なぜなら、そこには不公正だけではなく恥の感覚もあるからだ。ハイダーが残した言葉に、次のような一節がある。「ねたみには葛藤が含まれている。すなわち、人が同時にこれらの感情に対して正当な理由を持つことがあるとしても、これらの感情は心に抱かれるべきではない、という事実に関する葛藤である」[28]。この論理からすると、妬みは、正当化されながらも忌々しい敵意的な感情、ということになる。自分では正しいと思いながら攻撃に駆り立てる妬み。しかし、妬みという名の敵意をむき出しにして行動すれば、反感を買ってしまう。第5章と第6章で述べたように、正義を求める欲望は強烈な動機であるがために、心の奥底では、自分自身の権利を主張したいと願う。もっと言えば、人生で成功する上で、自己主張の衝動はそれなりに適応的に見える。しかし、妬みを認めない文化的規範がそこに躊躇を生む。実際、妬めばどうあっても非難にさらされてしまうのだから。

妬みが恨みと渾然一体となっている別の理由を示すのが、進化心理学者サラ・ヒルとデイビッド・バスだ。進化心理学的な見地からすると、妬みは重要な適応的な機能を提供してくれる。生存と繁殖を成功に導く上での重要な領域において、他者よりも低い順位に甘んじている状況にあると注意を喚起する、という機能がそれだ。妬みが不快であるという、その本質は、適応価を減じるどころか、むしろ高めてくれる。生き延びていく競争の場では、ライバルたちと比べて資源を増やし、社会的地位と、それに伴う利益の向上をもたらすべきもの。それが妬みなのである。この考え方によるなら、妬みは警告と行動を引き起こす呼びかけ、その両方を担っていることになる。ヒルとバスは、ライバルたちと比べて、希少な資源は自分自身に相応しいと解釈する方法として、妬みが進化した可能性を示唆している。また、彼女たちの議論は、他者が相応しく有利であるのに相応しくないとみなすことさえも、ある程度は適応的という点にまで及ぶ。たとえば、妬まれた人物は道徳的に堕落したところはないかと、あら探しをするような場合がそれだ。妬まれた人物が有利であると知って生じる怒り、敵意、そして恨みは、妬みを感じている人を、価値ある資源を巡る活発な競争へと巻き込んでいく。ヒルとバスの言葉を借りれば、自然淘汰の過程というのは「本質的には競争的である。なぜなら、適応を左右するような特徴において、他に存在する者よりも優れていることが、個々の表現型——そして、それがコードされている遺伝子——が選択される鍵となっているからだ」[29]。このように考えるなら、妬みと恨みの融合は、適応的な意味を持つブレンドにほかならない。

マックス・シェーラーは、同じくドイツの哲学者フリードリヒ・ニーチェから着想を得て、妬みやその他の痛ましい欲求不満を伴う、慢性的な心の有り様について書いている。彼はルサンチマンという二ーチェの用語を借りて、その現象を著した。彼によると、この状態があらわになるのは、妬み続けることで無力感がもたらされ、妬みは強力な感情であるにもかかわらず、その感情を抑え始めたときだ。そうすると、徐々に、人生に対して、不承不承で、恨みがましく、苦々しい態度が作られていく。こうした心理的に毒された状態は、妬まれた物の価値を減じてしまう。楽しいことではないが、少なくとも、妬みから自分たちを責めずには済む。かつて望んだ物は、もはや価値がないように見える。ところが、ルサンチマンというものは、抑圧された妬みと、妬まれた物の実際の価値に起因しているので、そこには水と油のような葛藤が生じている。しかも、色々な有害な効果の中にあって、有利な人たちが苦しんでいると、とりわけ醜い感情が生まれる。そして、最終的には、攻撃や残虐な行為がもたらされるかもしれない。これは、次の章で詳しく述べることになる。

　もちろん、ニーチェやシェーラーに触発された考えをそのまま検証することは難しい。しかし、こうした考えを支持するものとして、オランダ人の参加者を対象とした、コリン・リーチとラッセル・スピアーズによる一連の研究がある。彼らが明らかにしようとしていたのは、成功している他者への不満や怒りをぶつけられるように前もって劣等感を感じさせて、その成功者が失敗した時にシャーデンフロイデが生じるか、という点だった。彼らが行った研究のひとつでは、研究に参加した大学生たちは、『IQ』と呼ばれるクイズ大会で、自分の大学チームの成績が芳しくなかったと知らされた。その直後に、大学生たちの劣等感と恥が測定された。それから、これとは別のリーグに所属する大学の勝利の報がもたらされ、それについてどう感じたかを報告させた。最後に、自分たちのリーグの覇者との対戦で、その大学が敗北したことがわかる。はたして、この大学生たちは、その大学の敗北を喜ぶ傾向にあった。また、この喜びは、前もって感じていた劣等感と恥、さらには他大学が勝利したときの怒りとも関係していた。より厳密に言えば、自分の大学が敗北したことで劣等感や恥を感じた学生ほど、他大学の勝利に怒りを感じる傾向にあった。しかも、この怒りは、他大学の敗北を知ったときのシャーデンフロイデと強く結び付いていたのだ。リーチとスピアーズは、ニーチェの「無力の執念深さ」という概念を引き合いに出して、このプロセスを言い表している。[30]

ズラタン・クリザンとオーメシュ・ジョハールは、妬みとシャーデンフロイデにおける脆弱型の自己愛の役割を検証しているが、これもまた実証的な貢献のひとつである。[31] 脆弱型自己愛者は、ある種複雑で混乱した特徴を有している。彼らは、いわゆる自己愛者と同じように、自己を誇大視し、他者の都合を度外視する。また、自分たちが他者よりも優れていると思い描き、周りもそう思っていると考えている。そのため、自分たちが特別扱いされるべきだと感じる者は多く、こうした扱いを受けられないと唖然とする。ところが、脆弱型自己愛者は、「誇大」な自己愛者に比して、自分たちが優れていると確信を持っておらず、他者からどう見られているかについても自信がない。そんな彼らの自己愛は、心の奥底では低いはずの自尊心を覆い隠し、その行動面には、自分たちが優れていると自らに言い聞かせようとする防衛的な努力が反映されがちだ。そう考えるなら、脆弱型自己愛者は、その自尊心の低さゆえ、妬みとシャーデンフロイデの影響を受けやすいに違いない。

自己愛がいかにして妬みと結び付き、シャーデンフロイデを引き起こすかを研究するのは至難の業といえる。というのも、自己愛者たちは、とりわけ自分の妬みを明け透けにはしたがらない傾向にあるからだ。それは、ソーシャル・ワーカーで心理療法家でもあるホチキスが著した『結局、自分のことしか考えない人たち――自己愛人間とどうつきあえばいいのか』にも詳しく、彼女によれば「ねたみを認めれば自分の劣位を認めることになりかねず、自己愛人間にそれはありえない」という。[32] しかし、実験参加者に研究の目的が妬みとシャーデンフロイデだとは悟られないように、巧みな手続きを用いたのがクリザンとジョハールだった。大学生の参加者たちは、ニュース記事の形式について回答していると思い込まされていた。彼らには、パソコンの画面上と、紙面上で、それぞれ関連した二つの記事を読んでから、画面と紙面という異なった形式について、どう感じたかを回答してもらった。

彼らは、それより前に、脆弱型自己愛に関する質問にも回答済みであった。実は、学期の初めに実施された一斉の検査の中に、それが紛れ込ませてあったからだ。このため、参加者たちは、研究者の関心が自己愛や妬みにあるとまず考えなかった。彼らが読んだ最初の記事は、優れていて妬まれやすい学生、もしくは劣っており妬まれ難い学生のインタビューであった。続いて、（研究の本当の目的から気を逸らすために）参加者は別室に案内され、記憶力の検査を受けた。最後に、二つ目の記事が見せられる。そこには、最初の記事に登場した学生が、論文を剽窃したかどで、大学から一年間の保護観察を強いられることになったと書かれていた。

これまでに触れてきた先行研究と同じように、この研究でも、こうした不幸が自分より劣った学生よりも優れた学生に起こった時ほど、実験参加者は当該の学生の失墜に喜びを感じた。しかも、最初の記事を読んだ直後に感じた妬みが、その喜びの主たる要因だったのだ。さらに、この傾向が特に顕著だったのが脆弱型自己愛者で、彼らが抱く妬みは、その相手の不幸に対するシャーデンフロイデの感情を高めていることもわかった。こうした結果は、個人的な自己観が他の人が優れていることによって脅かされると妬みを――そして妬ましい人が苦しむとシャーデンフロイデを――感じるという確固たるエビデンスである。しかも、自己愛と共に揺らいだ自尊心を持ち合わせている者にあっては、このパターンにより忠実に従うというわけだ。

サリエリの人知れぬ嘆きと、その復讐劇

前にも触れた映画『アマデウス』には、ときに妬みの一部となる不公正の感覚と、その妬みと結び付く社会的非難との間にある緊迫した関係をよく表した例が見られる。[33] 評判の良い宮廷作曲家であったサリエリは、若く驚異的な才能に溢れたモーツァルトを妬む。しかし、そんな自分の中にある妬み

を、彼は完全には認めようとはせず、モーツァルトの才能を神による不公正であると考えた。しかも、モーツァルトを未熟かつ破廉恥で、彼に備わった音楽の資質は不相応なものであるとサリエリは見ていた。モーツァルトの才能を恨めしく思い、不公正さに激昂するあまり、モーツァルトを真似ることもままならず、その才能に圧倒されるしかなかったサリエリ。自分の技量は二流に過ぎないとの呪縛に囚われて不満だったのだ。はたして、彼はこの不公正に抗議の声を上げられただろうか。そんなはずはない。なぜなら、彼が属していた文化の基準に照らし合わせると、能力の違いが不公正とは考えられていなかったからだ。もちろん、能力と才能があれば有利になる。だからこそサリエリは、人々に能力と才能を分け与えたはずの神を呪うのだった。だが、彼にはわかっていた。この間違いを正そうといくら努力したところで、周りの同情を買えるはずもないことを。さらに彼は、自分が妬んでいると誰からも思われたくなかった。もしそれが知られようものなら、彼が抱えている不満に加えて、公衆の面前で恥をかく羽目に陥るからだった。

可もなく不可もないと自他共に認めるサリエリは、モーツァルトと一緒に笑ってばかりいる者たちの前で、モーツァルトが自分を上回る演奏をする度に、屈辱に次ぐ屈辱に苛まれていた。豪華な仮装パーティーで即興曲を演じていたモーツァルトが、有名な作曲家たちを真似て見せていたシーンがある。仮面を付けてパーティーに紛れ込んでいたサリエリは、モーツァルトに「サリエリ風」はどうか、と呼びかける。すると、モーツァルトはサリエリの真似をしはじめ、参加者たちをさらに喜ばせてみせる。モーツァルトがネアンデルタール人のような顔をして、のろのろとサリエリのメロディーを弾き始めたとき、サリエリが死ぬほどの屈辱を味わっていたことは、その仮面越しからも伝わってくる。彼は文字通り、サリエリの猿まねをしたのだから。

もはや執念に燃えるサリエリは、モーツァルトの経歴を傷付けて、彼を死に至らしめる計画を心に誓う。この両方が首尾よく運べば、彼には強いシャーデンフロイデがもたらされる。まずは、モーツァルトを好んでいるように装うと決めて、彼のうわべの友人、支持者となる。もちろん、彼の実際の感情は不公正の感覚に育まれた敵意と執念深さに満ちており、この映画を観ている私たちなら、それが妬みなのだと容易に理解できる。続いてサリエリは、モーツァルトのオペラ『フィガロの結婚』にバレエのシーンを含めるように勧める。皇帝ヨーゼフII世が初演に異を唱えるとわかっていたにもかかわらず。はたして、ヨーゼフの顰蹙を買うだろうと嬉々として予想しながら、リハーサルを観劇中の様子をうかがうサリエリ。しかし、ヨーゼフはこの演出を気に入ってしまい、彼の希望はもろくも潰えた。ところが、このオペラの本公演で彼は、「奇跡」を体験する。このオペラが先駆的で見事だと理解していた彼ではあったが、それと同時に、集中力が短いヨーゼフには長すぎることも知っていた。案の定、最終幕でヨーゼフは大あくびをし、わずかな公演回数になることを匂わせた。退屈なオペラとなったのは、まさにサリエリの勝利であり、シャーデンフロイデを滲ませた笑顔を浮かべる。その後、モーツァルトの傑作『ドン・ジョバンニ』も数回で終わるに至り、再びサリエリは密かに歓喜するのだった。

いよいよ、彼はモーツァルトの殺害を決心する。「この世を去る前にあんたを笑ってやる」[34]と心に誓い、妬みと復讐への欲望に何もかもが毒されてしまう。一方、モーツァルトは、家計が苦しく過労を強いられ、すっかり衰弱していた。仮面で身を隠したサリエリは、モーツァルトを訪ね、別のオペラ作曲の仕事を依頼する。モーツァルトの消耗と病の悪化をもたらして、早死にさせるために。モーツァルトはその仕事を引き受け、作曲を進めるごとにやつれていく彼の姿は、サリ

エリにとって幸せの印だ。『魔笛』の初演を指揮しながら、徐々に意識が遠のいていくモーツァルトを見て嬉しがった。上演中、鍵盤楽器を弾いていたモーツァルトが卒倒すると、彼は心を躍らせる。モーツァルトを自宅に連れ帰るように指示し、曲の譜面を書き写すと申し出て、モーツァルトを引き続き作曲させるように仕向けた。依頼された締め切りを守ろうと作曲しながら、徐々に衰弱していくモーツァルトに満足するサリエリ。はたして、モーツァルトは疲労と病から死んでしまう――サリエリは大いに喜んだことだろう。

サリエリの経験は、ある側面から見れば、独特だったかもしれない。というのも、完全に抑圧された妬みから執念深い状態にまで駆り立てられる者たちとは異なり、自分の妬みをしっかりと自覚していたからだ。[35] しかも、モーツァルトから意図的に屈辱を受けたからこそ、彼は怒った。このように、妬んだ相手から故意に屈辱を受けるようなことは、日常生活で感じる妬みについて言えば、まずありえない話ではある。しかしこの映画では、妬みを感じている者の心中で強烈な葛藤が掻き立てられ、極端な結末がつむぎ出されるさまが表現されていた。不当な比較は、感情の奥底にまで打撃を与える。社会的な序列が変わることなど、現実の世界ではほぼありえない――妬みという感情が非情に痛々しい理由がこれだ。不利であるという事実は、頑なに留まり続けるだけでなく、劣等感、敵意を帯びた不愉快な感情――そして、不公正に扱われているという不満に満ちた恨みに対処する必要性を持続させる。これこそが、その感情自体には妬みというラベルが貼られず、人知れぬ強い不満へと転成を遂げる主な理由といえる。[36] ひとたび妬みを転成させたなら、妬まれた人が苦しむと、正当化された喜びをいともたやすく向けるようになり、苦しみを伴うだけでなく喜びをもたらす執念深い行為さえも正当化しうる。

こうした妬みを巡る思考は、ありふれたものから悪意に満ちたものにまで及ぶ。普通の妬みというのは、その結果からして十分に心をかき乱す場合が多いが、サリエリの例は、それがより醜い方向――悪意と攻撃的な意図を加味したシャーデンフロイデ――に傾きうることを示唆している。

妬んだ先には、敵意的で、場合によっては暴力的な結末が待ち受けていると頭にしっかりと入れておいてほしい。それはなぜかといいば、誰も傷つかない冗談として笑い飛ばすことと、誰かが苦しんでいるのを喜び勇んで見物しようとすること――さらに酷くなれば、危害を加える張本人になること――は別物だからだ。敵意的な行為は、社会規範によって阻まれるのが通例だ。しかし、妬みは醜いものであると同時に、もっともな感情でもあり、その上、妬みを白状するのは妬んでいる人の自尊心を脅かすため、純粋な義憤や恨みといった、より受け入れられやすい感情へと頻繁に転成される。妬みを転成させて、別のラベルを貼れば、不満まじりの期待を募らせながら、妬んだ相手が不幸になるのを待つ必要はもうなくなる。転成させれば、これまでの受け身の態勢には暇が与えられ、永遠に解放されることすらも可能になる。恥ずかしいという思いは、確実な高潔さに転じ、より能動的に動いても良いというお墨付きを与えてくれる。このようにして、妬んでいる人は、相手に不幸をもたらすことを厭わなくなるのかもしれない。

悪い何かを楽しいと感じて、そうなるように願い、期待し、画策する。こうした変化を求める複雑な動機がそこにあると仮定した場合、この一連の流れを紐解くのは困難を極める。自己と他者の両方を欺くように動機づけるものが妬みだと、私は考えている。独自の機会を作り出し、巧みな正当化をでっち上げ、あまりの苦痛から妬みに拍車がかかって、別の感情のラベルで覆い隠されてしまう。これこそが妬みの邪眼であり、ほとんどの文化圏で非常に恐れられている。妬まれた人物は、まるでブードゥー人形のように、攻撃を受けやすくなる。だからこそサリエリも、自分の決心は不公正に対する復讐と見なし、モーツァルトに向けて行動しやすくなったわけだ。

リチャード・ルッソの小説『ため息の橋[37]』では、六十代になった語り手が、少年時代に仲が良く、そして妬んでもいたボビーに怪我をさせた出来事を改めて振り返る。ある夏、二人は毎週土曜日の朝、語り手の父と一緒にトラックで牛乳配達をする。そのとき二人は、トラックの荷台で「サーフィン」に興じていた。トラックが通りを移動するたびに、牛乳ケースの上に乗ってバランスを取るゲームだ。トラックが曲がるたびに、ケースに乗ったままバランスを保つのがコツだ。このゲームはボビーの方が上手で、それは他のことにも通じていたものだから、語り手は複雑な感情と欲望を抱く。もちろん、彼はボビーが好きで、ある意味ではほれ込んでもいたが、これは彼の妬みと、妬みから敵意的な方向に傾くのを防ぐには至らなかった。いかにして妬みが攻撃の引き金となるのかを完璧に捉えたルッソ。ここでは、その全文を引用してみよう。

> 夏が過ぎるにつれ、私はどこかで友人が怪我をしてほしいと思っている、むしろそれを期待している自分に戸惑っていた。それはもちろん、私の臆病さと嫉妬による落ち度であって、彼には何の落ち度もない。この嫉妬の一部は、思うに、ボビーの勇敢さが、私が臆病ゆえに失った楽しさであるように感じたことに関係する。毎週、私はもっと勇気を出すよう、今週の土曜日こそ、怖がってつかまらないよう自分に言い聞かせた。私は耐えられなくなって投げ出され、屈託なく笑い転げるだろう。しかし、結果は毎回これまでと変わらず、その瞬間が来たときに私はつかまっていた。勇気を出せなかったために、私は段々と他のことを望み始めた。もちろん、ボビーに重傷を負ってほしいわけではなかった。それでは、全てが台無しになってしまう。ただ、一度ボビーが泣くくらい怪我をすれば、彼との間にある溝が少しは埋まるだろうと考えていた。

それで、私たちの牛乳配達サーフィンは、終わるべくして終わった。ボビーがトラックの反対側に振り落とされた時、実際のところ、彼が手首を折るのを私は見ていなかった。しかし、骨がぽきりと折れる音は耳にした。運命づけられ苦しむ私を救ったものは、私自身の臆病さだったのだ。あとほんの少しでカーブにさしかかるのを見て、私は結んである牛乳ケースをつかんだ。ボビーは、不意打ちを食らって、飛んで行ってしまった[38]。

その出来事が起きた数分後、二人はトラックの荷台に黙って座り、語り手の父の運転で家に向かっていた。沈黙を破って、ボビーが言う。「曲がり角があると教えてくれなかったね[39]」。この言葉は、何が、なぜおこったのかという当初の曖昧さを浮き彫りにするものだった。曲がり角があると警告しなかったのは、彼の心に隠された傾きによるものであって、その動機が浮き彫りになるためには、しっかりと咎められる必要があった。彼は、妬んでいたがために事故が起きてほしいと思い、それが起きたとき、気持ちのどこかで幸せを感じていた。これこそが、この種の問題には不可欠の真実であり、語り手が円熟したからこそ明らかになった。

シャーデンフロイデというものは、妬みと結び付いたときに、妨げられた期待、そして、心の中で望む不幸というような、ある種の幻想世界の中によく存在するという感覚がある。これを感じたときの状況についてよくよく考えている時にこそ、望んだ不幸とは何だったのか、おそらく隅々まで詳細に、その全形が見えてくる。ただ、単なる想像で準備された不幸に過ぎないので、それが現実となれば、まさに青天の霹靂。その不幸に自分がどんな役割も担っておらず、しかも、運が自分に味方してもたらされたならば、不幸は美しいとさえ見なせる。そこで感じえたであろう、どんな罪悪感からも自由になれるのだから。

妬まれた人が苦しむ。そんな不幸を目にすると喜ばしいのは事実だが、（妬みを感じている私たちは）悲しいことに、妬まれた人たちが苦しまない傾向にあると思い知らされる。彼らはより良い状況にある。苦しむのは私たちだ。私たちがどんな夢を持とうとも、彼らはそれを実現している[40]。しかし、妬みが潜在化すればするほど、それを凌いで不公正と激昂の感情が顕在化し、申し分なく正当化される行為の礎を築く――ある種の復讐や、邪なスリルという形をとって。

　これは軽んじられるプロセスではない。次の章では、妬みが道理ある復讐へと転成を遂げる、その極限まで語ろう。そして、ユダヤ人に対するナチスの行き過ぎた残酷な仕打ちを、妬みの転成から説明できるかを問う。

第10章

解き放たれた邪悪な喜び

Dark Pleasures Unleashed

ユダヤ人は慎みというものを知らず、市民生活の中でますます目立っていった。そして、数の多さとドイツ人との格差が生じ、抗いようのない比較を招いてしまった。

——**ヘルマン・ゲーリング**[1]

妬みとナチスによる反ユダヤ主義が関連しているかどうかとの憶測はいらない。なぜなら、ヒトラーによるユダヤ人に対する妬みまじりのコメントの数々を読めば、それは一目瞭然であり、証拠も揃っているのだから。

——**ジェイムズ・ギリガン**[2]

そのとおり、ユダヤ人は金儲けがうまい。そしてそれゆえに、有能ではない同業者にとって、ユダヤ人は非常に深刻な障害となってしまう。私は、それがトラブルのもとであると考える。

——**マーク・トウェイン**[3]

　おそらく、ほとんどのシャーデンフロイデは無害で、ちょっとしたゴシップネタを喜ぶようなものに過ぎない。それが妬みと繋がりのある感情だとしても、非難するほどのことでもない。妬みとシャーデンフロイデはごく自然な感情であり、両者が入り交じりながら頻繁に生じるからといって警戒するのも現実離れしている。ただし、妬みというのは、不幸になるように工作し、不幸を喜ぼうと動機づけるものになりうるし、しかもそれにほとんど気がつかない、という点には気を配っておいた方がいい。これは道徳を揺るがす事態を招く。この章では、不道徳の極みと言える、恐ろしい例を記すつもりだ——ナチスによるユダヤ人迫害と虐殺である。いかにして、組織的かつ無情に、そして時には見物を楽しみながら、これほど多くのドイツ人たちが六〇〇万人を超えるユダヤ人の虐殺に関与できたのか。もちろん、答えは複雑かつ幾層にもわたり、学問的に答えるにしても、それもまた膨大な数に上る。[4] この問いに答えようとすれば新たな問いが生まれ、理解から遠のいてしまうようだ。どんなにホロコーストの恐怖を説明しようとしても、どれも不十分で、単純すぎるか、無意味な取り組みに見えてしまう。たとえるなら、角度によって次々に見え方が変わる巨大な万華鏡を覗き込むようなものだからだ。この章では、こうした難しさを鑑みながら、一連の恐怖に妬みが果たした役割を追求してみたい。

　妬ましいユダヤ人——なぜそうなったのだろうか。ドイツでホロコーストが生じる前にも見られた数え切れないほどの偏見と迫害、それはナチスの残虐行為を通じて想像を絶するほどのレベルに達したが、それまでユダヤ人は妬みよりも哀れみを向けられる人たちだった。これ以上ないほどの軽蔑を向けられた人々でなければ、あれほどの酷い仕打ちを受けるはずがない。ユダヤ人が劣等感を暗示するようなネガティブなステレオタイプと関係しているとするなら、一体どのようにして、ユダヤ人の歴史の中でよく見られるテーマの一つである、彼らに対する強い妬みに拍車がかけられたのだろうか。こうしたステレオタイプと同期するように存在していたのは、ナチスが喧伝した「アーリア人は優れた人種である」という信念だった。ユダヤ人より劣るのにアーリア人は優れているという矛盾を解説する上で、まずはホロコーストを先導し、反ユダヤ主義を推し進めたアドルフ・ヒトラーに注目してみよう。ヒトラーはユダヤ人を妬んでいたのだろうか。もしそうなのだとしたら、彼の妬みが憎悪――さらには組織的な迫害と虐殺による喜びの一因となっていたのだろうか。

アドルフ・ヒトラーと、死を招くに至った反ユダヤ主義

ヒトラーのユダヤ人に対する憎悪に妬みが絡んでいたのかを紐解くのにうってつけの本がある。一九二〇年代初頭、彼自らが記した自叙伝であり政治声明でもある『わが闘争』だ。[5] 細かい所では、彼の考えが実際にどのように展開していったかを正確に伝えていないが、彼の考え方を理解する上での座標軸を定めてくれる本でもある。

一見すると、ヒトラーの語りに妬みめいたものはない。ヒトラーが読者に訴えかけるのは、ユダヤ人は堕落した人種と思うようになった彼が、嫌悪と強い軽蔑が混ざり合った感情を長らく持ち続けている、という話であって――妬みは微塵もないように見える。また、ヒトラーは自らの意に反して、反ユダヤ主義を牽引させられている、とまで主張しているのだ。ヒトラーの内なる足掻き（彼の言う「闘争」）は長く悩ましいもので、「数か月の理性と感情の格闘の後に、ようやく勝利は理性の側にかたむき始めた」と述べている。[6] 当初、彼は数世紀にもわたるユダヤ教迫害に恐れ戦いていた。ウィーンにはじめて移った際、ウィーンの反ユダヤ主義の新聞が打ち出す「辛辣な」論調を拒んですらいた。

彼はそうした論調を「大民族の文化的な伝統に値しない」と考え、「中世のある種の事件を思い出すと気がめい」[7]った。事実、妬みによって他者への反応の一部は説明できるとも記している。[8]妬みを原動力にして動く者もいるだろうが、自分に限ってそれはない――もしくは、読者にそう思ってほしかった。しかし、そのあまりの否定ぶりは、かえって彼が妬んでいるのを露呈させてしまったのではないだろうか。

ヒトラーがユダヤ人を知ろうとしていた初期の頃の記述に、妬みが明るみに出されたものが残されている。一体、ユダヤ人のどんなところが妬みを感じさせたのだろうか。妬むには、まず妬みの対象たるユダヤ人に気付く必要がある。しかし、興味深いのは、当時リンツに住んでいた若かりしヒトラーは、ユダヤ人の存在をほとんど気に留めていなかったということだ。リンツにいた数少ないユダヤ人はとても「ヨーロッパ化」されていて「人間」らしかったために、「実際わたしはかれらをドイツ人だとさえ思っていた」[9]。ところが、リンツからウィーンに移ると、ヒトラーはユダヤ人を意識し始めることになる。いたるところでユダヤ人を見かけるようになり、それが彼にとっては目障りだった。しかも、どこにでもユダヤ人がいるという話だけでは済まず、ユダヤ人が強大な影響力を持ち合わせていることも与り知るところとなる。（ユダヤ人は目障りだが、力強いのだという）二つの気付きによって、彼の妬みが疼くようになった。

ジョセフ・エプスタインの『嫉妬の力で世界は動く』では、妬みとナチスの反ユダヤ主義との間の密接な関連が示唆されており、ヒトラーが過ごしていた当時のウィーンの状況が、その例として挙げられている。

一九三六年のウィーンでは、人口の九〇パーセントがカトリック教徒で、ユダヤ人は九パーセントだった。ところが職業別にみると、弁護士の六〇パーセント、医師の半数以上、広告会社重役の九〇パーセント以上をユダヤ人が占め、さらには、当時一七四人いた新聞編集者のうち一二三人がユダヤ人だったという。このほかにもユダヤ人たちは、銀行や小売業でも高い地位を占め、学問や芸術の世界でも活躍していた。[10]

ウィーンはもとより、オーストリアやドイツの他の都市でのこの種の統計は、「劣ったユダヤ人と優れたアーリア人」という主張に風穴を空けてしまうのではないだろうか？　こうした現実は、アーリア人が優れていると渇望する人々に、もれなく邪な影響を及ぼしたに違いない。実際、少数派であるにもかかわらずユダヤ人が持つ広汎な影響力に関して、ヒトラーは思いを巡らすようになった。

当時わたしは公の芸術生活のこの不潔な作品の創始者の名前を全部、注意深く調べはじめた。……すべての文学的な汚物、芸術上のキワ物、演劇上のバカ騒ぎの九割が、国内の全人口の百分の一にも達していない民族の債務勘定に帰するという事実は、簡単に否定されなかった。事実そのとおりだった。[11]

こうした歪な（少人数による大多数への）影響を知るにつれ、ヒトラーはユダヤ人に対する見方を変えていった。ある宗教を持つ人たちから、そういう人種、最終的には下劣で有害な人種とまでに。ユダヤ人に特徴的なカフタン衣装ともみあげを目にすると、自国よりも外国にいるような感覚に見舞われるようになった。「これもまたドイツ人だろうか？」とさえいぶかしんだ。それでもなお、反ユダヤのパンフレットやタチの悪い非難の言葉には頭が痛いと断言していた。ヒトラーの目には、そうした非難は非科学的で恥ずべきものに映り、それらを信じることで不正に与するとも恐れた。しかし、ユダヤ人はドイツ人と比べて堕落した人種であり、その本質からして異なるということが、完全に彼の心をとらえた。

いつもわたしが行くところで実際にユダヤ人を見た。そしてわたしが見れば見るほど、かれらが他の人間と違っているのが、ますますはっきりと見えてきたのである。[12]

ヒトラーは、ユダヤ人が他の人種、特にドイツ人たちと分け隔てられたことで、自分たちを「選民」と称したことに、怒りをあらわにした。彼は、（アーリア人より）劣る存在であるということとは相いれない、ユダヤ人たちの強大な影響力という事実を認め、彼らへの妬みに拍車をかけていった。しかしながら、ヒトラーは自らの妬みから目を逸らし、ユダヤ人に対する軽蔑を呼び起こすような彼らの特徴に注目した。ユダヤ人とは、寄生虫のような、不道徳きわまりないシオニストなのだ。ユダヤ人によるうわべだけのシオニズム批判は、ユダヤ支持を覆い隠しドイツ人への興味を装う、裏切りの擬装であった。「新聞、芸術、文学、演劇」などの多岐にわたる全ての活動は、内外から反発を招くような嫌らしさを滲ませていた。要するに、ユダヤ人は「最も悪質のバチルス保菌者[13]」だった。もはや、彼らの退廃的な影響は、文化のあらゆる側面にまで入り込んできていた。[14]

ヒトラーが反ユダヤ主義に完全に傾倒するまでの変貌を遂げたのは、ユダヤ人にマルクス主義的な要素の政治的主張を見たときだった。このときも、ユダヤ人には不釣り合いな影響力が備わっていると彼は感じた。にもかかわらず、こうした認識に潜む邪な効果を彼は和らげているようだった。ユダヤ人がドイツにもたらした扇動的な脅威に注目することによって。というのも、ユダヤ人による脅威は、とりわけ報道では真実味を帯びており、ヒトラーには、不義理で油断ならないユダヤ人たちに支配されているように見えたからだ。そんなヒトラーの考え方を示す例がこれだ。

社会民主党の新聞が圧倒的にユダヤ人によって指導されていることに、わたしは次第に通暁した。……わたしの受けた教育と理解力が及ぶかぎりでは、真に国家主義的と称される新聞でユダヤ人が関係しているものが一つもなかった、ということである。

……わたしはどうにか手に入る社会民主党のパンフレットを買って、その編集者の名前をしらべた。ユダヤ人だった。わたしはほとんどすべての指導者の名前に注意した。議会の代議士を問題にしても、労働組合の書記を問題にしても、また組織の議長、街頭の扇動者を問題にしてみても、そのほとんど大部分が、同様に「選ばれた民族」に属しているものたちであった。同じような不愉快な現象はいつも生じていた。アウステルリッツ、ダーヴィット、アドラー、エレンボーゲン等の名は永久に忘れないだろう。いまや一つのことがはっきりした。すなわち、数か月来わたしは、ある政党のちょっとした代表者たちと激しい論争をたたかわしてきたが、その党はほとんどもっぱらある異民族の手で指導されていた、ということである。なぜならユダヤ人はドイツ人にあらずということを、内心幸福な満足感を覚えてわたしは決定的に意識していたからである。[15]

ヒトラーは、「常軌を逸しているような教説[16]」を示す党のユダヤ人構成員たちに向けた説得を、無益ながらも幾度となく試みたことについて詳しく述べている。しかし、説得を繰り返していくうちに、結局のところ、ユダヤ人たちは自分たちの信念がドイツの将来にとって良いものかどうかに関心がないと断じるに至った。ユダヤ人に説得が通じたと思った矢先、彼らは変節して「あたかも何事も起こらなかったし、しなかったかのように、かれらの古い不法なことを幾度も話し続ける。そしてそれに憤慨して論駁すると、驚いたふりをして」[17]みせるのだ。こうしたユダヤ人とのやりとりに、ヒトラーは強い不満を感じると同時に、彼らの説得力のある言葉の「口達者」ぶりと、人を欺く「嘘の手ぎわ」の良さに舌を巻いた。[18]裏をかかれれば後味が悪くなるのは当然だが、それは、ヒトラーにもっとわかりやすい結果をもたらした。そう、ヒトラーは猛烈にユダヤ人を憎んだ、というシンプルな答えだ。

　数十年後、ヒトラーのお抱え建築家だったアルバート・シュペールは、なぜヒトラーが反ユダヤ主義だったのかと尋ねられた時に、三つの理由を挙げた。一つは、ヒトラーの破壊に対する病的ともいえる渇望。もう一つは、彼の建築家になるという夢を奪った第一次世界大戦におけるドイツの敗北を、ユダヤ人のせいにしたこと。しかし、三つ目の理由は、彼が「ひそかにユダヤ人に感心しつつ、妬んでもいた」[19]というものだ。これは、おそらく彼自身の挫折、さらには破壊への渇望とも関係している。

シュペールは、ヒトラーを誰よりも良く知っている人物だったわけで、この指摘は正しいと思う。

ヒトラーの「闘争」の一部には、彼の妬みがあったはずだ。まず、ユダヤ人の過去数世紀にわたる扱われ方に衝撃を受け、ユダヤ人を憎むのは正しくないと気にかけていた。反ユダヤ主義のパンフレットが配られているのは妬みによると考えたからこそ、他者の中にある妬みの動機を垣間見ることができた。ところが、彼の心の中に妬みが育つにつれて、いかにして醜くて恥ずべき妬みの感情によって動機づけられたものと帰されないように、ユダヤ人を憎むすべを模索するか、それが彼の「闘争」となった。彼が十代後半だった頃の友人、アウグスト・クビツェク曰く、ヒトラーは自ら語るよりも前から、ユダヤ人を妬み、憎んでいたようだ、という。二人でリンツのユダヤ教礼拝堂を通りかかったとき、ヒトラーはこう言った。「こんなものが、ここにあっちゃダメだ」[20]。しかしながら、クビツェクはこうも認めた。ウィーンでの暮らしが彼の反ユダヤ主義を「深めたかもしれない」[21]と。間違いなく言えることは、妬みというのは、まず嫌悪に転成し、続いて、そこから高潔で正しい「相応しい」憎悪へと変貌を遂げる、ということだ。選民と呼ばれるくらいに賢くとも、ユダヤ人は道徳的には堕落し、彼らの動機は反逆的だった。おそらくかなり早い段階から、ユダヤ人は選民であるというアイデアは、ヒトラーからすれば、彼らの不釣り合いな影響力の禍々しさを際立たせるだけのものだったに違いない。[22]しかし、彼はユダヤ人の傲慢さの証として選民という概念に飛びつき、彼自身が抱いていた嫌悪と憎悪をますます正当化させるまでになった。

ヒトラー伝を著した歴史作家のジョン・トーランドは、一九四一年にヒトラーがヴァルター・ヘーヴェルに漏らした発言に言及している。ヴァルター・ヘーヴェルは、ナチ党結成当初からのメンバーで、ヒトラーの数少ない友人の一人でもあった。それは、ソビエト連邦から侵攻がある数週間前の話だ。その頃、ヒトラーはユダヤ人の掃討を画策していた。ヘーヴェルによると、ヒトラーは自らを「バクテリアを発見」した病理学者にたとえて、ユダヤ人の問題を処理する方法を見つけたという。そして、言葉の端々にユダヤ人を憎むことになった理由をちりばめながら、こうも言った。「そして国家はユダヤ人なしでも生きられること、経済、文化、芸術などはユダヤ人がいないほうがより繁栄することを証明した。これはわたしがユダヤ人に与えることができた最も苛烈な一撃である」。[23]この発言こそ、彼の妬みに満ちた思考と合致したものだ。もちろん、当の本人はそんなことを認めはしないだろうが。自叙伝を書き終えた頃には、ヒトラーはもうすでに長い間、ユダヤ人を殲滅することで自分が神の敵を討つ者になると確信していた。その確信は、彼のユダヤ人に対する憎悪を信じきるまでに正当化されていた。[24]おそらくユダヤ人を妬んでいたヒトラーだったが、自分の妬みには全く無自覚だったようだ。

妬まれたユダヤ人を生け贄《スケープゴーティング》に

ヒトラーがユダヤ人を憎むまでの道のりは、同じくユダヤ人を憎んでいた他のドイツ人にも当てはめられるだろうか。また、妬みは、ホロコーストをもたらしただけではなく、数世紀前にも遡る反ユダヤ主義をも説明できるものだろうか。これらの疑問については、マーク・トウェインからフリードリヒ・ニーチェに至る偉大な思想家たちも、その通りだと考えている。[25]最近では、デニス・プレガーとジョーゼフ・テルシュキンが著した『ユダヤ人はなぜ迫害されたか』の中で、次のように明らかにされている。

> 過去二千年間にわたってユダヤ人が居住してきたほとんどの社会で、ユダヤ人は非ユダヤ人よりも教育に時間をかけ、まじめで慈善を施す人が多く、過激な犯罪に走ることが少なく、はるかに安定した家庭生活を営んできた。これらのユダヤ人の生活に見える特性は、ユダヤ人の裕福さや貧困とは関係がなかった。……もちろん、ユダヤ人の生活の質の高さが、どの程度反ユダヤ主義の主要な原因となってきたかは正確に測ることはできない。反ユダヤ主義が、ユダヤ人を攻撃する理由としてユダヤ人のもつ長所を挙げることはほとんどない。しかし、より良い生活をしているように見える個人や集団に対して、嫉妬や反感を抱いてしまうのも人間の本性なのである。[26]

プレガーとテルシュキンの分析でとりわけ役立つのは、必ずしも、富、力、影響といった明確な指標だけが妬みを生むというわけでないと示唆されている点にある。ユダヤ人たちのコミュニティに普通に見られた、些細だがはっきりした文化の頑健さ、それが（迫害の）引き金となりえたというのだ。[27]

社会心理学者ピーター・グリックは、妬みとナチスの反ユダヤ主義がどう関連しているのかを、ステレオタイプ内容モデルから言及している。ステレオタイプ内容モデルとは、彼がスーザン・フィスクとエイミー・カディとともに提案した偏見に関する革新的な理論である。[28]従来の理論では、偏見とは他の集団に対する一般的でネガティブな感情として考えられてきた。しかし、彼らは、こうした偏見についての考え方は一般化が過ぎていると論じ、たとえば、集団は地位や有能さという点においてそれぞれ異なることを見落としていると論じた。貧しいヒスパニックに向けられた偏見と、裕福なユダヤ人（またはアジア人）に対するものとではかなり異なる。たしかに、どちらの感情も「ネガティブ」ではあるが、片方の集団に限っては——もっと言えば、ステレオタイプ的に、高い地位と能力を享受している集団に対しては、妬みも抱かれやすい。偏見に関する従来の見方は、もう一つの重要な次元にも目を向けていなかった。それは、他の集団が脅威的であるか否かという点での違いである。これを、ステレオタイプ内容モデルでは「温かさ」の次元と呼ぶ。たとえば、高い能力をもった集団から自分たちの仕事が奪われる心配がないなら、その集団の構成員は妬まれる（冷たい感情）というよりは、感心される（温かい感情）に過ぎない。このように、私たち特有の見方、すなわち、ある他の集団を見るにあたっての二つの基本次元（温かさと有能さ）を考慮しておくのは極めて重要だ。これらの基本次元は、他の集団に属する人たちについて考える上で、二つの問いを説明してくれる。一つは、敵か味方か。もう一つは、強いか弱いかである。自分たちを好いてくれる相手なのか、それとも、隙あらば傷つけてくる相手なのか。驚くまでもなく、ステレオタイプ的に高い地位にある集団（たとえば、経済面での裕福さ）は、より有能だとみなされ、仮に彼らが競争相手だったとしたなら、冷たい連中だと見られて、脅威となる。集団が高い地位にあり、しかも、冷たいという組み合わせが、集団に対する妬みを帯びた偏見を促すことは実証研究でも明らかにされている。[29]

グリックが強調したのは、ユダヤ人の目覚ましい成功の数々は、ユダヤ人嫌いに傾倒した者たちにとって——ユダヤ人が競争相手として脅威になってさえいなければ——心理的には微々たる影響しか及ぼさなかっただろう、という点だ。ナチスは、とりわけ『シオン賢者の議定書』のような偽書を信じたがる人々を利用して、ユダヤ人こそが、力を畜え、己の利益だけを追求しようとする陰謀の象徴なのだと主張していた。[30] これまで見てきたように、ヒトラーの言説に通底するテーマというのは、他のナチスの幹部たちによって垂れ流されたプロパガンダと同じだった。すなわち、共産主義運動とその拡大において、多数のユダヤ人がリーダー的な地位にあるという思い込みによって強化された、ユダヤ人が脅威であるという感覚である。そして、ヒトラーの著書の中に息づいていたのは、多くのドイツ人——そして、ナチスの大部分——が第一次世界大戦での屈辱と、それに付随する経済問題の非をユダヤ人に求め、彼らが共産主義者たちと手を組んでいたとも信じていたことである。

　ステレオタイプと偏見に関するグリックの理論を反ユダヤ主義と関連付ける上で、彼はこの種の偏見にスケープゴーティングという概念を用いた。スケープゴーティングは、たとえば、経済的な環境などについて、内集団（自分が属する集団）の一員から何らかの脅威を感じ取ると、普段から自分たちより劣っていると思しき外集団（自分が属さない集団）を痛烈に非難するような場合に見られる。[31] しかしグリックは、この点が反ユダヤ主義の歴史と部分的にのみ重なると指摘している。なるほど、ユダヤ人に対するステレオタイプには、「劣っている」（たとえば、汚らしい、強欲な）ことを示すネガティブな特徴が長らく含まれており、ヒトラーもこの点について執拗に書き記している。事実、ナチスはこうした信念の流布に心血を注いだ。[32] 一方で、ユダヤ人に対するステレオタイプには、力や優越（たとえば、抜け目ない、狡猾な）を匂わせるものもある。このように、ユダヤ人は「劣っている」と同時に力強いという見方が、ドイツの経済危機に際し、強烈で妬み混じりの非難の矛先をユダヤ人に向けさせたとグリックは考え、これを極めて悪意に満ちた形態のスケープゴーティングとみなしている。[33]

ユダヤ人のドイツ文化への幅広い同化は、彼らが分離されているという感覚を減じるのに役立ってはいたかもしれない。しかし、この同化が見せ掛けと目されていたと、グリックは指摘する。人種主義に魅せられたナチスは、集団アイデンティティをその信念ではなく血統に見い出したのだ。さらには、ヒトラーの言にもあるように、ドイツに馴染もうとするユダヤ人の努力こそが、彼らが陰謀を抱いている証拠であるとみなされた。またもや、独特な人種として、ユダヤ人は強力であり、脅威をもたらすと注視された。ユダヤ人たちはその成功が仇となり、人を操り、力強い存在だとみなされてしまった。こうした見られ方と引き換えに彼らが得たのは、極めて悪辣な妬みを帯びた容赦ない偏見によって、より確実に苦しめられることだった。

妬みを帯びた偏見が向けられ続けた点について、ナチスドイツの場合は特に、複数の要因から説明できる。エプスタインや他の学者と同じくグリックも強調するのは、ユダヤ人たち**が**専門職や文化面の重要なポストで大勢を占め、こうした成功から透けて見える才能や活力は看過しがたかったことだ。ナチスは、有力な地位にあったユダヤ人たちの繁栄を誇張・曲解し、影響力のある彼らが一枚岩となって支配に注力しているのだと喧伝した。しかし、辛うじてあったのは、彼らが力を持ち、脅威だという感覚を正当化させる表面的な証拠だけだった。経済状況が悪化したときに、人々がみな共通の不満を持ち合わせながら、自分たちが直面している困難をもたらしたそれなりの理由を見つけようとするのは当然だ。こうした困難を別の——自分たちとは異なり、同じくらい有能で、人を操り、私利私欲のために行動するような——集団のせいにするのは、ある意味もっともらしい。さらに、厳しい経済状況下にあって金貸しができるユダヤ人というのは、ドイツ人を踏み台にして儲けていると解釈されてしまった。[34] 当時のドイツの経済・政治状況が異なっていたら、ユダヤ人は受け入れられ、むしろありがたがられたかもしれないと、グリックは述べている。しかし、ストレスの多い経済状況下では、なぜこれほど貧しいのかという説明が求められる。ナチ党によって推し進められた国家社会主義のようなイデオロギー運動は、ユダヤ人を非難するのに申し分なく、まとまったプロパガンダを提供した。こうして、妬みのステレオタイプに焚きつけられた説明は、人々にしっかりと定着した。

グリックは、ユダヤ人に向けられた憎悪について、彼らが脅威となる外集団であるから生じている、というだけでは、その敵意の本質を説明できないと指摘している。憎悪が脅威によって直接もたらされたのだとしたら、一度でもこの脅威が取り除かれれば、敵対的な行為は収まるはずだ。しかし、ユダヤ人への憎悪はそれとは別物だったのだ。ナチスがユダヤ人を排除したがったのは、少なくともひとつには、ユダヤ人の圧倒的な存在感によって痛々しいほどの妬みが生み出されたからだ。妬みの対象を無力化または破壊できうる限り、妬みを帯びた敵意は、その対象が他の点で苦しむのを願うだろう。ユダヤ人を排除することを目標にすれば、種々の懸念を打ち消してくれる。

アルバート・アインシュタインがナチスにどう扱われたのかを考えてみよう。もしアインシュタインがユダヤ人でなかったとしたら、アーリア人の優越性を示す絶好の人物として持て囃されただろう。しかし、都合が悪いことに、彼はユダヤ人であった。妬み由来の憎悪によるお決まりのパターンよろしく、ナチスはユダヤ人の能力を封じ込めるような扱い方をした。アインシュタインや他のユダヤ人科学者の才能がナチスに利用されたならば、ドイツ軍は大きな戦果を挙げただろう。原子爆弾を最初に開発したのはドイツだったかもしれない。しかしナチスはそうはせず、アインシュタインなど名だたる科学者たちは、迫害を受けたか、ドイツから追放されたか、もしくは強制収容所で想像を絶する恐怖に晒された。[35] しかし、繰り返すようだが、妬みを感じる人々というのは、妬まれた人の業績や素晴らしさを見て喜ぶことはない。妬んでいる人にとって、その業績から何らかのメリットが得られたとしても、である。このように、なぜナチスが不可解かつ非生産的な手法を選んだのか、妬みはその謎を解き明かしてくれる。

心の中心で、迫害を喜ぶ

ステレオタイプがあるだけで、妬みや偏見に満ちた反応が作り出されてしまう——その一つがシャーデンフロイデである。ミーナ・シカラとスーザン・フィスクが調べたのは、プリンストン大学の学生たちを対象にして、四種類のステレオタイプのグループのいずれか一つのメンバーに降り掛かった不幸に、彼らがどう反応するかであった。[36] 四つのグループは、ステレオタイプ内容モデルで指摘されたカテゴリーとそれぞれ対応していた。彼女らの予測は、ステレオタイプ的に妬まれる（すなわち、有能で脅威的な）グループの一員が苦しむと、他のグループに対する場合よりも、ポジティブな反応が生じやすいだろう、というものだった。はたして、自己報告と生理的指標のいずれも、この予測を裏付けるものとなった。すなわち、他の三グループと比べて、妬まれたグループの不幸に対しては、学生たちはあまり共感しなかったばかりか、より多くの微笑みを浮かべたのだ。

では、ユダヤ人に対して極端なステレオタイプを抱いていたナチスを理解する上で、こうした研究成果が適用できるだろうか。ナチスが勢力を増していくごとに、ユダヤ人に対する屈辱、暴力、破壊は、制裁の規範となり、遂には政府の方針にまでなった。ナチスは、ユダヤ人がその多くを占めている富、財産、職業に目ざとく、これらを幾度となく暴力で奪い去ることに注力した。ユダヤ人が営む多くの店が被害を受け、いくつかの礼拝堂さえも焼きつくされた事件、いわゆる「水晶の夜」のように、ユダヤ人の財産が壊される場合が多かった。これらの行き過ぎた行為に、普通のドイツ人たちの大半はショックを受け、戸惑ったことだろう。その際に多くのユダヤ人が殺されてしまったのだから、特に耐えがたいものとなった。たとえば、ディートリッヒ・ボンヘッファー牧師のような人たちは、当初からナチスに抵抗していた。彼曰く、「間違った電車に乗り込んだなら、通路を逆走しても無意味だ」[37]。しかし、残忍な行為は増えていく一方だった。なぜなら、ナチスのやり方に反旗を翻す者が十分に集まらず、ほとんどは見て見ぬふりをしており——そして、ナチスを評価し、喜びを示す者もいたからだ。

この事件で、ヒトラーが悦に入っていたのは間違いない。というのも、ヒトラーは取り繕ってはいたが、「水晶の夜」における自らの「役割」と「意気込み」、その両方を示す証拠があるからだ。歴史学者ジョン・トーランドは、ヒトラーの広報係のひとりだったフリッツ・ヘッセから得た信頼に足る証言と結びつけて、次のように説明している。その出来事は、まさに「水晶の夜」、宣伝大臣ゲッベルスをはじめ、他のナチスのリーダーたちもヒトラーと隣席していた夕食時に起こった。その場にはヘッセも同席していたのだが、彼はそこで、ユダヤ系企業や礼拝堂に対する暴動が起こらんとしているると、ゲッベルスがヒトラーに話すのを耳にした。この情報を得たヒトラーは、紛れもなく嬉しそうな反応を示した。ヘッセはこう述懐する。「ヒトラーは大喜びで甲高い声をあげ、夢中になって膝を叩いた」[38]。

ただ、さすがのヒトラーも、多くのドイツ人は彼ほどの熱意を持ち合わせていないとはわかっていたので、「水晶の夜」のような暴力的な戦略からは身を引いていた。その代わりに、一連の法律を成立させ、平均的なドイツ人の感性により合致した「合法的」なやり方で、種々の政策を実行に移した。このような動きは、暴力に訴えることはなかったものの、少しだけ妬んでいるような人たちを嬉しがらせたかもしれない。たとえば、競争相手がいなくなった小売店や、ユダヤ人の代わりに専門職大学院に進めた学生ならば。いずれにせよ、こうしたドイツ人たちは、直接的もしくは間接的な恩恵に与った。
ユダヤ人の苦しみが一部のドイツ人たちを共通して喜ばせていた証拠は枚挙にいとまがない。ユダヤ人が道を歯ブラシで掃除している姿や、老いたユダヤ人の顎髭を兵士が引っ張る様を見ようと人だかりができていたように。そこには、シャーデンフロイデがちりばめられていた。[39] 歴史学者ドナルド・マケールは、ポーランド国内を主として、多くのユダヤ人たちをゲットー（強制居住区域）に追いやって酷い状況をつくり出したことに、ナチスの高官がどのように反応したか、その例を挙げている。ナチスの「余暇」組織、クラフト・ドゥルヒ・フロイデ（歓喜力行団、直訳すれば「喜びを通じて力を」）は、バスツアーを企画した。ドイツ兵たちは、まるで「動物園を見物」するかのようにゲットーを訪れて、苦しむユダヤ人たちを笑い者にした。[40] ラビや悲しみに暮れる家族たちをバックに兵士たちが記念写真を取るために、数々の葬儀が中断させられた。

もちろん、こうした出来事や他の行為が、実際の混じり合った感情と関連しているとみなすのは難しい。それでもなお、妬みが信頼に足る説明の一つとして教えてくれるのは、実行に移された行動と、その行動がもたらした喜びだ。その目撃者と――加害者にも。

妬みを感じ、シャーデンフロイデを経て、行動に移す

前の章で示唆したように、シャーデンフロイデがある集団への酷い仕打ちに対する規範的な反応にまでなってしまうと、より悪い行動、ひいては大量虐殺までもが、妬んでいる人の行動の選択肢に入り込む余地が生じるかもしれない。この意味で、ラッセル・スピアーズとコリン・リーチが指摘しているように、シャーデンフロイデは、意図的な消極性の状態になりうる。それは、酷い仕打ちをする人を、より一層極端な行為へと駆り立てるようなものだ。[41]

シャーデンフロイデは、それを感じている観察者の行為をも動機づけるかもしれない。シャーデンフロイデが妬みに基づいている場合には、受動と能動の境界線はかなり不鮮明になると考えられる。不幸を楽しむうちに、今度は不幸を切望するようになり、はては不幸をもたらそうとさえ思うようになる。ミーナ・シカラとスーザン・フィスクは、ステレオタイプ内容モデルを、また別の研究で検証している。この研究では、妬みの偏見と結び付いた行為が評定された。そして、彼女たちは、ステレオタイプ的に妬まれやすい集団が、他の三つの集団と比較してより多くの危害を被る可能性を示した。[42] まず、研究の参加者は『フィアー・ファクター』のような過激なチャレンジ性のあるゲーム番組に出演していると想像させられる。続いて、他のメンバーに対して、痛みを伴う（しかし、致命的ではない）罰を与える色々な方法[43]について選択権が与えられたと告げられる。その結果、ステレオタイプ的に妬まれやすい集団に属するメンバーが、罰を受ける対象として最も頻繁に選ばれた。

　前章では、妬みには転成する性質がある点を強調した。まず、妬みを恨みのように「感じ」始めてから、妬ましい人や集団に不幸が生じると、その不幸を相応しいと「感じる」。しかも、シャーデンフロイデが妬みに根ざしたものである場合には、行動を駆り立てるさらなる誘因が見えてくる。妬んでいる彼ないし彼女がその動機を認めたがらないからだ。このように了解すると、自分の中に劣等感と不公正に基づく敵意があると認めざるをえなくなり、ほとんどの人は恥ずかしくなる。自分の妬みを否定しようとする有力な理由がこれだ。はたして、自分が劣っていたり、それを理由に誰かを憎んでいたりすると認めたがる人はいるだろうか。こうした混ざり合った感情の中で生じる恥は、自己価値にとって並々ならぬ脅威であり、多くの学者たちが指摘するように、これらの感情を公私ともに素直に認めるのを避けようと、あらゆる方略を使って意識下で防衛しようとする。妬みには、変幻自在の「変装の才能」があると述べるのは、理論家のレスリー・ファーバーだ。彼によれば、他人はもとより「妬んでいる本人もわからなくなるように変装して、私たちを巧妙に騙す。その合理的な力は、自己欺瞞のために不遜とも言える手助けをしてくれる」という。[44] こうして、妬まれた対象が危害を被るなら、そんな結果の相応性は強調されるだけでなく、こうした行動を引き起こすその理由さえも遡及されて正当化される。妬みの対象はけなされ、人間的でないとみなされ、酷い扱いを受けて相応だと見られる。このようなパターンの不当な根源は、うまく隠蔽されているか、カムフラージュされているのが普通だ。同情よりも嫌悪が勝る。[45] しかも、ミーナ・シカラやスーザン・フィスクたちによれば、そこに集団間の要素（「私たち」vs.「彼ら」）が加味されると、これらのプロセスはほぼ間違いなく強化される。[46] ひとりは集団のため、そして敵に対して動く。なるほど、個人の「利己的な」目標よりも、集合的な集団のための目標が勝るのであれば、ドイツ国民は、ユダヤ人に対する私怨というより、ドイツ帝国という集団の目標に動機づけられていたと見てよいだろう。

これまで述べてきたように、ヒトラーの場合は、ユダヤ人を憎む自分の思いが相応しいものと得心すると、その動機を妬みに帰することなく、ユダヤ人たちの殲滅を明言する。はたして、その言葉通りにことを成し遂げた。一九三九年一月、国会議事堂の演説で、彼はユダヤ人が辿る運命を予告する。長きにわたる闘争の中で、権力を握って「ユダヤ人問題を解決」すると予言した彼を、ユダヤ人たちは笑っていた。しかし、そんなユダヤ人たちも「いまや、その笑いに息を詰らせ、痛い目に遭っている」と主張したのだ。まるで最後に笑うのは自分だと信じていたかのように、彼は「ヨーロッパにおけるユダヤ人種の殲滅」を予言していた。[47]

話が済んだら、葉巻を片手にコニャックで一杯

一九四二年一月二〇日、ベルリン郊外のヴァンゼーにて、ＳＳの主導の元、多くの官僚組織の高官

たちが集められた会議において、ユダヤ人を完全に、かつ組織的に虐殺するための連携について話し合われた。ヴァンゼー会議では、ナチスの国家保安長官だったラインハルト・ハイドリヒが議長を務めた。また、後に殺害計画の責任者とみなされるアドルフ・アイヒマンも、他のSS将校やナチスの幹部たちと同席していた。その計画は、出席者たちの予想を裏切るものではなかった。というのも、ドイツ軍の東ヨーロッパ侵攻に伴って行われた大量殺戮を、出席者たちの多くが知っていたからだ。会議の本当の目的を覆い隠すために、遠回しなフレーズを用いてわずかに改変された議事録が残されている。この議事録からわかるのは、出席者たちが計画に対して積極的かつ協調的な態度を取っていた点であり、この事実は、アイヒマンに対するイスラエル側の尋問でも後に明らかになる。[48] これまで説明してきたシャーデンフロイデの仕組みを考慮するなら、彼らが想像を絶するほど前のめりになっていたと疑わざるをえない。[49] しかし、そうではなかった。ドナルド・マケールの調査によると、会議終了後、ハイドリヒをはじめ、出席者たちは陽気な雰囲気で葉巻とコニャックを楽しんだというのだ。アイヒマン自身も、「第三帝国の権威たち」による計画の承認が、出席者全員の心配を取り除いたかのように見えて、それがいかに満足だったかと述懐している。彼曰く「その瞬間、罪悪感を感じない自分に違和感を抱きながらも、場に流されてしまったような感覚を覚えた」という。[50]

歴史学者マーク・ローズマンも、ヴァンゼー会議に関する自著の中で、ハイドリヒやナチスの高官たちの感情の一部にシャーデンフロイデがあったと仄めかしている。[51] 出席者のほぼ全員がユダヤ人殲滅という目標を支持していたのはおそらく間違いないけれども、異論を呼ぶかもしれない気掛かりな点もいくつかあった。その一つが、ユダヤ人でない者と婚姻関係にある多くのユダヤ人や、ユダヤ人との混血者についてであった。議長のハイドリヒは、内務省のヴィルヘルム・シュトゥッカートがこうしたユダヤ人たちの保護を訴えるだろうと考えていたはずだ。しかし、そうはならなかった。ほとんどの幹部が、ユダヤ人を即時かつ完全に殲滅したいと表明したからだ。自分の責任を少しでも軽くしたいがために、こうした出席者たちの意気込みを誇張しておきたい。アイヒマンの回想にはそんな思いが現われているかもしれない――とにかく、彼の評はこうである。

ユダヤ人問題の最終的解決に向けた議論では、誰もが我先に同意を示したにとどまらず、過酷な条件をこぞって出し合い、互いに張り合っていた。しかし、全くの予想外な光景がそこにあった。思い出しうる限りで、私が何より驚いたのは、ビューラーもさることながら、シュトゥッカートの態度だった。いつも用心深く躊躇いがちな彼が、突如として並々ならぬ意気込みを示していたのだから。[52]

ローズマンが注目しているのは、「奮い立った」ハイドリヒが、会議の公式な議事録のコピーを出席者たちに送った点だった。[53] 同封されたメッセージには、「ユダヤ人問題の最終的解決の実行に関する基本的立場が」今まさに「幸運にも確立された」とあった。[54] これで正式に決まったのだ。計画は虐殺に決まり、だからこそ、祝いの名目で葉巻とコニャックを楽しんだというわけである。[55]

この会議で、最も不穏な姿形で示されたシャーデンフロイデに注目すれば、妬みがその一部に組み込まれていたかどうかがわかるだろう。こうした観点から見ると興味深い映画がある。二〇〇一年の『謀議』では、ヴァンゼー会議の様子が忠実に再現されており、そこで一貫したテーマとして扱われているのがシャーデンフロイデなのだ――ユダヤ人の抹殺計画に関する議論が繰り広げられたその会議では、がさつな反ユダヤ主義的冗談に始まり、計画の確定に至るまで段階を踏むたびに、出席者たちの意気込みがほとばしり、同意を示すテーブル叩きがあった。映画では、妬みがそこに一役買っていることが随所で仄めかされている。ユダヤ人が悲惨な運命を辿るに値するという、転成された信念で覆い隠された妬みが。映画の序盤では、史実の通り、コリン・ファースが演じるシュトゥッカートは、提案された極端な方策に対して、いささか抵抗があるように見える。シュトゥッカートは出席者たちに、自分こそが、種々のユダヤ人たちを法的に位置づけ、迫害を明文化したニュルンベルク法の起草者だと念を押す。SSによるユダヤ人の無差別強制退去は、法の混沌をもたらす、というのが彼の見解だ。そんな中、SS将校の一人が「シュトゥッカートはユダヤ人に特別な感情をお持ちのようだ」と他の出席者に言うのを彼は耳にする。これが引き金となって、自分がユダヤ人に対する憎悪を「理解している」と滔々と説くに至る。それは誰よりも巧みな弁明だった。

あなた方は、ユダヤ人についても全く理解しておられない。あなた方、党の人間は、ユダヤ人は劣等人種だと大声で触れ回っておられるようだが、私は断じて、そうではないと言い続けている。彼らは実に有能です。それに知性的でもある。だからこそ彼らは脅威だと言ってるんです。あなた方はあまりに無知過ぎる。傲慢で計算高く、キリストを否定するユダヤ人に、ドイツ人の血を決して汚させはしない。……党の人間は、全く分かってない。何よりもまず、ユダヤ人の真の姿を理解することです。彼らを、想像上の、怪人か化け物のように扱えば世界は我々を蔑み、非難を浴びせかけてくるはずです。法を無視し、不用意に殺せば、彼らを殉教者にしてしまいます。……今のことを理解された上で、誰がユダヤ人好きかを決めていただきたい。[56]

この台詞は想像の産物ではあるものの、シュトゥッカートはこの発言で、他の出席者たちが抱いていた理屈を一蹴する。ユダヤ人が劣等種族であるとの歪んだ信念から抹殺計画に行き着く不条理な論理を。にもかかわらず、彼は部屋にいる他の誰よりも情熱を持って、ユダヤ人の粛清を求めるのだ。

妬みに満ちた偏見とグリックが見立てたような、ユダヤ人に対するネガティブなステレオタイプを受け入れることで、彼はユダヤ人粛清に向けた欲望を正当化しようとする。こうした帰属は、「実に有能な」人々に向けられた憎悪に妬みが果たす役割を軽視させるには十分らしい。シュトゥッカートでさえもそうだったように。

身をもってシャーデンフロイデに苦しめられること

数多くのインタビュー、回顧録、ホロコーストの生存者たちを通じてわかるのは、ナチスの多く、そしてドイツ人の一部が、ユダヤ人が苦しむのを喜んでいたという事実だ。ただ、彼らが喜んでいたのはわかっても、喜びの起源が何だったのかを知るのは難しい。しかし、ホロコーストに関する文書に目を通し、私たちが持ち合わせている人間の感情と行動に関する知識をそこに当てはめれば、喜びの正体を明らかにする多くの手がかりを得られるように思う。[57]『ニューヨーク・タイムズ』紙のコラムニスト、ロジャー・コーエンは、「兵士と奴隷」という記事の中で、第二次世界大戦の終盤に起きた一連の出来事を綴っている。[58]コーエンが辿るのは、燃料を製造する地下工場建設のために、ベルガという東ドイツの小さな町に送られた、およそ三五〇名の男たちの悲惨な経験である。うまく建設できる見通しのない目茶苦茶な計画だったが、ドイツは戦争のために、どうしてもガソリンが欲しかった。送致された者の多くが、進軍するアメリカ軍にヒトラーが不意打ちで反撃したバルジの戦いにおいて捕虜となった、アメリカ陸軍の兵士たちだった。[59]名前がユダヤ人らしかったか、本人がユダヤ人だと認めるか、ユダヤ人のような外見だったという理由で、送られることになった者がほとんどだった。彼らは、家畜輸送車に乗せられているときでさえも、ユダヤ人を殲滅するナチスの計画に巻き込まれているとは露ほども考えていなかった。ドイツ軍の捕虜となるも生き残ったわずか数名から当時の体験を聞き出したコーエンは、彼らに対するドイツ軍の扱いを強制労働者にたとえ、アメリカの進軍によって生じたのは、ベルガからの死の行進にほかならなかったという。こうした経験は、ユダヤ系ハンガリー人モルデカイ・ハウアーのそれとも重なるとも述べている。彼は終戦間際、ハンガリーに住む五〇万人を超える無防備なユダヤ人や自分の家族と一緒に、ドイツ軍によって手際よく一網打尽にされてしまった。

こうして語られた内容には、繰り返し見られるテーマが数多い。いくつかの例外はあるものの、ドイツ軍の兵士たちは、日頃から捕虜に向けて明確な憎悪と軽蔑を示していた。横柄な態度をとったり、指示に従わなかったりした捕虜をすぐさま待ち受けていたのは、暴力による報復と、さらなる軽蔑だった。ユーモアとシャーデンフロイデ――そして、純然たるサディストのような残虐さ――は、どの収容所でも日常風景だった。捕虜が逆らったときの看守の対応は、ひとり、もしくはそれ以上の捕虜を鞭打つか、処刑するかのいずれかがほとんどだった。死者は、見せしめとして急ごしらえの絞首台に吊るされ、看守たちの嘲笑の的となった。[60] 生存者のひとり、ウィリアム・シャピロ二等兵は、彼の周りの看取たちの悪行を理解するのに苦しみながら、多くの捕虜たちがこうした運命を辿ったことを想起した。コーエンは次のように語る。

残虐さを示しているSS隊員たちの注意を引くのではないかと気を揉みながら、シャピロは絞首台を一瞥する。ブロンクスで育った彼は、南部で黒人がリンチされる写真を見て、白人の殺人者たちの微笑みに戸惑いを覚えていた。彼は、絞首刑など見たことがなかった。[61]

リンチを目撃し、その意味をじっくり考えるのはたやすい。しかし、そこに微笑んだ顔が添えられているとなれば話は別だ。[62] 全く見当がつかなくなる。

シャピロは途方に暮れた。絞首刑が公然と行われ、袖に黄色い三角巾を付けられて怯え切った青年たちは、警棒やライフルの台尻で叩かれるのを前に、凍てつく寒さの中で直立不動を強いられる。自分がそんな冥府に叩き落とされたにもかかわらず、この地獄がどうやって作られ、なぜ存在していたのかを語る言葉を見つけられなかったからだ。[63]

ユダヤ系ハンガリー人であるハウアーの体験は、ユダヤ人に対する酷い仕打ちに、時として妬みがどれほど一役買っていたかをより直接的に仄めかし、ドイツ在住もしくは他国からのユダヤ人に対する扱いとも符号する。ユダヤ系ハンガリー人たちは、ドイツとハンガリーの政府間合意によって、自分たちはナチスから保護されているものと思っていた。しかも、戦争も終結に向かっていたため、ほとんどのユダヤ人たちは、この合意が変わろうなどとは夢にも思っていなかった。強制収容所に連れて行かれるのはユダヤ人たちを守るためだ、という嘘で塗り固められた演説をするために、アイヒマンは彼らを一斉に捕まえようとする初期段階から、自ら出向いた。しかし、状況が悪化していくにつれて、ユダヤ系ハンガリー人の中でも慎重な人たちが「悲観的予測」を表明した。ハウアーは、ハンガリー人の多くが、ユダヤ人の数々の成功を恨み、妬んでいたと直観していた。彼は、そんな多数のハンガリー人たちを見て、次のように述べている。

彼らはユダヤ人たちを憎んでいた。金を貯め、酒を飲まず、子どもに十分な教育をし、世界を縦横に駆け巡っていたユダヤ人を憎んでいたのだ。しかし、ナチスがハンガリーに駐屯している今、そうしたあらゆる不満は発散できるようになった。ユダヤ人たちが根気よく貯め込んだものは、何もかも奪われたのだから。[64]

ドイツや関連諸国で生じたのと同じく、ユダヤ人たちを一網打尽にするに先立って、[65]彼らの財産の中でも、特に価値のあるものが調べ上げられた。ハウアーは、自分の父がこんなことを言っていたのを思い出している。あるハンガリー人の役人は、ユダヤ人が「大量の金塊とダイヤモンド」を持っていたと言い張っており、「ユダヤ人たちは、他の人たちの血を啜るヒル」なのだから、それらを自分の手中に収めたがっていた、というのだ。[66]コーエンが綴るハウアーの心情はこう続く。「このブダペストから来た頑固者は、ハンガリーの富を奪い取ったのがユダヤ人だと信じて疑わない。いくら金塊を積んだところで、そんな人を満足させられはしなかっただろう」と。[67]まるでドイツ人のように、多くのハンガリー人もユダヤ人を妬んでおり、そのユダヤ人が消え去ることで、彼らの多くが利益と満足を得たと見ざるをえない。合理化された義憤と恨みによってカムフラージュされた妬みの存在は、ハンガリー人がユダヤ人にした仕打ちや、ナチスが殺意をもってユダヤ人を追走している最中に傍観を決め込んでいた理由を教えてくれる。もちろん、ハウアーは、誰かがユダヤ人を妬んでいるなどと耳にしたことこそなかったが、妬みがどんなに加工されて隠されていようとも、場の空気で伝わってきたという。[68]

コーエンの供述から戸惑いを覚えることが一つある。なぜSS隊員たちは、愚かしい行為であると明らかだったにもかかわらず、捕虜たちを死に追いやり、進軍するアメリカ軍からさらに遠ざけさせ続けたのか。そんなことをして連合軍に捕らえられれば、彼らの行動はより罪深いものとなったはずなのに。[69]私がこれまで強調しきたように、重要なのは、妬みを感じている人が「興味あるもの」の性質が、妬みによって変えられてしまうことだ。妬みは、妬ましい相手を引きずり降ろすのを目標とした憎悪を駆り立て、たとえ別の点で自分に犠牲が強いられようとも、それを厭わなくなる。議論の余地はあるかもしれないが、いくつかの要因——妬みはその中の一つ——が混在していたからこそ、ユダヤ人たちがこのように憎まれたと見てよい。これは、ハウアーの回想の中に出てくる、新しく収容所に着任したSS司令官が、ベルガ収容所から送致されてきた捕虜たちに向けた言葉である。

敵がこの街に近づいている……だが、お前たちも我々と来るのだ。戦争はまだ終わらぬ。総統は勝利を約束しておられるし、私は総統を信じている。総統は、敵の想像を絶するような秘密兵器を保持しておられる。この兵器が、我が軍を優勢に導く！　だが、仮に我々が負けようとも、お前たちには何の益もない。よく覚えておくがいい。私がSSに尽くしたいと志願したのは、お前たち汚らわしいユダヤ人が憎いからだ。我が軍には、お前たちの一〇倍を処刑できるほどの機関銃と弾薬がある。[70]

終戦を迎え、他の生存者とともにハンガリーの故郷まで戻ったハウアーは、以前のような暮しがどれだけ残っているかを確かめるための落胆させられる旅路で、いかに多くのものが奪われたかを目の当たりにした。彼は、グロスマンという医師の家に立ち寄る。グンツにある中では立派な家のひとつだったが、彼はもちろん、彼の家族も住んでいなかった。彼らは全員殺されたのだろう。しかも、さらに酷な展開が彼を待ち受けていた。ドアの向うにいたのはヴェレシュという人物で、ハウアーと彼の家族から悪態をつかれていた男だった。彼は、とりわけ明け透けな反ユダヤ主義者で、それを誇っていた。しかしそれが今や、ヴェレシュは満面の笑みを浮かべて、グロスマンが帰ってくるまで家を見張っているだけだと言った。しかも、ナチスに街が制圧されたときに、ハウアーの家族を助けようとしたのだとも言い張った。突然の帰還を祝おうと、彼から、彼の妻と一緒に食事でもと誘われたものの、ハウアーはうんざりしながらその場を去った。

それから数年後、ハウアーはアメリカに落ち着いて、家庭的な男、そして教師として、豊かな暮しを自ら切り開いていった。しかし、アウシュヴィッツ強制収容所で刻まれた入れ墨——A9092——は、彼の腕に永遠に残される。彼は、それなりに恐怖の体験から距離を置き、そのほとんどを受け入れられていた。たとえば、どんな人にもシャーデンフロイデがあり、自分自身もそれは同じだとわかっていた。コーエンは、ハウアーの考え方を的確に捉えている。

> どんな人の心の中にも犬がいる。放たれる獣のような犬が。これが、少なくともハウアーが導き出した結論だった。ハウアーという男は、相反する二面性の持ち主だったのだ。条件さえ揃えば、そして、十分に奨励されるような中にあっては、心の中に潜む犬が暴れ回る。彼は思い出した。ある晴れた日に、収容所の日向にすわって、身体を這っていたシラミを潰しては、しばしの幸せを感じていたことを。シラミを殺すのは、自分より確実に弱い生き物に復讐するようなものだった。そんな喜びは束の間だった。しかし、誰の中にも、他人の痛みから満足を得るという可能性がそこには秘められていた。ドイツでは、全ての制約が解除され、獣たちは野放しになっていた。[71]

ドイツ人たちは自分たちの犯した現実を背負って生きていかねばならないと悟りながら、ハウアーはそこに慰めを、そして、おそらくわずかなシャーデンフロイデを感じていたはずだ。ドイツ人にとっては重荷なのだから、こうした下方比較は慰めにはなった。それに、少なくとも生き残ったという点で、ハウアーは幸運だった。彼は、わずかに生き残ったアメリカ兵のように、平穏を取り戻し、成功した暮しを手に入れた。アメリカ兵だったウィリアム・シャピロは故郷に戻り、医学の学位を取得し、産科医として長く働いた。ナチスによるホロコーストという地獄の刑が終わりを告げたのは、ベルガからの強制移送の途中で、他の兵士と納屋で休んでいた時に、アメリカ軍が近くまで来ていると聞いたときだった。シャピロは痩せ衰えて弱り切っていたが、白い星を付けたシャーマン中戦車が近づいてくるのを見ると、納屋からよろめきながら出ていった。SS隊員は散り散りになった。アメリカ軍のジープが近づいてきて、シャピロはアメリカ兵が優しい言葉をかけてくるのを耳にした。これまで、強制収容所の隊員たちから怒鳴られ続けた命令とは正反対の言葉を。「さあ、乗り込むんだ、兵士よ」。この三語が、より良い世界へと彼を迎え入れてくれたのだった。[72]

第11章

リンカーンだったら？

How Would Lincoln Feel?

大統領を実際に知る者なら、サタデー・ナイト・ライブのチェビー・チェイスが、玄関でつまずく愛すべきお馬鹿さんとして大統領のマネをしたことがまるで理解できない……ほんのわずかな踏み誤りであっても、ミシガン大学のフットボール部で二度の全国チャンピオンに輝き、その後のプロ入りを断った上品なスポーツマンが、実際はドジな男だという、確かな証拠とされたのだから。

——ジェイムズ・A・ベイカーⅢ世[1]

「あなたたちの中で罪を犯したことのない者が、まず、この女に石を投げなさい。」そしてまた、身をかがめて地面に書き続けられた。これを聞いた者は、年長者から始まって、一人また一人と、立ち去ってしまい、イエスひとりと、真ん中にいた女が残った。

——ヨハネによる福音書8：7-9[2]

父が訳知り顔で述べ、僕がまた訳知り顔で受け売りしているように、人間の基本的な良識や品位は、生まれながらに公平に割り当てられるわけではない。そしてもしそのことを忘れたら、ひょっとしてひどく重要なものを見落としてしまうのではないかと、僕はいまだに心配になってしまう。

——ニック・キャラウェイ『グレート・ギャッツビー』[3]

私にとっては初めての上司たちの中に、印象的な人物がいる。第5章でも述べた映画館で支配人をしていた彼は、アルバイトをしている高校生たちのグループを管理しており、私はそれを手伝っていた。この少年たちが言い合う冗談の多くは、お互いの失敗についてだった。ミスをすれば冷やかされ、時には笑いものにされた。上映中や売り場での混雑が済んでからの彼らの楽しみ、その大半がこれだった。しかし、支配人の目の前ではこのように振る舞わなかった。彼がオフィスから出てきてから館内を見回り、売上金を集め、コーラシロップが充填されているかを確認し、アイスボックスに目をやっているときに、彼らは大人しくしていた。それは支配人を恐れていたからではない。私と同じように、彼を尊敬していたからだった。

なぜ、皆が支配人に敬意を払うのか。最初は、その理由がよくわからなかった。彼に存在感があったから、というわけでもなかった。むしろ痩せており、その青白さのせいか周囲によく馴染んでいた。しかし、彼はプレッシャーがあっても賢い決断を下せる人だった。普段なら映画館はスムーズに運営されるが、プロジェクターが一台壊れただけで、お客は返金を求めてくる。また、がさつな客がトラブルを起こすこともある。イギリスの詩人ラドヤード・キップリングの詩を使って表すなら、支配人の周りが冷静さを欠いていても、支配人だけは心騒がせることなく、もし問題をうまく解決できるのであれば、周りからの非難さえも甘んじて受け入れた。[4] しかし、彼の本当にすごいところは——ある種の畏敬の念を抱かせるのは——私が見る限り、他人を批判したりからかったりしないところだった。彼は冗談を聞くのが好きで、人々の行動にユーモアを見出してはいたものの、誰かを批判する人たちとは一線を引いて、意地悪な笑いからも身を遠ざけていた。

彼のことを十分に理解するまでには、しばらく時間がかかった。支配人が一連の行動パターンから逸れることがありはしないかと、私はつぶさに観察していた。しかし、ただの一度もそれはなかった。

感銘を受けた私は彼を真似しようとしたのだが、土台無理な話だった。私の批判的な面が彼のようになりたいという意志を打ち砕いてしまったからだ。たとえ、私から否定的な発言を避けたり、誰かの小さな失敗に対する嬉しい反応を抑えたりしたとしても、どうしても心の中ではそれらを払拭できなかった。

一体、何が支配人にそうさせたのだろう。一つは、彼の人間性にある。彼には、普通の人よりも共感できる能力が備わっていた。しかし、見れば見るほど、あのように振る舞える理由は、私たちよりも人をよく理解できていたからなのだと納得できた。人の行動を引き起こす原因とは何かということが、彼にはよくわかっていたからこそ、他人の失敗を非難することから遠ざかっていた。支配人は逆境に苦しんできた。私と知り合った当時の彼は三十代前半だったが、幼年期に患った糖尿病のため、すでに視力を失い始めていた。支配人は時々、事務室に戻る道すがら、スナック菓子をつかんで小銭をレジに放り込むと、それをすぐに頬張っていた。私はかつて、彼がインシュリンを注射しているのをドアの隙間越しに見たことがある。支配人は高校までしか出ておらず、大学進学の機会を早いうちに逃してしまったのだろうと思われる。一部の人にとって、困難は怒りを生むものだが、彼の場合は違った。これらの試練を通じて、人を躊躇わせる状況に気を配れるようになったのだ。周りの人々が失敗するのを見ると、多くの人は即座に否定的に思い、そこにたやすくユーモアを見出すものだ。しかし、支配人は本能的に、失敗を引き起こす、いかんともしがたい状況を探ることができる人物だった。失敗した人たちの人生において、何が彼らをそうなるように仕向けたのか。それを知ろうとするのが、どうやら彼の性分だったようだ。

本書もいよいよ終わりに近づいた今、この支配人について私は思いを巡らせてしまう。なぜなら、私たちが自然に感じるシャーデンフロイデをいかにして押さえ込んでいるのか、それを考える上で価値があるからだ。これまでの章ではっきりさせておきたかったのは、シャーデンフロイデは人間の性質に反するものでなく、むしろ共存しているということだ。しかし、シャーデンフロイデを習慣化したくないならば、支配人から学ぶべき点は多い。他人の不幸をもたらす主な原因である、見落とされがちな状況要因に目を向けることで、私たちはシャーデンフロイデよりは共感を感じるだろう。

性格、それは他者の行為を知るための初期設定

しかしながら、状況要因を考慮するというのはそう簡単ではない。私たちが打ち勝たなければならない、状況に拮抗する心理的な偏りが少なくとも一つある。社会心理学ではそれを「根本的な帰属の誤り」と呼ぶ。他者の行動について、それが当人の内的特性によるものと帰属しすぎると同時に、状況によって生じている可能性を見落とす傾向である。他人が苦しんでいるのに共感するのとは正反対のベクトルで、この偏った見方がシャーデンフロイデを引き起こすことがある。

かつて、私は病院の待合室で、ある男性が看護師に怒りをあらわにしているのを見たことがある。なんて嫌な奴だと思った。それは咄嗟で自動的に出てきた私の反応だったが、思いなおした。なぜなら、数年前に、私もまた、緊急待合室で我慢の限界に達した経験があったからだ。その時は、すべり台で遊んでいた長女が頭を打ち、急ぎの治療が必要という状況だった。一時間ほど待って、私は患者の捌き方にしびれを切らし、看護師に強く抗議し始めた。ほどなく、診療の順番が回ってきた。結局二〇針も縫う手術を受けてから、退院した。こうした当時の鮮明な記憶を辿りながら、病院で怒っている男に対して、私が最初に抱いた印象はそれでよいのか、と自問自答した。きっと、この男性にも冷静さを失うに足る何らかの理由があったに違いないと思ったのだ。

看護師にいら立つ男を見れば、私たちはまず彼を敵意に満ちた人物に違いないと思う。これは、彼

の行動を「説明」したに過ぎない。もしかすると、彼は大きなストレスを抱えていたかもしれない——それなのに大抵の場合、彼のことを「なんて嫌な奴なんだ」と考えてしまう。自分自身をその男性と同じ立場に置いてみて、彼の視点から状況を冷静に見つめるようなことでもしない限り、こうした帰属の偏りが優ってしまうのだ。[5]

帰属の偏りは、他人の不幸に際して、私たちがどう反応するかに直接的に結び付いている。不幸が当人の中にある傾向や道徳の欠如によるものだと受け取れば、それは自業自得だとみなして、その人が苦痛に苛まれていることに満足感がわきあがってくるだろう。しかし、その不幸が個人のせいではなく状況のせいだと受け取れば、その人には相応しくないとみなして、シャーデンフロイデではなく共感を覚えるかもしれない。たとえば、看護師に怒鳴り散らしていた男は、喧嘩っ早く自己中心的な人物だと思い込んだとしよう。当時は、たしかにそう思える節があったし、看護師が警備員でも呼べば、私は嬉しいと感じたかもしれない。しかし、もしも、私が待合室の中へ入る前に、その男が自分の妻の病状について神妙な面持ちで看護師に尋ねていたとしたらどうだろう。しかも、彼からの問いかけに、看護師が「正直に申し上げます。奥様は助かりそうにありません。私は他の患者様のお世話をしなければなりませんので」と答えていたら……。こうなれば、もはや状況は一変している。男の行動は許され、むしろ見上げたものだとさえみなせる。この場面を見ていた誰ひとりとして、この男を嫌な奴だとは考えないはずだ。

スタンレー・ミルグラムの権威への服従研究からの教訓

私たちには、他者の行動の原因を、どうしても内的なものに求めたがるのと同時に、状況要因を無視しがちであるという二つの傾向があると自覚できれば、それらが該当するようなケースでもうまく立ち回れるようになる。もちろん、これはかなりの困難を極める。古典的な研究成果のひとつ、社会心理学者スタンレー・ミルグラムによる権威への服従が、それを教えてくれる。この研究は一九六〇年代に行われたものだが、今日においても驚嘆させられるものがある。彼の研究では、ほとんどの参加者がまるでサディストのように振る舞うのだが、私たちはそんな彼らを罵り、そうした性格を持つ人たちに違いないと理由をつけたがる。たしかに、学生たちに元々の研究で撮影された実験参加者の映像を見せると、その多くが彼らを笑い、自分たちの方が優れていると考えた——研究の詳細を知るまでは。では、この実験の手続きを詳しく見ていくとしよう。

ほとんどの参加者は、ごく普通の中年男性たちだった。彼らは、ミルグラムが教鞭を執っていたイェール大学での学習に関する実験参加者を募集する広告で集められた。二人一組、少なくともそうであるように見せ掛けられた参加者たちには、実験の目的は学習にもたらす罰の影響に関するものだと告げられる。その後、ある参加者は、くじ引きで「先生」の役割を与えられ、もう一方は「学習者」となった。とはいえ、実は本当の参加者が先生役になるように仕組まれたもので、学習者役はサクラだった。「学習者」は、リストに示された単語のペアを記憶し、先生役がリスト順に単語を読み上げるので、ペアのもう片方の単語を答えるように指示された。正解なら「良」となるが、不正解の場合、先生役からだんだんと強くなる電気ショックを与えられることになる。

先生が見守る中、学習者は隣接した部屋に案内され、電極のような物につながれた。先生もまた、低いレベルでもたしかに「電気ショック」が痛いことを知るため、試しに四五ボルトの弱い電気ショックを受けた。それから学習者は、後ほど重要な意味を持つことになる、ある情報を打ち明ける。彼は、健康診断でちょっと心臓の具合が気になることがわかっており、電気ショックが危険ではないのかと尋ねてくるのだ。実験者は、電気ショックは「痛い」が、「肉体へのダメージはない」のだと自信ありげに答える。ここから、学習者とのやり取りは、全てインカムを通じて行われた。先生の方は、制御室にて電気ショックを与えるための装置に向かって座る。この装置には、徐々に高い電撃になっていく三〇個のスイッチが備わっていた。一〇番目のレベル（一五〇ボルト）は、「強いショック」とラベルが貼られ、一七番目のレベル（二五五ボルト）には「激しいショック」、二五番目（三七五ボルト）は「危険、深刻なショック」、最後の方のレベル（四三五と四五〇ボルト）では、コントロールパネルに「XXX」と記されており、とりわけ激しい危険度を示していた[6]。

最初、学習者は（仕組まれた通りに）正解する。しかし、ほどなく間違い始めるので、その都度、先生はスイッチを押して、耳障りなブザー音とともに電気ショックを与えなくてはならなくなった。七五ボルトで、学習者は聞こえるほどの声をあげ、一二〇ボルトで、電気ショックが痛いと叫ぶ。一三五ボルトから苦痛のあまり呻くようになり、一五〇ボルトで叫び出す。「うわっ!!!　実験の先生、ここまでです。出してくださいよ。心臓が悪いって言ったじゃないですか。心臓の具合がちょっと変になりかけてるんです。出してください。心臓がおかしい。もうこれ以上は拒否します。出してください」[7]。それを聴いても、実験者は落ち着き払った様子で、先生役の参加者に実験を続けるよう促した。「続けてもらわないと実験が成り立ちません」[8]。そして、「ほかに選択の余地はないんです。絶対に続けてください」[9]とも言う。二七〇ボルトになると、学習者は再び実験中止を強く求めながら、苦悶の悲鳴を上げる。三三〇ボルトでは、悲鳴は激しく長くなり、パニックに陥ったかのように再び心臓について訴えて、出してほしいと叫ぶ学習者。次の電撃を与えると、インカムからは何も聞こえなくなり、学習者が本当に心臓発作になった可能性をうかがわせた。

もしも、あなたが、この研究における「先生」だったとしたらどうしただろう？　ミルグラムは、実験手続きの詳細を説明した上で、精神科医、大学生、中産階級の大人の三つのグループに尋ねた。

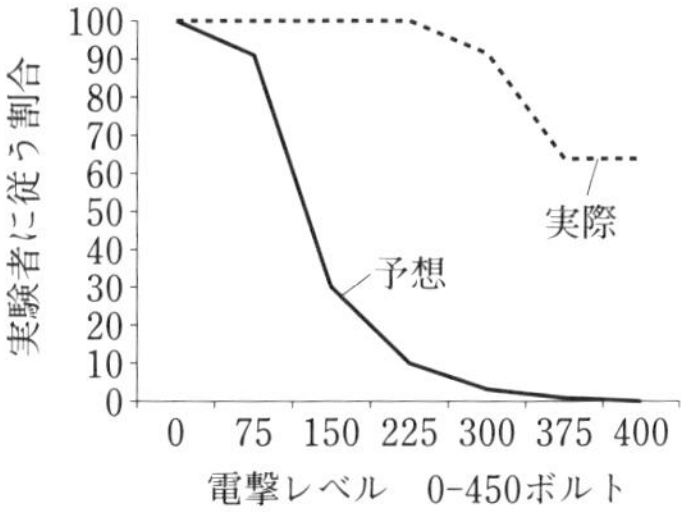

図6　ミルグラムによる研究の服従の予測と実際

電撃レベルの図を見せられ、どこまで電撃を与えられるか、回答を求めた。一一〇名の回答者は一人残らず、ある時点から実験者に従わないだろうと答えた。三〇〇ボルトに達するまでは従うと答えたのがわずか四名いたものの、これ以上のレベルまで引き上げると答えた者はいなかった。三グループ全てにおいて、最も多く予想された電撃レベルは一五〇ボルトであった。典型的な説明の一つがこれだ。「人が苦しむのを見るのは耐えられません。学習者がやめたいと言ったら、もうそれ以上苦しめないために解放してあげますよ」[10]。ミルグラムは、こうした反応が虚栄心によるものではないかと勘ぐった。そこで今度は、年齢や職業がそれぞれ異なる他のアメリカ人一〇〇名だったらどうするか、と回答者たちに質問したのだ。図6は、精神科医三九名による予想を示したグラフで、彼らの回答は他の二つのグループの予想とも似通っていた。この調査に応じた全員が、電撃を与えるパネルの最後尾のスイッチは、ミルグラムの言葉を借りるなら、「病的な周縁者」[11]のためにあると感じていた。実際、精神科医たちは、実験に参加した人たちの大半は、最初に実験をやめたいと要求した一五〇ボルトを超えないだろうと予測した。

状況が行動に及ぼす影響がいかに過小評価されるものであるかということを示す、これ以上の説得力のあるエビデンスはないだろう――というのも、三グループの回答者たちの予想と実際はかなりかけ離れていたのだから。実際の参加者の行動は、予想とは随分異なっていて、ミルグラムの実験に参加した者の実に六五パーセントが、最大の電撃を与えるに留まらず、実験者からこれ以上は止めるようにたしなめられていたのだ。精神科医、大学生、中産階級の三グループによる実際の結果とはかけ離れた予想が意味するところは、要するに、ミルグラムによって根本的な帰属の誤りが予見されていた、ということだ。彼は、こうした予想をする人々が想定しているものを、次のように結論づけている。[12]

> 物理的な力や脅しで脅迫されない限り、人の行動の源は何よりもその人自身だというもの。人がある形で行動するのは、本人がそう決断したからだ。行動は物理社会的状況の中で行われるものだが、それは単に、行動が発生するときの舞台でしかない。行動そのものは、その人物の内面の核から発する。その核ではその人の個人的価値観が天秤にかけられ、満足度が評価されて、そして結果として生じた決断が行動に変換されるというわけだ。ほとんどの人は、服従実験について検討を求められると、こうした事前の思いこみから出発する。そして、その人が置かれた状況よりはむしろ、自律的な個人の特性に注目してしまう。[13]

ここで、シャーデンフロイデを理解するためには、私たちが見落としがちな部分こそが重要なのだと改めて述べておきたい。自分たちの意図的な行為の結果として不幸が招かれる場合が多いので、彼らが不幸に喘ぐのは当人たちの責任であり、相応しいものとみなされやすい。しかし、ミルグラムの実験結果が示唆しているのは、他者の行為を引き起こしたと思しき状況要因について、私たちは目が曇りがちになる、という点だ。状況とは、役者たちにとっての「単なる舞台」に過ぎない。[14] 内的な性質が、あたかも行為を説明するように見えるのと同じだ。こうした私たちの（状況要因を見落としやすいという）特徴が、因果の溝を埋めて、あたかも不幸が相応しいように見せて――それなりに楽しめるようにするのだ。

ミルグラムの知見から『プレデターをやっつけろ』への反応を考える

再び、第7章で解説した『プレデターをやっつけろ』について考えてみよう。これは、視聴者に向けて屈辱を売りにしていると私が論じたリアリティ番組だ。あからさまに未成年者とセックスしようと近づいてくる男性たちは、大多数の人々にとっては、自分ならそこまでしないだろうと思しき行動をとる。だからこそ、男の行動を、欠陥があって性的にも歪んだ心根の表れだとみなすこともたやすい。実際のところは、状況要因を勘定に入れないがために、こうした思い込みが生じているようだ。

しかし、情状酌量の余地もあるのではないだろうか。その中には、かつて虐待を受けていた者、他よりも熱烈に誘惑された者、おとりが未成年だと信じていなかった者が含まれていたかもしれない。また、おとりによる言葉巧みな罠に対して、特に弱い者もいただろう。せめて、こうした──性犯罪者の烙印を押された──男性たちの背景を知っていたなら、彼らに対する判断は、一様なものではなくなるのかもしれない。しかし、根本的な帰属の誤りというものは、明らかに異常で、反発を招くような行動と渾然一体となって、全体像を見えにくくしてしまう。そもそも、シャーデンフロイデが詰め込まれたこの番組は、状況分析をさせるように構成されていない。番組に登場する男性たちは、私たちが心配するに及ばないような、性的な問題を抱えた人外の者たちであって──むしろ、普通の社会であれば許されないような罰である屈辱こそが、彼らには相応しい。このように考えないでいられる方がありえない。番組は、視聴者に「プレデター」たちの失敗に歓喜させ、それを助長さえする。

他者の行動が生じた原因を、その人の傾向や内面に求めるのは、いともたやすく、自動的に行われてしまう──それはあまりにも自動的なので、状況要因から十分に説明がつく場合であっても、はじめに推測された特徴を正すには、それなりの集中力と努力を要する。ダン・ギルバートらの一連の研究が、このことを示している。実験参加者に、ある女性のビデオを見せる研究がある。ビデオの女性は男性と二人で会話しているのだが、神経質で不安げに振る舞っている。参加者に音声は聞こえないが、画面上には字幕が表示されて、会話の内容がわかるようになっている。字幕は二種類用意されており、ある条件では、照れくさい話題（たとえば、性的な妄想）についてであり、もう片方の条件はありきたりの話題（たとえば、趣味）についてであった。参加者に女性の「不安傾向」を評定させたところ、話題が性的妄想だった条件よりも、趣味だった条件の方が高い値になった。これは誰もが予想できただろう。ビデオを見た者たちが、照れくさい話題を振られたら不安を示すと推測したように、限定的な状況をはっきりさせれば、それが他者の判断に影響を及ぼす。しかし、もし趣味のようなありふれた話題でもオロオロするようなら、それは「性格」によるとみなされたのだ。さらに二つの条件を加えた研究では、より興味深いことがわかった。追加された条件でも、参加者は二つあるビデオのうちどちらかを見るのだが、今度はビデオを見ていると同時に、ある単語列を読み上げるように指示されるというものだった。すると、課題を追加した両条件で評定された女性の不安傾向の値は、課題がなく「趣味」の話題のビデオを見た条件における値と遜色がなくなったのだ。これは、追加された課題が参加者の気を散らせてしまい、会話の内容によって不安な行動が生じたり生じなかったりすることがあるとは判断できなくなった証左にほかならない。つまり、不安を装えば、そういう傾向がある人とみなされる、というわけだ[15]。

これだけでなく他の実験からも、他者の行動の原因は何であるのかと帰属する場合には、自動的に「内面的な傾向による」という推測から始まることが明らかになった。そう、看護師に怒る男性は敵意的な人、学習者に電撃を与え続ける男性はサディスト、神経質に振る舞う女性は神経質な人だ、という具合に。行動から性格を推測するのは、ほとんど考えなくて済むので単純明快だ。もし、第一印象が状況要因と食い違うことに気付かされたなら、私たちは当初の推測を「修正」できる。妻が重傷を負っているのだから男性は敵意的な人ではなく、同じ状況に置かれたら大半の人がそうするのだから電撃を与える男性はサディストのようでもなく、そして、照れくさい話題を話している女性の不安傾向が高いというわけでもない。厄介なのは、第一印象は自動的に作られるが、その修正は自動的にはできないという点なのだ。しかも、この修正を妨げるものは数え切れないほどある。もっと言えば、性格を表すために貼りやすいレッテルは（「嫌な奴」「サディスト」「神経質」など）山ほど持ち合わせているのに、状況を表すレッテルは（「厳しい状況だったんだよ」のように）それほど多くない。[16]

こうした帰属の特徴を自覚できれば、少なからず他者の行動をもっと詳細に説明できる機会となるし、罪悪感もなく即座に生じるシャーデンフロイデを抑える効果もあるかもしれない。根本的な帰属の誤りを犯してしまいがちだからこそ、明らかになる教訓。それは、他者に不幸を起こした種々の状況について、もっと多くを知るように意識的に努力するのが良い、ということだ。何が起きたのかを説明しようとするたびに、状況要因と内的要因が同じ土俵でせめぎ合う。そんなことをしているうちに、笑顔が消えかけている自分に気付くかもしれない。

知恵は帰属の誤りを回避する

人々の屈辱に楽しみを見出すのは確かに簡単だ。自分たちの正しさを鼻にかけていたり、なるべくして不幸になったのが明らかだったりしたときには。他人の行為について、彼らにはそういう傾向があるからだと頑なに考えがちであるからこそ、こうした類の楽しみが広く浸透している。しかし、このような自らの傾向にうまく抗っている人もいる。私が働いていた映画館の支配人がその好例だ。彼には知恵があった。それ以上の言葉が見当たらない。おそらく、彼はごく自然に他者に共感できる能力の持ち主だったのだろうが、私が思うに、とりわけ自らの行為から失敗したり苦しんだりする者がいたならば、まずは行動をもたらした環境に注目すべきだと、自分自身の人生から学んでもいたかもしれない。支配人の周りにいた人たちが失敗した者をすぐに責めたときでも、支配人だけは違った。黙っているなり代案を示すなりして、咎めることなく、そうした雰囲気に抗ったのだ。ただ、彼がシャーデンフロイデを感じるところを見たことはあるかと問われれば、それはもちろんある。感情というものは、皆の遺伝子に組み込まれているのだから。しかし、支配人の感情は悪意に満ちたものではなく、そして、シャーデンフロイデの拡散を抑えたのは彼の知恵だった。

エイブラハム・リンカーン——何人に対しても悪意を抱かず、全ての人に慈愛を持って

支配人は、エイブラハム・リンカーンと似たところがあった。リンカーンは、彼について詳しく知る者なら、誰もが感心するような人物だった。政治家になって間もない頃、イリノイ州議会で彼はある誤りを犯す。挑発めいた手紙を書いて、同僚のジェイムズ・シールズを笑いものにしたのだ。リンカーンの手紙は偽名だったのだが、シールズはそれを見破り、名誉棄損だと決闘を挑んできた。双方の友人たちの仲介もあり、リンカーンはシールズをうまく説得して事態は丸く収まったものの、あわや決闘になりかねないところまで来ていた。この経験から、リンカーンは大事な教訓を得た。今回の事件を恥じて、金輪際、印刷物で誰かを手ひどく風刺しないようにしたのだ。対立候補に向けられた辛辣でユーモア溢れる演説の数々も、徐々に鳴りを潜めるようになった。[17] 彼は物まねに長けており、観察力も高かったので、そうした自分の癖を一変させるのは難しかったものの、落選した時には、悔しがりながら謝罪した。[18] 争いからは遠ざかり、侮辱されても笑い飛ばし、誰かを嘲ったり、誰かに恥をかかせたりするようなチャンスからも手を引いた。[19]

リンカーンにとって、他人の視点から物を見るのは、赤子の手をひねるようなものだった。どうす

れば人心を掌握できるかを学んだ彼は、それを「その人の身になって他者を語る能力」と称していた。[20]リンカーンの人生についての記述の数多くで、ゲティスバーグの戦いの後、ジョージ・ミード将軍に批判的な手紙を書いた有名な事件が取り上げられている。[21]リンカーンは不甲斐ない将軍たちに手を焼いていた。無能で統率力を欠いた将軍たちのせいで、多くの勝利を逃してきたわけだが、ゲティスバーグでの合衆国（北軍）の勝利は、連合国（南軍）に壊滅的な打撃を与えることになった。両軍は小競り合いを繰り返しては互いに損害を被っていたが、最終的に合衆国軍のミード将軍は、ロバート・E・リー将軍率いる連合国軍を破った。リー将軍は、軍を再編して完敗を避けるために、ポトマック川の向こう岸までの退却を余儀なくされた。川の氾濫によって退却は遅れており、しかも、リンカーンから電報や特使を通じて追撃を急かされていたにもかかわらず、ミード将軍はリーの軍隊を壊滅させる機を逸することになる。リーに橋を建設する時間を与え、みすみす逃がしてしまったのだ。ミードの失策はリンカーンの逆鱗に触れ、彼は抑え切れない気持ちを手紙にしたためた。これはその一部である。

親愛なる将軍殿……貴下はゲティスバーグにて敵軍と交戦し、彼らを破りました。控え目に言っても、両軍の損害は相当なものでした。敵軍は退却しましたが、私が見る限り、貴下は速やかに追撃しませんでした。洪水が彼らを足止めしていたのですから、徐々にではあっても、再び追い詰めていたのです。貴下には少なくとも二万のベテランの兵力を持ち合わせていました。ゲティスバーグで一緒に戦ってきた者たちに加えて、未熟だが多くの支援部隊も近くにいたはずです。敵方は一人の援軍も得られない中、貴下が攻撃せずに棒立ちしているうちに、洪水は収まり、橋が建てられて、敵にはまんまと逃げられてしまいました……私は、敵将リーの脱出によってもたらされる不幸な事態の重大性を、貴下が正しく認識されているとは思えません。敵はまさにわが掌中にあったのです。追撃さえすれば、このところわが軍の収めた戦果と相まって、戦争は終結にみちびかれたに相違ありません。しかるに、この好機を逸した現在では、戦争終結の見込みは全くたたなくなってしまいました。貴下にとっては、去る月曜日にリーを攻撃するのが最も安全だったのです。それをしも、やれなかったとすれば、彼が対岸に渡ってしまった今となって、彼を攻撃することは、絶対に不可能でしょう。あの日の兵力の三分の二しか、今では、使えないのです。今後、貴下の活躍に期待することは無理なように思われます。事実、私は期待していません。貴下は千載一遇の好機を逸したのです。そのために、私もまた計りしれない苦しみを味わっています。[22]

批判に敏感なミード将軍は、他の情報筋からリンカーンから顰蹙を買っていると耳にし、批判は不当だと辞任を仄めかした。しかし、ミードは手紙を読んでいなかったのだ。そう、この手紙は、リンカーンの死後、彼の資料から発見されたのである。手紙にはこうも書かれていた。「ミード将軍には、決して送らず、署名せず」。歴史家の話では、合衆国軍に忠実に仕えたミード将軍にこれ以上の動揺を与えることに意味を見出さなかったようだ。追撃できなかったミードに腸が煮えくり返る思いだったリンカーンも、手紙を送る衝動は抑えられたのである。

リンカーンは、思考や自制心がおかしくなるのが嫌で、酒、特にウイスキーには見向きもしなかった。とはいえ、他人が飲みたがる分にはかまわなかった。若かりし頃、しょっちゅう大酒飲みと繰り出していたので、飲むのを固辞していても、楽しく時間を過ごせた。よく知られているのは、他の人たちと違って、アルコール中毒者を非難しなかったことだ。実際、アルコール中毒者には哀れみと情けを感じて

――そして、飲み慣れた人でも中毒になりかねないことを認めていたので――アルコールを「精神の暴君」と呼んだ[23]。

他者の行動を左右するような状況要因に敏感だったといっても、それはユーモアセンスの邪魔にはならなかった。リンカーンは議会に出席中も、冗談や、ひいては駄洒落を嬉々として「ブラックベリーみたく豊富に」用いた[24]。ヴァン・ビューレン大統領によれば、彼のおしゃべりは面白く、「笑いすぎて脇腹が痛くなる」者が続出したという[25]。でも、彼の冗談に冷たいところはなかった[26]。リンカーンはあくまで、人々を和ませるために冗談を言っていたのだ。仮に、誰かの不幸を笑ったとしても、それは彼が皆と共有していた人間の脆さを認めるような面白さだった[27]。なるほど、彼のユーモアというのは、自分をネタにしたものばかりで、とりわけ、「不細工な」自分の顔を引き合いに出すことが多かった[28]。

こうして、人々の行動の中にユーモアを見いだす素晴らしい才能を持ち合わせていたからこそ、リンカーンは冷やかしよりも共感にしたがって動く人物にまでなった。彼は奴隷制度の邪悪さを認める一方で、南部の人々が奴隷を有しているからといって咎めもしなかった。南部の人々から奴隷制度の撤廃は難しいと文句を言われたときでも、彼は十分にそれを理解できた。「私は彼らを咎められる立場にない」。そして、こうも続けた。「私にどうしたらいいかと尋ねられても、答えられない。もし、全知全能を与えられたとしても、今の制度をどうしたらいいかわからないのだから[29]」。リンカーンは奴隷制度について熟慮し、北部の人々が南部で育ったならどうなっていたかまで想像して、「彼らは、私たちが彼らの状況に置かれた場合と同じだ」とも言っている[30]。とはいえ、奴隷がいかなるものかという想像を巡らせることもできたので、奴隷制度が間違っているのもわかっていた。奴隷制度が「とても良いものだ」と主張する人に向けては、「自らが奴隷である」ことに乗じたがる者をみかけたこなど一度もないと述べている[31]。

リンカーンは単純な男ではないし、彼を聖人扱いしたいわけでもない。ここで彼を引き合いに出したのは、感心させられるような彼の特性に加えて、どのようにして他者の行動が引き起こされるのかについての見識の深さを述べたかったからだ。リンカーンの生来の能力は、まるで、あの支配人と見紛うばかりで、状況的な縛りが、人の行為を説明する上で大きな役割を果たすものだと教えてくれる――「あの男が好きではない。だから、もっと彼のことを知らなければならない[32]」。リンカーンがこう言ったのは、状況的な縛りが、多少なりとも私たちを左右するとわかっていたからだ。他者の不幸が相応しく見えたときでも、「根本的な帰属の誤り」を避けようとしてきたリンカーンは、私たちに良い手本を示してくれている。

ここで、もう一つの教訓がある。それは、私たちが不幸を引き起こした状況要因に注目できるなら、他者の不幸に対してシャーデンフロイデに満ちた反応をせずに済む、ということだ。そうすれば、不幸をどう見聞きしたところで、シャーデンフロイデより共感が優るはずだ。まさにリンカーンと同じように。二期目の大統領就任演説において、彼が不朽の名言を残せたのは決して偶然ではない。「何人に対しても悪意を抱かず、全ての人に慈愛を持って[33]」。

終章

なんでスキャンダルを怖れることがある？　ささいなスキャンダルごときに、人間ひとり、追い回されることがあろうか。いかに煩わしく、いかにグロテスクなおもいを味わおうと、しょせんそれは、公共社会サービスのひとつにすぎない。

——ソール・ベロー『ハーツォグ』[1]

平和の唱道者であっても、ある種の邪なスリルが自身の体を駆け抜けるのを感じ、自分の代わりに行われた残忍さを楽しむだろう。そう、「ショッキングな凶行」との大見出しから始まる、この新聞記事に目を向けたときには。

——ウィリアム・ジェイムズ[2]

二〇〇九年の晩秋まで、タイガー・ウッズは、ほぼ完璧な人生を送っているようだった。スタンフォード大学を中退してプロに転向し、瞬く間にツアーで上り調子のゴルファーとなった。その後一〇年以上も破竹の勢いは止まらず、あたかも大会を弄んでいるかのような時期もあった。常人には不可能なショットを繰り出す彼は、驚くほどの集中力を保ちつつ、並々ならぬ自信と冷静さを持ち合わせていた。他の多くのゴルファーたちとは違い、彼は間違いなくアスリートに見えた。「タイガー」は異能のゴルファー、別世界の人間であった。三四歳にして、「ゴールデンベア」ことジャック・ニクラスが長い間維持してきた記録、メジャー選手権での一八勝を難なく追い抜きそうなレベルにまで到達していた。ゴルフ界にとどまらず、国際的なムーブメントを巻き起こし、巨額の広告出演料によって億万長者クラスに駆け上がった。[3]そして、トーナメントに参加すれば視聴率が倍になるという、まるで芸能人のような地位を享受した。[4]私生活についてガードが堅かったものの、そこから知り得た限られた情報は、彼の名声をより一層高めた。結婚相手は、元ファッションモデルで驚くほど美しいスウェーデン人女性だった。また、慈善組織、タイガー・ウッズ財団を持ち、子供たちの学びと夢を援助するために財を投じた。父であるアール・ウッズは、息子について自信あり気にこう語った。「(彼は)人類のあり方を変えることなら、歴史上のどんな人物よりもうまくやるだろう」と。[5]

　しかし、そんなウッズの失脚は速やかで劇的だった。二〇〇九年一二月九日、早朝の自宅敷地内にて、彼が自家用車キャデラック・エスカレードで事故を起こしたと報じられ、怪我をして病院へと担ぎ込まれた。[6]なぜ、どのようにして生じたのか、その詳細ははっきりしなかったものの、家庭内の揉め事があったことをうかがわせる数多くの証拠があった。彼の常軌を逸した不倫の数々が妻に露見したのだ。事故から数日のうちに、複数の女性がウッズと関係を持ったと主張した。[7]こうした証拠が出揃う厳しい状況の中で、ウッズ自身も結婚の誓いを破ったことを認め、[8]私生活を修復しようとゴルフを休止した。記者会見では、妻、家族、友人、そしてファンを、身勝手にも傷つけてしまったと謝罪した。[9]

これはありきたりな転落劇ではなかったため、タブロイドメディアがすぐに飛びついた。シャーデンフロイデの歴史上では画期的な出来事であり、マーサ・スチュワートが直面した問題さえ、どこかに押しやるほどのものだった。実際、その主な責任は、ウッズの浮気の数々を最初に暴露した『ナショナル・インクワイアラー』誌にあるのだが、[10]それはあらゆる信頼に足る報道機関や、インターネット上でも同じだった。[11]この話題への一般的な関心は広く手厳しいもので、たくさんの人たちの反応にシャーデンフロイデが満ちていた。[12]瞬く間に数々のジョークが持て囃された。もはや「タイガー」ではなく好色な「チーター」だった。[13]深夜のトークショーの脚本家たちはこの騒動に便乗し、ネットのブロガーたちも書きたい放題だった。[14]

長年にわたってテレビのスポーツとエンターテインメントを革新してきたドン・オールメイヤーは当時、メジャーなスポーツ・ネットワーク・チャンネル、ESPNのオンブズマンを務めていた。彼の仕事はESPNでスポーツテレビをプロデュースするビジネスを独自に分析することだったが、ネットワークがいかにアスリートたちの軽率さを扱っているかに気がついた。その中でも、最も多く取り上げられていたのがタイガー・ウッズだった。視聴者がこうした軽率な行為の全貌を知りたがっていたことは明らかだった。オールメイヤーは、金を生む怪物に餌を与える一方で、高いジャーナリスティックな基準をも保つという難しさに苦慮した。タブロイドやワイドショーは、金持ちや著名人、権力者のトラブルを喜ぶ一般市民へ話題を提供することに尽力し、ESPNやその他の「主流メディアもタッグを組んだ」[15]。オールメイヤーは言う。市民の飽くなき食欲に対処するために肝心なのは、他でも同じように、ESPNが話題の先陣を切り続けなければならないことだと。視聴者が望んでいるのは、ウッズの失態に焦点を当てた報道だった。ウッズに関する多くのESPN.comの記事は、普通の記事と比べて、膨大なアクセス数の増加を招いた。これがわかっていて、ウッズの話題について詳細なリポートを差し控えるのは、まずできないようだった。オンブズマンとしての経験と任務から信用を得ていたオールメイヤーは、次のように結論づけた。「シャーデンフロイデ……それはまるで、多くのメディア媒体とその利用者が冒されている伝染病のようだ」[16]と。

本書を通じて私が伝えたいテーマの一つは、私たちは、時として利益を得ることがあるからこそ、他人の不幸に喜びを感じるということだ――しかも、自分で気づいたり認めたりするよりもずっと多くの場合に。第3章では、これが最も顕著なのは、競争下でライバルが苦しんでいる時だと述べた。ウッズを除く多くのプロゴルファーたちが、ウッズのトラブルを密かに喜んだであろうことは想像に難くない。プロのトーナメント、特に憧れのメジャー大会に勝つことは、それだけで十分に難しいのだが、そこにウッズがいるだけで、勝つチャンスはさらに低くなる。おそらく、一部のゴルファーは、自分たちのキャリアがタイガー・ウッズの時代と重なっている運命を呪っただろう。だからこそ、彼の失墜が、突破口を与えてくれたというわけだ。

シャーデンフロイデは当たり前に感じられるにもかかわらず、なぜ抱かざるをえないのか、あるいは、なぜシャーデンフロイデを少なからず滲ませざるをえないのか、私たちはそれがよくわからずにいることも強調してきた。私にできるのは、他のゴルファーたちがウッズのトラブルを喜んだに違いない、と推測するのみである。少なくとも、全国紙のインタビューでシャーデンフロイデを公言したゴルファーを私は知らない。普通なら、自分の中のシャーデンフロイデを認めるのは不快に思う人がほとんどで、その背後に利己的な動機があれば尚更そうなる。それはverboten《フェアボートン》（ドイツ語で「御法度」の意）なのだ。プロツアーに挑んだ何人かは、ウッズのトラブルのためにランキングが上がるかもしれないとはっきりと認めている。イギリスのゴルファー、リー・ウエストウッドは、ウッズの状況が自身のランキングを、普通だったら手が届かないほど高順位にしたと述べた[17]。たしかに、彼がこのコメントをした時、世界ランキング一位のウッズと二位のフィル・ミケルソンに続き、彼は三位に食い込んでいたのだった。

他者との比較のあり方が、自尊心と感情面に重要な役割を担っている。本書で私は、この点を強調してきた。競争そのものは、一種の社会的比較のプロセスである。もしも、私たちに社会的比較の能力がなかったならば、競争が一体何を意味するのかわからなくなるだろう。誰かの勝ち負けを理解し、自身の能力と才能のレベルを見積もるのは、ほとんどの場合は社会的比較を通じてなされる。社会的比較は、種々の自己評価や、こうした判断に絡んで生じる感情の、重要な礎となっているのだ。

ウッズの目を見張るようなゴルファーとしての成功と、完璧を具現化したかのような生き方は、たとえゴルフに興味がなかったとしても、大部分の人々から見れば、自分たちとの強烈な対比を感じさせるものだった。ウッズに触発された人もいるだろう。しかし、より多くの人々は、自分がちっぽけな存在だと思い知らされたに違いない。妬みに毒された者であれば、きっと彼の失墜にいささかの喜びを見出したに違いない。そして、多くの人は、ウッズに触発されたと同時に、彼に畏敬の念を抱くより、彼のようになりたがった。とりわけ、ゴルファーたちにとっては、自分たちを判断する基準さえも変えてしまうほどの存在、それがウッズだった。これも、私たちが自分の能力や才能を判断する上で、社会的比較が果たす役割と重なる点がある。ウッズという、たった一人の男のせいで、プロのツアーに参加する者たちの多くは、彼と自分自身とを照らし合わせ、スイングをする前から負けるものと決め込んでいた。ウッズがプレーすれば、他のゴルファーたちは、揃いも揃って二位争いをしているかのようだった。アイルランド人のパドレイグ・ハリントンは、二〇〇〇年の全米オープンで、ウッズが一五打もの差をつけて勝利した思い出をこう語っている。「僕もそこにいた……別の大会でプレーしていたんだよ」[18]。また、全米オープンで二度優勝し、ファイナルラウンドでウッズとペアを組んだアーニー・エルスは「まるで同じフィールドでプレーしていないかのようだった……彼が出てくれれば、チャンスは誰にも訪れない」[19]。

ウッズの不倫絡みのスキャンダルは、他のゴルファーとの対比を和らげるものだった。かつては巨人のようだったウッズも、謝罪会見をしているときには、まるで小人のようだった。一個人としてもプロとしても屈辱的な局面が、ゴルファーたちはもとより、他の人々の心にも刻まれたのは言うまでもない。もちろん、哀れみや失望を禁じえなかった向きもあったかもしれないが[20]、この出来事によって、自分たちが押し上げられたと感じた人たちもいたようだ。

これまで本書で念を押してきたように、シャーデンフロイデに関する多くのケースは、妬みで説明できる。ほとんどの場合、自分にとって重要な分野でうまくやる人を、私たちは妬みやすい――たとえば、同じ仕事を請け負っていて、似たような目標を持っている場合だ。妬みがさらに強まり、敵意的になるのは、似たような目標を持った他者によって、自分の望みが断たれたときだ。

タイガー・ウッズへの妬みが、彼の不幸に由来するシャーデンフロイデを感じさせたことは疑いようがない。多くのプロゴルファーにとってはもちろんのことだが、ウッズは、どこにでもいるような、ありふれた社会的比較の対象ではなかった――彼には、非常に潜在的でかつ敵意的な妬みを買うすべての要素が備わっていたからだ。勝利に勝利を重ね、常に話題をさらい、時には相手に屈辱を味わわせるまでに――それも窒息するほどのプレッシャーをかけてくるウッズ。そんな彼が、不満だらけで妬み深いゴルファーたちに爪痕を残したのは言うまでもない。プロゴルファーになるのはそう簡単ではない。ゴルフはとても難しいゲームであり、大会に参加してツアーに留まるための競争は熾烈だ。

それにもかかわらず、ウッズというモーツァルトに対して、他のゴルファーたちがサリエリを演じているように思われてならないのだ。

第9章と第10章で強調したのは、妬み、とりわけ敵対的な類の感情がまず認められにくいものである、ということだった。道徳的にも非の打ち所がなかったウッズに対して、敵意を帯びた妬みを表には出しづらい。なぜなら、卑しくて意地が悪いように伝わってしまうからだ。皮肉なことに、誰よりも他のゴルファーたちは――彼らの利益や、苦痛に満ちた妬みを引き起こす社会的比較からの解放という理由から――最もシャーデンフロイデを感じやすい立場にいたからこそ、彼らはシャーデンフロイデを公に表さなかったのではないか。そうした語りは、タブロイド、深夜のトークショー、ブログなどに委ねられていた。

ウッズの失墜に対する大衆の反応を理解する上で重要な要因がもう一つある。それは、失墜が相応しいとみなされていたかどうか、という点である。相応しい不幸が、そうでない不幸よりもシャーデンフロイデを引き起こすことが、本書で繰り返し述べてきたもう一つのテーマである。誰かが当然の報いを受けたとき、その人がたとえ酷く苦しむとわかっていたとしても、私たちは喜ぶ。あくまで、ウッズが自分のせいで転落したという事実は、表に出た声の多くに共通して見られた。興味深いことに、彼の不倫が明るみに出る一年前、ウッズはひざの怪我とその手術のために休養していた。この件について、読者の皆さんならすでによくご存知の理由から、少なからず個人的には喜んだ者もいるかもしれない。しかし、ゴルファーやファンたちの一般的な論調は、表面的には同情的だった。こうした流れは、とりわけ浮気相手の多さとその内容が素早く白日の下にさらされてからというもの、劇的に変わってしまった[21]。彼の二面性は極端に映ったに違いない。息子が生まれてから、彼は赤ちゃんと妻と一緒に撮った画像をサイトに載せて、結婚生活が完璧であることを匂わせていたのだから。浮気を重ねている間でも、完璧な生活のイメージを巧みに作り上げることにウッズはかなり気を使っていた。しかし、そのイメージは虚像そのものだった。「人類のあり方を変えることなら、歴史上のどんな人物よりもうまくやるだろう」[22]。こんな父の予言を、彼は信じ始めたのであろうか。浮気が表面化したとき、ほとんどの人々は、彼には酷い結末が相応しいとみなし――そして喜んだ。

もちろん、ウッズにとってはさらに苦痛だっただろう。彼は他者の不正行為を批判するような人物ではなかった。彼の過ちは、他者の欠点を指摘するよりも、自分自身を高く持ち上げていたことにあった。それにもかかわらず、曇りのない生活という幻想を維持し、それを信用した人々の期待に背いたがために咎められたのである。他のゴルファーたちは、ウッズがネガティブな形で注目されて当然だと口々に話している。南アフリカ人のアーニー・エルスは、二〇〇〇年の全米オープンではウッズと組まされて尻込みしていたが、ウッズが謝罪会見をしたタイミングについて批判している。それは、ウッズがもはや参加しないトーナメントの始まりと重なったため、スポンサーに損害を与えたという点である。「彼は自分勝手だ。そう書いてくれていい」。アーニー・エルスは、『ゴルフウィーク』誌でこう語っている[23]。第6章では、不幸が相応であるという知覚は、私たちが個人的に酷い扱いを受けたと感じたときに、より鋭敏になることを論じた。自分の努力と才能から良い成績を収めて、称賛も受けていたにもかかわらず、エルスは全米オープンでの大敗について、個人的にはかなりの屈辱を感じていたようだ[24]。ただ、それだけではなかったかもしれない。ウッズは他のゴルファーを滅多に批判しなかったが、少なくとも一度だけ例外があった。二〇〇九年九月、ウッズは、エルスの前十字靭帯（ACL）損傷の手術について尋ねられた。ウッズもちょうど同じ手術を経験済みであり、エルスを称賛した上で、こうも話した。「アーニーは体力づくりに手を抜きがちで、靭帯損傷のリハビリをするのに大事なものが欠けてるよ。僕は自分がやったリハビリには自信があるし、アーニーはもうちょっとしっかりやるべきだったんじゃないかな」[25]。ウッズはエルスがいささか怠け気味だと匂わせた上に、自分の方がエルスよりマシだと示したのだ。こんな風に比べられたエルスは、傷ついたに違いない。私の考えでは、ウッズのトラブルについて、エルスに一抹のシャーデンフロイデすら感じるなというのは無理な注文だ。とはいえ、エルスの立派なところも強調しておきたい。二〇一二年、彼が全英オープンで優勝トロフィーを受け取る際、南アフリカの前大統領のネルソン・マンデラ氏（そのときは、ちょうど九四歳になったばかりだった）の功績を讃えた[26]。これは感動的な場面だった。

もう一人のプロゴルファー、イェスパー・パーネビックのコメントも秀逸だった。ウッズがキャデラックを衝突させたとき、当時の妻であったエリン・ノルデグレンは、彼を助け出すためにゴルフクラブで窓を割ったと報じられた。パーネビックは彼女に向けて「今度は三番アイアンじゃなく、ドライバーを使うといい」とコメントした。なぜそこまで言えたのだろう。彼らの関係は、二〇〇〇年に遡る。パーネビック夫婦はノルデグレンをベビー・シッターとして雇い、次の年にウッズに紹介した。その三年後、二人は結婚した。二人の結婚にいささかの責任を感じたパーネビックは、エリンを気の毒に思ったのだろう。彼はわざわざウッズの裏切りを取り上げてこう語った。「たぶん、彼を買いかぶりすぎていたのさ[27]」。

改めて整理してみる

私たちはなぜ、タイガー・ウッズが見舞われたような不幸にシャーデンフロイデを感じてしまうのだろう。本書の目的は、まさにそれを探ることだった。とはいえ、これまでの章で触れてきたように、シャーデンフロイデに焦点を当てることで、それが誰かの苦しみに対する反応だと誇張したいわけではない――シャーデンフロイデは実にありふれた感情の一つなのだと、私が思っているとしても。

冒頭で挙げた、ホーマー・シンプソンについて考えてみよう。ネッド・フランダースの失敗について、彼がシャーデンフロイデを感じやすかったのは明らかだ。ネッドの左利き専門店「レフトリウム」がうまく行っていないのを喜ぶホーマーを見た娘のリサから、彼の感情を言い当てられるほどだった。ところがエピソード終盤になると、ホーマーはネッドが苦しんでいるのに満足していたにもかかわらず、突然、彼を気の毒に感じた。危ない橋を渡った末に[28]、全財産を失いかけていたからだ。ホーマーは泣きじゃくりながら、ネッドの商売が始まる前に失敗するよう願掛けしたことや、実際に失敗して喜んだりした罪悪感に打ちひしがれた。そして、すぐさまネッドの事業を守るために動き出した。左利きの知り合いに片っ端から電話をかけ、ネッドの店に行くよう訴えたのだ。すると店は、スプリングフィールドの全員が店に押し掛けたかのような賑わいを見せた。フランク・キャプラ監督の映画『素晴らしき哉、人生！』で、主人公ジョージ・ベイリーを助けるためにベッドフォード・フォールズの住人たちがこぞってやって来るラストシーンを彷彿とさせるほど、スプリングフィールドの人々は、缶切りから帳簿に至るまで、左利き用にデザインされたあらゆる商品を買う。今や、ホーマーとネッドは親友同士だ。

ネッド：ホーマー、宅地開発で隣になって、本当に、本当によかった。
ホーマー：ネッド・フランダース、町一番恵まれた左利き。[29]

この話は、ネッドの息子が店に集まった全員と歌う「楽しそうな顔をして」で幕を閉じる。それは妬みやシャーデンフロイデの痕跡のない、あたたかな結末だった。この長く愛された番組の作者はきっとわかっていたに違いない。物語がシャーデンフロイデだらけだったり、シャーデンフロイデで締められたりすべきではないということを。

第2章は、窓の外で冷たい雨が降る中、オーツ巡査が見張り続けなければならないことを知り、そっと喜ぶバーティー・ウースターの話で締めくくった。バーティーが牛型クリーマーを盗んだ容疑者ではないのだから、彼を見張る必要はもうないのだと、オーツ巡査に話そうとする者は誰もいなかった。そうなったという思いがバーティーにホッと一息つかせて、「不思議に甘美な幸福感」[30]を与えた。とはいえ、彼をサディストだと思う読者はまずいないだろう。オーツ巡査はバーティーをひどく扱っていたわけで、いかにも小説らしい喜劇的な顛末として、今度は巡査が数時間ほど嫌な目に遭うのは実に相応しい。ここまで、バーティーは友人や敵対者にひどい扱いを強要され、屈辱や暴力を受けてきたにもかかわらず、家族や友人の願望を満たすよう努めてきた。さらに、実際に助けることができた時にだけ、彼は完璧な満足感を得た。叔母のダリアが可愛がってきたコックを雇い続けられるように、叔父が評判の良い牛型クリーマーを入手できるように、そして、友人が夢見ていた少女と結婚できるように、彼はうまく立ち回った。『ウースター家の掟』という小説のタイトルは、「汝、友を落胆させるべからず」という家訓から来ている――この掟のせいで、バーティーは厄介な状況の数々に巻き込まれてしまうのだが。最高の一日の締めくくりには、シャーデンフロイデがちらついていた。ただし、自分の友人や家族が欲しがっていたものを手に入れられたという、スパイスの効いたシャーデンフロイデだ。

とはいえ、他人の苦しみによって促されるのがシャーデンフロイデであることも確かだからこそ、ほとんどいつも望ましからざる感情でもある。シャーデンフロイデを感じる能力というのは、私たちの大半を不安にさせるような人間性の一面に触れてくる。あえてその意味を、今ここで改めて考えてみよう。たとえば、屈辱エンターテインメントがなぜあれほど持て囃され、妬みが知らず知らずのうちに反ユダヤ主義にまで発展し、後に大量虐殺が喜ばしいことに感じられるまでになってしまうのか。本書のサブタイトルに「闇」とあるのは、つまりそういうわけなのだ。

本書の執筆中、私はGoogleアラートを使ってみた。シャーデンフロイデという語が使われたあらゆる電子メディア記事を知るためだ。一日につき、およそ二〜三の記事があったものの、人々が何の弁解もなしにシャーデンフロイデを認めているような記事は皆無に等しかった。「そう感じてはならないとはわかってるんだけど……」「そう感じずにはいられなかったと認めざるをえない」と、人々は口々に語る。おそらくこれが、シャーデンフロイデという言葉が英語にはない理由の一つだろう。レッテルを貼ることすら憚られる、そんな感情なのだ。[31]

しかし、哲学者のジョン・ポルトマンとエーロン・ベン＝ゼェヴが述べているように、この感情をまるで悪魔のごときものとみなす必要はないという意見に賛同する。[32]私は、あるコラムに対する読者の反応に衝撃を受けたことがある。そのコラムとは、『高等教育クロニクル』というウェブサイト上に書かれた「自業自得の失敗を目にする喜び」というエッセイである。「アリス・フェントン」という偽名で投稿された英語教育の教授によるもので、うまく教えられたときの歓喜に始まり、同じように喜ばしくとも「まず話し合われないような、いわば、影の勝利とでも呼べる一連の事柄」についても触れている。[33]苛立たしい落ちこぼれから、間違いなく単位を落として当然の学生に至るまで、フェントンはいくつかの例を挙げた。要するに、単に好きになれない学生がいただけの話だった。

彼女が偽名を使ったのは賢明だった。多くの読者から熱のこもったコメントが寄せられた。ざっと目を通した一〇一個のコメントのうち、半数以上の五二個が明らかに批判的で容赦なかった。

- この記事を読み終わった後、シャワーを浴びたくなった。筆者の心の狭さとシャーデンフロイデで満たされているところがまずい。
- なんて恐ろしいエッセイだろう。
- ……若者の無知、台無しにされた人生や機会損失を楽しむだって？　そんなのは悪魔の所業だ。
- 彼女は他者の不幸に喜びを求めるサディストみたいだ。アリス、恥を知りなさい！
- フェントンのやり方は愚かしく、実に不愉快だ。
- なんて惨めで、意地の悪い怪物のような女なんだろう。
- このエッセイは、曲がった心の産物だ。

フェントンは、自らの正直さが災いして、コメントを書いた者の大半から疎んじられる羽目になった――エッセイの中では、たとえば頼りなかった学生が、彼女と双方の努力によって花開く時など、教育から得た多くの喜びも強調してあったにもかかわらず。彼女の教育経験は、何もシャーデンフロイデばかりではなかったのに。また、彼女はシャーデンフロイデを積極的に奨励していたわけでもなかった。彼女はただ、単科大学の教員という、近年軽んじられがちな職業に就いている自分の感情を、正直に吐露したに過ぎなかった。それなのに、多くのコメント欄には舌鋒鋭い投稿が寄せられ、そのほとんどが匿名であったことも手伝って、彼女を情緒不安定で憎むべき人間であるか、教えることに燃え尽きてしまった教員――および、無能な教員――であるか、もしくは、それら全てが混ざり合った人物だと断じた。

しかし、彼女には、強力な支持者もいた。私のお気に入りは次の通りだ。

全く……。どうしてみんなそこまで辛辣なんだ？　ストレスだらけの学期中に書かれた面白いエッセイだと思うんだけどね。私は、自分が教えている学生が成功したら嬉しいし、失敗をほくそ笑んだり願ったりもしない。でも、「アリス」が書いたようなケースは実際にあるんだよ。それに彼女は、ネガティブな感情を垂れ流せと言っているわけでもなくて、ただ、ときどき卑しい感情を抱くのは至極当然だと、ちょっとだけ認めている。単純にそれだけのことなんだよ。[34]

フェントンには、読者からのコメントを受け取る心の準備ができていなかった。とりわけ、憎悪に満ちたコメントに対する用意がなかった。結局のところ、彼女はシャーデンフロイデをほとんど経験していなかったし、教育がいかに素晴らしいものかを際立たせようと、コメントの最初の部分で配慮していた。私には、彼女を疑う理由が見当たらなかった。実際、時にはシャーデンフロイデを感じるものだと認めたことが、彼女の言葉により信憑性を与えると思ったのだから。彼女が批判に応じた別のコラムで、フェントンは弁解を次のようにまとめている。

人間として生きている以上、良いことも悪いこともあります……怒り、嫌悪、退屈、シャーデンフロイデ。どれもこれも、私にとっては人間である証です。だからといって、こうした感情が人々を支配するわけでもありません。時として存在するに過ぎないのです。[35]

そう、シャーデンフロイデは――ときどき――あるもので、はっきりとした漆黒というよりも、ほやけた灰色で私たちの中に存在しているのかもしれない。実際、ほとんどのシャーデンフロイデは、瞬く間に通り過ぎる痕跡から生じる。これらの痕跡は、ネットサーフィンで読んだものや、耳に入ってきたゴシップに端を発する。ゴルフの試合を見ていたならば、特定のゴルファーに勝ってほしいか負けてほしいかによって浮き沈みする心に、シャーデンフロイデが潜んでいる。タイガー・ウッズが池ポチャすれば、シャーデンフロイデが生じる――彼が好きでない人なら。選挙の投票日が迫っているところで、対立する党の政治家が失言すれば、シャーデンフロイデが生じる。バスケットボールで、忌々しいライバルチームの選手が負傷すれば、チームが弱くなるのでシャーデンフロイデがこみ上げてくる――しかし、選手には同情もする。妬ましい同僚が一回り太ってバカンスから戻って来る、ライバルの生え際が驚くほどの早さで後退する。そこかしこに、シャーデンフロイデが顔を出す。私たちは、バーティー・ウースターのように基本的には善人で、誰かにひどい問題が降り掛かるのを望んだりはしない。ところが、それが相手に相応しいものであるとなれば、些細な不幸を平気で喜んでしまう。とはいえ、こうした不幸に見舞われてほしいとの空想を実現させようと動く人は稀であり、あくまで不幸は運命や神の御業と考えるのが普通だ。一方、誰かが不幸になればいいのにと思っていたのにそうならないと、私たちは密かに失望する。この感情を表すために最近できた造語がある。それは glückschmertz《グラックシュメルツ》というのだが――これはまた別の機会に語るとしよう。[36]

訳者あとがき

本書を手に取った読者には、他人の失敗や不幸を見聞きしてほくそ笑み、心を弾ませた経験が何度もあったことだろう。そうでなければ、いまこのページを開いているはずがない。そんな喜びを意味するドイツ語「*Schadenfreude*」。序章でも述べられているように、この言葉が英書の中でよく見られるようになってきたのは、今世紀に入ってからの話らしい。もちろん、ゴシップや失敗談が巷を賑わすのは何も今に始まったことではない。しかし、新聞やTVよりもSNSのような情報網を通じて、小さな綻びが瞬く間に大きな瑕疵にまで広がり、衆目に晒されてしまうのが昨今の状況だ。日本でも「他人の不幸で飯が旨い（メシウマ）」というネットスラングが使われるようになって久しい。ネット上には、嘲笑を誘う不幸なエピソードが所狭しとアップされ、まるで砂糖にたかる蟻のように人々が群がる。私たちは間違いなく、シャーデンフロイデの時代のただ中に生きている。

訳者とシャーデンフロイデの出会いは、それより少し前、一九九六年に刊行された「Envy and *Schadenfreude*」と題された論文を手にしたときだった[1]。当時、大学院で学んでいた私ではあったが、この言葉の読み方すらわからなかった。なるほど、必修だったドイツ語の単位を落として再履修しただけのことはある。そこで心理学を専門とする教員たちをつかまえて、「これは何でしょうか？」と論文片手に手当たり次第に尋ねてみたものの、誰もが見慣れない言葉だと口を揃えるばかり。実のところ、こうした回答には失望より興奮の方が優った。ずっと先を行く研究者たちも知らないような概念がまだあるのかと、思わず感心させられたからだ。それに調べてみれば何のことはない、「ざまをみろ」という気持ちがこれだった。こんな馴染みのある感情であるにもかかわらず、まだ心理学の研究の俎上に載ったばかりという事実にも興味が湧いた。しかし後年、その論文を執筆した心理学者が書き下ろした一冊をよもや自らの手で翻訳することになろうとは、当時の私には想像すらできなかった。

本書は、「*The Joy of Pain: Schadenfreude and the Dark Side of Human Nature*」の全訳である。直訳すれば『痛みの喜び――シャーデンフロイデと人間性の闇』となるが、サブタイトルの「シャーデンフロイデ」が本書のテーマであり、日本ではまだ周知されていない言葉でもあることから、こちらを抜き出して邦題のメインタイトルに据えた。各章の大半は、前半で卑近な例（有名な映画やアニメのワンシーン、ナチスが利用したユダヤ人への偏見、タイガー・ウッズに降り掛かったスキャンダル）を引き合いに出しながら、後半で様々な研究成果やその手続きを紹介して、具体例に結び付ける構成となっている。そのため、論文や学術書に出てくるようなデータや専門的な統計量の類いもあえて割愛されており、一般書として大変読みやすい。また、当然のことながら本書ではシャーデンフロイデの原因やメカニズムが詳述されているものの、特定の立場に偏った語りにはなっていない。あくまで著者は、人の不幸を喜ぶ私たちの感情とそれにまつわる現象を、彼自身の経験も交えながら極めて冷静な眼差しで見つめている。たとえば、若かりし頃に働いていた映画館の一介の支配人をじっくりと観察し、支配人をリンカーン大統領と重ねたのは慧眼であるわけだが、本書の著者が偏見に満ちた人物ではない証左でもある。彼にはおそらく、物事を多面的に見る視野の広さと、柔軟な思考力、それらを支える高い教養が備わっている。

　著者のリチャード・ハリー・スミス博士は、シャーデンフロイデだけではなく妬み（envy）の実証研究の先鞭も切ったアメリカの社会心理学者だ。私が大学院生だった二〇年ほど前、日本はもとより欧米でも妬みの心理学的研究がほとんど見当たらない中にあって、目を引く論文にはいつも彼の名前があった。大学院生の私が拙い英文で問い合わせたところ、すぐに返信をくれただけではなく、刊行前の論文まで送ってもらって感激したこともある。彼の業績は、私が研究を進めていく上でのマイルストーンそのものだった。それから十年以上が経過した二〇一一年、夏の京都で開催された国際感情学会（ISRE: International Society for Research on Emotion）にて初めてお会いする機会を得た。東日本大震災から数ヶ月後の開催ということもあり、キャンセルも多く出たと聞いていたが、予定を変更せずに来日。祇園で食事をご一緒した際に、件のメールの話をしたところ、なんと覚えていてくださった。また、韓国出身で料理好きな奥様の影響もあるのか、アメリカ人らしからぬ（失礼！）繊細な舌の持ち主のようで、和食はもとより日本酒も気に入られた様子だった（ちなみに彼の奥様は、本書でも引用されている社会心理学者のキム・ソンヒである）。さらに五年後の夏、横浜で開催された国際心理学会（ICP: International Congress of Psychology）で「いじめと感情」に関するシンポジウムを企画した折に、その指定討論者として彼を招聘できたことは、まさに願ったり叶ったりであった。ただ、その頃の私は、ある気まずい思いも抱えていた。本書の進捗が芳しくなかったのだ。それなのに彼は、アテンドや翻訳への労いの言葉だけでなく、登場するエピソードはもれなくアメリカ人向けだから随意に変更して良いとか、戦時下の日本軍兵士による蛮行に触れた下りは日本人には繊細な話題かもしれないので、必要とあらば削除しても構わないなど、日本の読者を配慮した助言までくださった。結局のところ、エピソードには一切アレンジを加えず、懸念を示されていた箇所も削除

谷中銀座でヱビスビールを酌み交わす訳者（左）と著者（右）（2016 年 7 月 26 日撮影）

することなく、できるだけ忠実かつ平易な訳になるように注力した。

しかし、翻訳という作業の大変さを私はいささか甘く見ていた。とりわけ、本書の中に随所に盛り込まれたアニメや映画の数々には苦戦した。アメリカ文化に疎い私が、見たことも聞いたこともない作品や動画を首尾よく紹介できるだろうかと戸惑うばかりだった。もちろん、難所はそこだけではなく、翻訳は幾度となく暗礁に乗り上げかけた。この仕事を通じて思い知らされたのは、己の教養がいかに足らないかに尽きる。そんな力不足の訳者ではあったが、多くの人たちが手を差し伸べてくれたからこそ、なんとか最後まで乗り切ることができた。まず謝意を申し上げたいのは、小館ゆりか氏、矢野玲奈氏、山本卓氏の三名だ。かつて私の授業を受講していた学生であった彼らは、もれなく高い言語センスを持ち合わせており、貴重な意見を寄せてくれた。中でも、言葉だけでなく調査能力にも秀でた日系カナダ人、山本卓氏からのきめ細かい指摘は傾聴に値するものばかりで、たった一文の訳だけでも複数回のやり取りを要することがままあった。また、いくつかの文意を汲めずに苦慮しているところに、多忙にもかかわらず快く肩を貸してくれた気鋭の心理学者、一言英文氏と金綱知征氏にも深くお礼申し上げたい。そして、この企画以前からも交流があり、遅筆な上にミスも多い私を最後の最後まで根気強くサポートしてくれた勁草書房の永田悠一氏には、感謝の言葉もない。誠実な彼らの力添えなくして翻訳の完遂はありえず、刊行もままならなかったに違いない。

とはいえ、著者ほどの高い見識を持ち合わせていない私が、彼の真意を十分に理解した上で訳出できたかといえば、いささか心もとない。ただ、読者が本書と出会うことで、自分の中に生じたシャーデンフロイデがどこから来て、どこに向かうのか、そこに思いを巡らせられるようになってもらえるのではないか、そんな期待も抱いている。ここまで目を通してくれたなら、ヴァンゼー会議の出席者たちとは異なり、最も不穏な姿形でシャーデンフロイデを示さないか、少なくともそれに無自覚ではいられないだろう。優越感に浸れたから、自分よりも下に見たから、自分に利するから、相応しいとみなしたから、正義の鉄槌が下されたから、屈辱が滑稽だったから、妬んでいたから、妬みを別の感情に転成させていたから、ひた隠しにしていた思いを解放できたから……あなたは人の不幸を喜んだ。それは感じてしかるべき感情であって、善も悪もないのだ。

学生時代の私が、見慣れないタイトルを冠した論文を見つけて感じたあの興奮は、奥の深い研究の入り口に一歩足を踏み入れる高揚感に近いものだったのかもしれない。本書を通じて、シャーデンフロイデという感情の深淵と、時にシャーデンフロイデを抱かずにはいられない人間への慈愛、それらの一端に触れる喜びを味わってもらえたらと切に願う。

二〇一七年一一月八日　リチャードの六四回目の誕生日を祝して

澤田匡人

人名索引

◆ア　行

◆カ　行

◆サ　行

◆タ　行

◆ナ　行

◆ハ　行

◆マ　行

◆ラ　行

◆ワ　行

事項索引

◆サ　行

◆タ　行

◆ナ　行

◆ハ　行

注

謝　辞

1. ［訳注］Ride a Cock-Horse to Banbury Cross（木馬に乗って）というイギリスの童謡の一節。次の訳詩を参照した。「木馬に乗って　バンベリークロスへ出かけよう　白馬にゆられる　すてきなレディーを　見に行こう　指には指輪　足にすず　レディーの行くとこどこにでも　シャンシャンいい音　聞こえるでしょう」鷲津名都江（訳）（2004）. よもううたおう！ マザーグース　講談社　p. 110.
2. ［訳注］シェイクスピア　松岡和子（訳）（1996）. マクベス　筑摩書房　p. 178.

序　章

1. http://www.snpp.com/episodes/7F23.html（April 5, 2010）この例は以下から引用した。Powell, C. A. J., Smith, R. H., & Schurtz, D. R.（2008）. Pleasure in an envied person's gain. in R. H. Smith（Ed.）, *Envy: Theory and research*（pp. 148–164）. New York: Oxford University Press.［訳注］ザ・シンプソンズ（シーズン 3）DVD コレクターズ BOX（2005）.『ホーマーの願い事』日本語吹き替えより引用。原題は When Flanders Failed（1991 年放送）。
2. http://oxforddictionaries.com/defi nition/schadenfreude（May 24, 2012）
3. Howard, R.（Director）（1995）. *Apollo 13* [film]. Los Angeles: Image Entertainment. この映画は実話に基づいて製作されたものであり，ジム・ラヴェルやアラン・シェパードの実際の行動と感情については何も断言できない。
4. 参照 http://www.miaminewtimes.com/2010-05-06/news/christian-right-leader-george-rekers-takes-vacation-with-rent-boy/（May 16, 2010）
5. 参照 http://www.nytimes.com/2010/05/16/opinion/16rich.html（May 16, 2010）
6. 同上
7. 参照 http://blogs.miaminewtimes.com/riptide/2010/05/rekers_on_the_record.php（May 16, 2010）; http://www.miaminewtimes.com/2010-05-06/news/christian-right-leader-george-rekers-takes-vacation-with-rent-boy/1（May 28, 2010）; http://blogs.miaminewtimes.com/riptide/2010/05/george_rekers_is_a_homosexual_says_escort.php（May 28, 2010）; and http://blogs.villagevoice.com/run-ninscared/archives/2010/05/more_on_george.php（May 28, 2010）
8. 参照 http://topics.blogs.nytimes.com/2009/01/13/the-age-of-schadenfreude/（December 17, 2011）
9. 参照 http://www.psychologicalscience.org/index.php/publications/observer/2005/

march-05/reality-check.html（January 12, 2011）

10. Steinbeck, J.（2008）. *The grapes of wrath.* New York: Penguin. 初版は 1939 年。p. 349.

11. de Waal, F. B. M.（2009）. *The age of empathy: Nature's lessons for a kinder society.* New York: Harmony Books; Keltner, D.（2009）. *Born to be good: The science of a meaningful life.* New York: W. W. Norton; McCullough, M. E.（2008）. *Beyond revenge: The evolution of the forgiveness instinct.* San Francisco, CA: Jossey-Bass.

12. Baer, R. A.（Ed.）（2005）. *Mindfulness-based treatment approaches: Clinician's guide to evidence base and applications.* New York: Academic; Diener, E., & Biswas-Diener, R.（2008）. *Happiness: Unlocking the mysteries of psychological wealth.* New York: Wiley-Blackwell; Emmons, R.（2007）. *Thanks! How the new science of gratitude can make you happier.* New York: Houghton Miffin Harcourt; Seligman, M. E. P.（2011）. *Flourish: A visionary new understanding of happiness and well-being.* New York: Free Press.

13. 参照 http://showcase.netins.net/web/creative/lincoln/speeches/1inaug.htm（August 1, 2012）［訳注］アブラハム・リンカーン第 1 期大統領就任演説　Copyright ©2002 katokt http://www.bauddha.net/lincoln_inaugural/sanseido.html（2017 年 11 月 20 日）

第 1 章

1. Heider, F.（1958）. *The psychology of interpersonal relations.* New York: John Wiley & Sons. p. 285. ［訳注］この一節にはカントによる原文から割愛されていると思しき箇所が見受けられるため，本書では原文の邦訳に差し替えた。カント　吉澤傳三郎・尾田幸雄（訳）（1969）. 人倫の形而上学　カント全集，第 11 巻　理想社　pp. 385–386.

2. Snyder, D. J.（1997）. *The cliff walk.* New York: Little, Brown.

3. 参照 http://www.nbc.com/saturday-night-live/（May 14, 2010）

4. Brickman, P., & Bulman, R.（1977）. Pleasure and pain in social comparison, in J. M. Suls & R. L. Miller（Eds.）, *Social comparison processes: Theoretical and empirical perspectives*（pp. 149–186）. Washington, DC: Hemisphere; de Botton, A.（2004）. *Status anxiety.* New York: Pantheon; Festinger, L.（1954）. A theory of social comparison processes. *Human Relations*, 7, 117–140; Fiske, S. T.（2011）. *Envy up, scorn down: How status divides us.* New York: Russell Sage Foundation; Frank, R. H.（1999）. *Luxury fever.* New York: Free Press; Marmot, M.（2004）. *The status syndrome.* New York: Times Books; Mussweiler, T.（2003）. Comparison processes in social judgment: Mechanisms and consequences. *Psychological Review*, 110, 472–489; Smith, R. H.（2000）. Assimilative and contrastive emotional reactions to upward and downward social comparisons, in L. Wheeler & J. Suls（Eds.）, *Handbook of social comparison: Theory and research*（pp. 173–200）. New York: Kluwer Academic Publishers; Stapel, D., & Blanton, H.（Eds.）（2006）. *Social comparison: Essential readings.* Brighton, NY: Psychology Press; Tesser, A.（1991）. Emotion in social comparison and reflection processes, in J. M. Suls & T. A. Wills（Eds.）, *Social comparison: Contemporary theory and research*（pp. 115–145）. Hillsdale, NJ: Erlbaum; Suls, J. M., & Wheeler, L.（Eds.）（2000）. *Handbook of social*

comparison: Theory and research. New York: Plenum Press.

5. 参照 http://www.frasieronline.co.uk/episodeguide/season5/ep17.htm; http://www.kac1780.net/frasier/transcripts/season_5/episode_17/the_perfect_guy.html（April 8, 2013）
6. 引用 Baumol, W. J., & Blinder, A. S.（2010）. *Economics: Principles and policy*. Mason, OH: Cengage Learning.
7. Summers, A., & Swan, R.（2006）. *Sinatra: The life*. New York: Vintage Books. p. 81.
8. 参照 http://www.youtube.com/watch?v=5QvSoRQrVJg（June 15, 2010）
9. Rousseau, J.（1984）. *A discourse on inequality*. New York: Viking Penguin（orginally published in 1754; trans. Maurice Cranston）.
10. 同上 p. 114.
11. この分析の大部分は，Smith（2000）からの抜粋である。
12. Festinger（1954）.
13. Fiske（2011）.
14. Morse, S., & Gergen, K. J.（1970）. Social comparison, self-consistency, and the concept of the self. *Journal of Personality and Social Psychology*, 16, 148–156.
15. Baumeister, R. F., & Bushman, B.（2008）. *Social psychology and human nature*（1st ed.）, Belmont, CA: Wadsworth; Kernis, M. H.（Ed.）（2006）. *Self-esteem issues and answers: A sourcebook of current perspectives*. New York: Psychology Press; Tesser, A.（1988）. Toward a self-evaluation maintenance model of social behavior, in L. Berkowitz（Ed.）, *Advances in experimental social psychology*, vol. 21（pp. 181–227）, New York: Academic Press.
16. van Dijk, W., van Koningsbruggen, G. M., Ouwerkerk, J. W., & Wesseling, Y. M.（2011）. Self-esteem, self-affirmation, and schadenfreude. *Emotion*, 11, 1445–1449.
17. van Dijk, W., Ouwerkerk, J. W., Wesseling, Y. M., & Koningsbruggen, G. M.（2011）. Toward understanding pleasure at the misfortunes of others: The impact of self-evaluation threat on schadenfreude. *Cognition and Emotion*, 25, 360–368.
18. 参照 http://www.quotationspage.com/quotes/François_de_La_Rochefoucauld（May 3, 2012）［訳注］ラ・ロシュフコオ　内藤濯（訳）（1983）. 箴言と考察　グラフ社　p. 36.
19. Buss, D.（2012）. *Evolutionary psychology: The new science of the mind*（4th ed.）. New York: Allyn & Bacon. 同様の分析に Smith（2000）と Smith, R. H., & Kim, S. H.（2007）. Comprehending envy. *Psychological Bulletin*, 33（1）, 46–64.
20. 進化的視点はこうも強調する。利他的な傾向は，特に血縁関係にある者たちに向けて適応的でなければならないと。これは，個人が生き続けるわけではなく，子孫が生き続けることを意味する。子孫は遺伝形質を受け継ぐため，血縁の存続を強化する傾向は，進化を有利に運んでくれる。
21. Fletcher, G. J. O.（2002）. *The new science of intimate relationships*. Cambridge: Blackwell Publishers.
22. Frank（1999）. pp. 135–136.
23. 参照 Smith（2000）; Smith & Kim（2007）.

24. de Botton (2004); Fiske (2011); Marmot (2004).
25. Buss (2012).
26. Brosnan, S. F., & de Waal, F. B. M. (2003). Monkeys reject unequal pay. *Nature*, 425, 297–299.
27. 参照 http://www.msnbc.msn.com/id/21773403/ns/technology_and_science-science/ (November 28, 2009)
28. Boswell, J. (1904). *Life of Johnson*. Oxford: Oxford University Press (originally published in 1781).
29. Range, F., Horn, L., Viranyi, Z., & Hube, L. (2008). The absence of reward induces inequity aversion in dogs. *Proceedings of the National Academy of Sciences*, doi: 10. 1073/pnas. 0810957105 (April 10, 2010)
30. Lindhom, C. (2008). Culture and envy, in R. H. Smith (Ed.), *Envy: Theory and research* (pp. 227–244), New York: Oxford University Press.
31. Alicke, M. D., & Govorun, O. (2005). The better-than-average effect, in M. D. Alicke, D. A. Dunning, & J. I. Krueger (Eds.), *The self in social judgment* (pp. 85–106), New York: Psychology Press. これは,「レイク・ウォビゴン効果」とも呼ばれている。ギャリソン・ケイラーのアメリカ公共ラジオ局(ナショナル・パブリック・ラジオ)番組『プレーリー・ホーム・コンパニオン』における想像上のコミュニティから来た名称だが,そのコミュニティでは「全ての女性は強く,全ての男性はハンサムで,全ての子供たちはみな平均以上である」。参照 http://prairiehome.publicradio.org/ (May 5, 2012)
32. 参照 http://www.digitaldreamdoor.com/pages/quotes/george_carlin.html (September 1, 2012)
33. Dunning, D. (2005). *Self-insight: Roadblocks and detours on the path to knowing thyself*. New York: Psychology Press; Taylor, S. E., & Brown, J. (1988). Illusion and well-being: A social psychological perspective on mental health. *Psychological Bulletin*, 103, 193–210.
34. Baumeister, R. F. (1989). The optimal margin of illusion. *Journal of Social and Clinical Psychology*, 8, 176–189.
35. Smith (2000) でも幅広く扱ったクレインの小説について,ここで数々の例を挙げている。
36. Crane, S. (1952/1895). *The red badge of courage*. New York: Signet. p. 21.
37. 同上 p. 47.
38. 同上 p. 92.
39. 同上 p. 68.
40. 同上
41.『赤い武功章』はフィクションではあるが,魅力的なドキュメンタリーのようでもある。原作者のクレインは,執筆当時20代前半であり,戦争経験もなかったが,兵士の感情が抱いた感情や,なぜそう感じたかを想像することはできた。なるほど,まさにそれこそが,この本を執筆する中で,彼の主たる目的の一つだったのかもしれない。執筆期間中,ニューヨークの画家で,友人でもあるコーウィン・リンソンのアトリエに入り浸り,南北戦争に関するたくさんの報告を調べているところを彼に見られている。参照 Linson, C.

K. (1958). *My Stephen Crane, Syracuse*. NY: Syracuse University Press.
42. McCall, N. (1995). *Makes me wanna holler: A young black man in America*. New York: Vintage.
43. 同上 p. 12.
44. 同上 p. 13.
45. 同上 p. 14.
46. 同上 p. 17.
47. 同上 p. 215.
48. 同上 p. 263.
49. 同上 p. 300.
50. 同上 p. 351.
51. 同上

第 2 章

1. Jones, G. (1996). *I lived to tell it all*. New York: Bantam Doubleday. p. 5.
2. 引用 Sandage, S. A. (2005). *Born losers: A history of failure in America*. Cambridge: Harvard University Press. pp. 277-278. [訳注] トウェイン　飯塚英一（訳）(1999). 赤道に沿って（上）彩流社　p. 259.
3. 参照 http://www.condenaststore.com/-sp/A-businessman-on-a-plane-thinks-it-s-not-enough-that-I-fly-first-class-New-Yorker-Cartoon-Prints_i8545335_.htm Leo Cullum (March 30, 2013)
4. 参照 http://www.brainyquote.com/quotes/authors/g/george_carlin_2.html#CjVhwQkdRa8G3eEB. 99 (April 22, 2012)
5. 参照 http://proof.blogs.nytimes.com/2008/12/15/drunkenfreude/ (December 5, 2009)
6. チーヴァーはまた,「ドランケンフロイデ」について, 彼らの振舞いから知り得たことに照らし合わせて表現した。彼女にとって, パーティーで上品に振舞う人は記憶に残らなかった。酔っ払いの度を超えた行動こそが最も役立つ。しらふでお行儀の良い人たちを見てしなければならない仕草を学ぶより, 恥をかいている人たちを見てしてはならない行動について学ぶ方が多かったからだ。
7. 参照 http://proof.blogs.nytimes.com/2008/12/15/drunkenfreude/ (December 5, 2009)
8. 他に類似した実証研究には次のようなものがある。参照 Pyszczynski, T., Greenberg, J., & LaPrelle, J. (1985). Social comparison after success and failure: Biased search for information consistent with a self-serving conclusion. *Journal of Experimental Social Psychology*. 21, 195-211; Wills, T. A. (1981). Downward comparison principles in social psychology. *Psychological Bulletin*, 90, 245-271.
9. 参照 http://kenlevine.blogspot.com/2007_12_01_archive.html (March 21, 2011) [訳注] https://www.youtube.com/watch?v=lj3iNxZ8Dww (2017 年 11 月 20 日)
10. 参照 http://www.nj.com/entertainment/celebrities/index.ssf/2007/08/beauty_queens_map_quest.html; http://www.theage.com.au/news/people/beauty-queen-left-

searching-for-answers/2007/08/29/1188067160206.html（March 21, 2011）
11. 参照 http://www.zimbio.com/Lauren+Caitlin+Upton/articles/IifvXCVcaBc/Caitlin+Upton+Miss+Teen+South+Carolina+Learns（March 21, 2011）
12. 参照 http://www.nickburcher.com/2007/12/2007s-most-watched-best-youtube-clips.html（March 21, 2011）
13. 参照 http://www.stupidityawards.com/Stupidest_Statement_of_the_Year.html（March 21, 2011）
14. 参照 http://www.urbanmoms.ca/juice/2007/12/top-ten-quotes-of-2007.html（March 21, 2011）; http://poplicks.com/2007/12/best-quotes-of-2007.html（March 21, 2011）; http://deathby1000papercuts.com/2007/12/the-27-most-outrageous-quotes-of-2007/（March 21, 2011）
15. http://www.boston.com/news/nation/gallery/121907_top10quotes?pg=3; http://www.reuters.com/article/idUSN19595120200712197loc=interstitialskip（March 21, 2011）［訳注］テーザー銃とは，対象者に電極を射出して電撃を与えるスタンガンの一種。
16. 参照 http://www.youtube.com/watch?v=lj3iNxZ8Dww（March 21, 2011）
17. 参照 http://www.cincihomeless.org/content/downloads/Bumfights.pdf（December 5, 2009）
18. 参照 http://vyuz.com/022706_Bumfights.htm（December 5, 2009）
19. Wills（1981）.
20. Wert, S. R., & Salovey, P.（2004）. A social comparison account of gossip. *Review of General Psychology*, 8, 122–137.
21. Wills（1981）. p. 246.
22. 同上
23. Diener, E., Fraser, S. C., Beaman, A. L., & Kelem, R. T.（1976）. Effects of deindividuation variables on stealing among Halloween trick-or-treaters. *Journal of Personality and Social Psychology*, 33, 178–183; Festinger, L., Pepitone, A., & Newcomb T.（1952）. Some consequences of deindividuation in a group. *Journal of Abnormal and Social Psychology*, 47, 382–389; Postmes, T., & Spears, R.（1998）. Deindividuation and anti-normative behavior: A meta-analysis. *Psychological Bulletin*, 123, 238–259; Zimbardo, P. G.（2007）. *The Lucifer effect: Understanding how good people turn evil*. New York: Random House.
24. Wills（1981）. p. 246.
25. Hobbes, T.（1968）. *Leviathan*. Harmondsworth: Penguin. p. 35（originally published in 1651）.［訳注］ホッブズ　永井道雄（訳）（1971）．世界の名著 23　ホッブズ　中央公論社 p. 96.
26. 同上
27. Wills（1981）. p. 260.
28. 同上
29. 参照 http://www.guy-sports.com/humor/comedians/comedian_groucho_marx.htm

(May 17, 2012)

30. 参照 http://www.corsinet.com/braincandy/ins-fmen.html (May 17, 2012)

31. 参照 http://www.thewrap.com/tv/column-post/jon-stewart-accept-it-gop-mitt-romneys-your-man-video-32710 (November 13, 2011); もう一つの安全なターゲットは自分だ。冗談の焦点がそれを言った当人に絞られていれば，観客を馬鹿にしようがない。

32. Gruner, C. R. (1997). *The game of humor: A comprehensive theory of why we laugh*. New Brunswick, NJ: Transaction Publishers. p. 8; 参照 Ferguson, M. A., & Ford, T. E. (2008). Disparagement humor: A theoretical and empirical review of psychoanalytic, superiority, and social identity theories. *Humor: International Journal of Humor Research*, 21, 283-312; La Fave, L., Haddad, J., Maesen, W. A. (1996/1976). Superiority, enhanced self-esteem, and perceived incongruity humor theory, in A. J. Chapman & H. C. Foot (Eds.), *Humor and laughter: Theory, research and applications* (pp. 63-91). New York: John Wiley & Sons; Zillman, D., & Cantor, J. R. (1976). A disposition theory of humor and mirth, in A. J. Chapman & H. C. Foot (Eds.), *Humor and laughter: Theory, research and applications* (pp. 93-116). London: Wiley.

33. ホッブスと同様にグルナーも，ユーモアでの笑いの部分は，勝利の唐突さと関連していると強調している。

34. 近年の進化的な視点による分析については下記参照。Martens, J. P., Tracy, J. L., & Shariff, A. F. (2012). Status signals: Adaptive benefit of displaying and observing the nonverbal expressions of pride and shame. *Cognition and Emotion*, 26, 390-406.

35. 参照 http://www.brainyquote.com/quotes/quotes/m/melbrooks161275.html#J3q3MoD2rU1HwY8u. 99 (April 22, 2012)

36. レビューとして参照 Ferguson, & Ford (2008).

37. Martin, R. A. (2007). *The psychology of humor: An integrative approach*. London: Elsevier.

38. Wills (1981). p. 260.

39. 参照 http://www.harrypotterspage.com/category/j-k-rowling/ (January 5, 2012) レヴ・ゴールドマンは，ウッドハウスに対する賛辞を，『タイム』誌で次のように述べている。「彼の題材は，戦前の英国上流階級が持ち合わせていた些細な欠点だった。限定的にも思われるだろうが，大理石がミケランジェロの題材だったことと変わらない。彼はそれを使って何だってなしえたのだ」。参照 http://entertainment.time.com/2011/11/23/in-praise-of-p-g-wodehouse/ (January 5, 2012)

40. 参照 http://www.booktv.org/Watch/8532/In+Depth+Christopher+Hitchens.aspx (January 5, 2012)

41. 彼は女性用下着のデザインをしていた。

42. Wodehouse, P. G. (1938). *The code of the Woosters*. New York: Vintage Books. p. 166.
［訳注］ウッドハウス　森村たまき（訳）(2006). ウースター家の掟　国書刊行会　p. 278.

43. 同上［訳注］ウッドハウス (2006).　p. 277.

44. 同上 p. 182. ［訳注］ウッドハウス（2006）．p. 307.
45. ［訳注］ウッドハウス（2006）．p. 373.
46. 同上 pp. 220-221. ［訳注］ウッドハウス（2006）．p. 374.
47. ［訳注］ウッドハウス（2006）．p. 307.

第3章

1. Orwell, G.（1950）. *Shooting an elephant and other essays.* New York: Penguin. ［訳注］オーウェル　井上摩耶子（訳）（2009）．象を撃つ　川端康雄（編）　オーウェル評論集1　平凡社　pp. 19-20.
2. 参照 http://www.goodreads.com/author/quotes/370054.George_S_Patton_Jr（May 26, 2012）
3. 参照 http://www.condenaststore.com/-sp/It-s-not-enough-that-we-succeed-Cats-must-also-fail-New-Yorker-Cartoon-Prints_i8542217_.htm（February, 2012）
4. 参照 http://thinkexist.com/quotes/billy_crystal/（April 22, 2012）
5. Von Neumann, J., & Morgensten, O.（1944）. *Theory of games and economic behavior.* Princeton, NJ: Princeton University Press.
6. 参照 http://boston.com/community/moms/blogs/parent_buzz/2012/07/aly_raismans_parents_are_animated_in_the_stands_does_it_make_you_nervous_to_watch_your_child_compete.html; http://www.boston.com/sports/other_sports/olympics/articles/2012/08/02/parents_of_olympians_arent_the_only_ones_who_feel_stress_when_their_children_perform/; http://www.nbcolympics.com/video/gymnastics/chevy-top-moment-1-aly-raisman-s-mom-s-reaction.html（August 4, 2012）
7. Tajfel, H.（Ed.）（1978）. *Differentiation between social groups: Studies in the social psychology of intergroup relations.* London: Academic Press.
8. Tajfel, H.（1970）. Experiments in intergroup discrimination. *Scientific American*, 223, 96-102.
9. Tajfel, H., & Turner, J. C.（1979）. An integrative theory of intergroup conflict, in W. G. Austin & S. Worchel（Eds.）, *The social psychology of intergroup relations*（pp. 94-109）. Monterey, CA: Brooks-Cole; Tajfel, H., & Turner, J. C.（1986）. The social identity theory of inter-group behavior, in S. Worchel & L. W. Austin（Eds.）, *Psychology of intergroup relations*（pp. 2-24）. Chicago: Nelson-Hall.
10. St. John, W.（2004）. *Rammer jammer yellow hammer: A journey in the heart of fan mania.* New York: Crown.
11. ［訳注］テイルゲーティングとはアメリカ特有の文化で，車のトランクを開け，トランクリッドの下に集ってゲームの予想をしたりすること。昔はテイルゲートピクニックと言い，トランクを開けてシートを倒して車の中でピクニックをする娯楽から始まったらしい。
12. 同上 p. 125.
13. 同上 pp. 98-99.
14. 参照 http://www.wral.com/news/local/story/1245389/（June 21, 2010）; Taylor, S., &

Johnson, K. C. (2008). *Until proven innocent: Political correctness and the shameful injustices of the Duke lacrosse rape case.* New York: St. Martin's Griffin.
15. Leach, C. W., Spears, R., Branscombe, N. R., & Doosje, B. (2003). Malicious pleasure: Schadenfreude at the suffering of another group. *Journal of Personality and Social Psychology*, 84, 932–943.
16. 内集団に忠誠心を抱いて，外集団を毛嫌いする性質（および，そのように偏った知覚の潜在性）に関するエビデンスは，ダートマス大学 vs. プリンストン大学の乱暴なフットボールの試合映像を見た両大学の学生たちの偏った知覚を検証した古典的な研究にまで遡る（Hastorf, A. H., & Cantril, H. (1954). They saw a game: A case study. *Journal of Abnormal and Social Psychology*, 49, 129–134.）。これとは別のフットボールの試合に関して，ハーバード大学とイェール大学それぞれの視点から見た定性分析がドキュメンタリー『*Havard Beats Yale* 29-29』にも示されている。http://www.thedailybeast.com/newsweek/2009/01/23/when-harvard-beat-yale.html（April 19, 2013）
17. St. John（2004）. p. 93.
18. 同上 p. 94.
19. 参照 http://www.fannation.com/si_blogs/for_the_record/posts/3541（August 10, 2010）
20. 参照 http://sports.espn.go.com/espn/columns/story?columnist=ohlmeyer_don&id=4764245（May 26, 2012）
21. Wann D. L., Peterson R. R., Cothran C., & Dykes, M. (1999). Sport fan aggression and anonymity: The importance of team identification. *Social Behavior and Personality*, 27, 597–602; Wann, D. L., Haynes, G., McLean, B., & Pullen, P. (2003). Sport team identification and willingness to consider anonymous acts of hostile aggression. *Aggressive Behavior*, 29, 406–413.
22. Hoogland, C., Schurtz, R. D., Combs, D. J. Y., Cooper, C., Brown, E. G., & Smith, R. H. (2013). How does the severity of the misfortune affect schadenfreude in sports? Unpublished manuscript.
23. Cikara, M., Botvinick, M., & Fiske, S. T. (2010). Us versus them: Social identity shapes neural responses to intergroup competition and harm. *Psychological Science*, 22, 306–313.
24. Wildschut, T., Pinter, B., Vevea, J. L., Insko, C. A., & Schopler, J. (2003). Beyond the group mind: A quantitative review of the interindividual intergroup discontinuity effect. *Psychological Bulletin*, 129, 698–722.
25. 参照 http://www.nbcsandiego.com/news/sports/James-Hahn-Gangnam-Style-Golf-Dance-Putt-PGA-189662021.html（March 8, 2013）
26. 参照 http://news.bbc.co.uk/2/hi/programmes/letter_from_america/464752.stm（May 15, 2012）
27. 参照 http://news.bbc.co.uk/sport2/hi/golf/3913453.stm（May 15, 2012）; http://sportsillustrated.cnn.com/vault/article/magazine/MAG1017184/index.htm（May 15, 2012）; http://www.youtube.com/watch?v=CxTbNTyWIvc（May 15, 2012）; http://news.bbc.

co.uk/2/hi/programmes/letter_from_america/464752.stm（May 15, 2012）

28. 参照 http://news.bbc.co.uk/2/hi/programmes/letter_from_america/464752.stm（May 15, 2012）
29. 政治がブラッド・スポーツ（動物同士を戦わせるスポーツ）にたとえられるのに，リー・アトウォーターの経歴が挙げられる。多くの共和党候補の選挙運動本部長を務めた彼は，猪突猛進な姿勢で有名だ。http://www.boogiemanfilm.com/; Brady, J.（1996）. *Bad boy: The life and politics of Lee Atwater.* Cambridge, MA: Da Capo Press.
30. 次の文献の，政治とシャーデンフロイデについて書かれている箇所から，いくつかの例を引用している。Combs, D. J. Y, Powell, C. A. J., Schurtz, D. R., & Smith, R. H.（2009）. Politics, schadenfreude, and ingroup identification: The sometimes funny thing about a poor economy and death. *Journal of Experimental Social Psychology*, 45, 635–646.
31. 参照 http://www.realclearpolitics.com/video/2012/02/23/obama_gop_licking_their_chops_over_rising_gas_prices_they_root_for_bad_news.html（March 3, 2012）
32. Combs, Powell, Schurtz, & Smith（2009）.
33. 参照 http://www.rawstory.com/rs/2012/06/26/colbert-only-bad-economic-news-is-good-news-for-romney/（August 4, 2012）
34. Gay, P.（1998）. *My German Question.* New Haven: Yale University Press. ゲイの父は当初，別の船で通過するよう手配していた。しかし，家族ができるだけ早くドイツから脱出できるようにと腐心し，自ら偽造した書類を使って，二週間早く出発する船の席を入手した。元々乗船するはずだった船は，受け入れてくれる国を探すために港から港へとたらい回しにあう，不運な一隻となった。ナチスの包囲網から逃れられた乗客は，全体の四分の一にも満たなかった。参照 Portmann, J.（2000）. *When bad things happen to other people.* New York: Routledge. pp. 54–55.
35. Gay（1998）. p. 70.
36. 同上 p. 83.

第 4 章

1. James（1950）. *Principles of psychology*, vol. 1. New York: Dover. p. 318（originally published in 1890）.
2. Swift, J.（1731）. *Verses on the death of Dr. Swift, D.S.P.D.*. http://www.online-literature.com/swift/3514/（June 21, 2010）［訳注］スウィフト　和田敏英（訳）（1993）. スウィフトの詩　九州大学出版会　p. 221.
3. Orwell（1950）.［訳注］オーウェル（2009）. p. 33.
4. Nietzsche, F.（1967）. *On the genealogy of morals*（trans. W. Kaufmann & R. J. Hollingdale）. New York: Random House. p. 16（originally published 1887）.［訳注］ニーチェ　中山限（訳）（2009）. 道徳の系譜学　光文社　pp. 9–11.
5. ［訳注］ザ・シンプソンズ（シーズン 1）DVD コレクターズ BOX（2005）.『クラスティは強盗犯？』原題は Krusty Gets Busted（1990 年放送）。
6. James（1950）. *Principles of psychology*, vol. 2. New York: Dover. p. 409（originally

published in 1890).
7. 参照 http://www.slate.com/id/2208430/（December 14, 2010）
8. Baumeister, R. F., & Bushman, B. J.（2010）. *Social psychology and human nature.* New York: Wadsworth Publishing.
9. James（1918）. vol. 1, p. 318.
10. Swift（1731）.
11. Jomini, A. H.（1827）. *Vie politique et militaire de Napoléon,* vol. 2（1827）, p. 180; http://books.google.com/books?id+AJUTAAAAQAAJ&pg=PA180（May 24, 2012）
12. 参照 http://www.theatlanticwire.com/politics/2012/10/jon-stewart-how-obama-allowed-romney-proceed-wall/58082/（December 3, 2012）
13. 参照 http://www.dailykos.com/story/2012/11/30/1165769/-My-favorite-moment-of-2012-Please-proceed-governor（December 3, 2012）
14. 参照 http://www.iep.utm.edu/psychego/（May 23, 2012）Batson, C. D.（2011）. *Altruism in humans.* New York: Oxford University Press; Brown, S. L, Brown, R. M., & Penner, L. A.（Eds.）（2012）. *Moving beyond self-interest: Perspectives from evolutionary biology, neuroscience, and the social sciences.* New York: Oxford University Press.
15. Hobbes（1968）.
16. Freud, S.（1930）. *Civilization and its discontents.* London: Hogarth.
17. Truchet, J.（Ed.）(1992). *La Rochefoucauld: Maximes.* Paris: Bordas.［訳注］ラ・ロシュフコオ　内藤濯（訳）（1983）. 箴言と考察 グラフ社　p. 58.
18. 同上。参照 http://www.quotationspage.com/quotes/Francois_de_La_Rochefoucauld.［訳注］ラ・ロシュフコオ（1983）. p. 33.
19. Carnegie, D.（1964）. *How to win friends and influence people.* New York: Simon & Schuster.［訳注］次の訳文を参照した。「中国で 100 万人の餓死する大飢饉が起こっても，当人にとっては，自分の歯痛のほうがはるかに重大な事件なのだ」。カーネギー　山口博（訳）（1999）. 人を動かす（新装版）創元社　p. 129.
20. 同上 p. 4.
21. 同上 p. 50.
22. 同上 p. 14.［訳注］次の訳文を参照した。「およそ人を扱う場合には，相手を論理の動物だと思ってはならない。相手は感情の動物であり，しかも偏見に満ち，自尊心と虚栄心によって行動するということをよく心得ておかねばならない」。カーネギー（1999）. p. 26.
23. Stengel, R.（2000）. *You're too kind: A brief history of flattery.* New York: Touchstone.
24. 同上
25. 参照 http://economictimes.indiatimes.com/opinion/interviews/today-corporate-traning-means-serious-business-growth-pallavi-jha-dale-carnegie-training-india/articleshow/13637502.cms（May 28, 2012）
26. 参照 http://www.facebook.com/note.php?note_id=204703126222217（June 2, 2012）
27. Cialdini, R. B.（2009）. *Influence: Science and practice*（5th ed.）. Boston: Allyn & Bacon. p. xii.［訳注］チャルディーニ　社会行動研究会（訳）（2014）. 影響力の武器――なぜ，

人は動かされるのか（第三版） 誠信書房 p. viii.
28. 同上［訳注］チャルディーニ（2014）. p. viii.
29. Capote, T.（1966）. *In cold blood.* New York: Random House.
30. Haas, A.（1984）. *The doctor and the damned.* New York: St. Martin's Press. p. 232.
31. Brecht, B.（1973/1928）. *Threepenny opera.* London: Eyre Methuen（trans. Hugh MacDiarmid）. p. 46. ［訳注］ベルトルト・ブレヒトはドイツの劇作家。
32. Becker. E.（1973）. *The denial of death.* New York: Simon & Schuster. p. 3. ［訳注］ベッカー 今防人（訳）（1989）. 死の拒絶 平凡社 pp. 22-23.
33. 同上 pp. 3-4. ［訳注］ベッカー（1989）. p. 23.
34. Smith, R. H., Eyre, H. L., Powell, C. A. J., & Kim, S. H.（2006）. Relativistic origins of emotional reactions to events happening to others and to ourselves. *British Journal of Social Psychology*, 45, 357-371.
35. Smith, A.（2000）. *The theory of moral sentiments.* Amherst, NY: Prometheus Books. p. 1（originally published in 1759）.［訳注］スミス 高哲男（訳）（2013）. 道徳感情論 講談社 p. 30.
36. de Waal（2009）; Keltner（2009）; McCullough（2008）.
37. Brown, Brown, & Penner（2012）.
38. Brosnan & de Waal（2003）.
39. 参照 http://www.livescience.com/2044-monkeys-fuss-inequality.html（September 2, 2012）
40. Van den Bos, K., Peter, S. L., Bobocel, D. R., & Ybema, J. F.（2006）. On preferences and doing the right thing: Satisfaction with advantageous inequity when cognitive processing is limited. *Journal of Experimental Social Psychology*, 42, 273-289.
41. Baumeister & Bushman（2010）. p. 60.
42. Aristotle（1991）. *The art of rhetoric.* London: Penguin Books（written c. 367-322 BC; trans. H. C. Lawson-Tancred）. part I, chapter 5, p. 90.
43. Baumeister & Bushman（2010）. pp. 60-61.
44. Bergson, H.（1911）. *Laughter: An essay on the meaning of the comic.* London: Macmillan（引用 Billig, M.［2005］）. *Laughter and ridicule: Towards a social critique of humour.* London: Sage. p. 120.［訳注］「滑稽というものは，だから，つまりその効果をすっかりあらわすためには，瞬間的な心臓麻痺のようなものを要するのだ。」ベルクソン 林達夫（訳）（1976）. 笑い 岩波書店 p. 15.

第5章

1. Portmann（2000）. p. xii. ［訳注］カント 波多野精一・宮本和吉・篠田英雄（訳）（1979）. 実践理性批判 岩波書店 pp. 132-133.
2. Rosten, L.（1968）. *The joys of Yiddish.* New York: McGraw-Hill. p. 201. ［訳注］ロステン 広瀬佳司（監修）（2013）. 新イディッシュ語の喜び 大阪教育図書 p. 235.
3. Marable, M.（2011）. *Malcolm X: A life of reinvention.* New York: Penguin Books.

4. Watts, A. E. (2008). *Laughing at the world: Schadenfreude, social identity, and American media culture* (unpublished dissertation). Northwestern University; Raney, A. A, & Bryant, J. (2002). Moral judgment and crime drama: An integrated theory of enjoyment. *Journal of Communication*, 52, 402-415.
5. De Palma, B. (Director) (1978). The fury [film], Chicago: Frank Yablans Presentations.
6. Portmann (2000); 参照 Ben-Ze'ev, A. (2000). *The subtlety of emotions*. Cambridge, MA: MIT Press.
7. Feather, N. T., & Sherman, R. (2002). Envy, resentment, schadenfreude, and sympathy: Reactions to deserved and undeserved achievement and subsequent failure. *Personality and Social Psychology Bulletin*, 28, 953-961; van Dijk, W. W., Ouwerkerk, J. W., Goslinga, S., & Nieweg, M. (2005). Deservingness and schadenfreude. *Cognition and Emotion*, 19, 933-939; van Dijk, W. W., Goslinga, S., & Ouwerkerk, J. W. (2008). The impact of responsibility for a misfortune on schadenfreude and sympathy: Further evidence. *Journal of Social Psychology*, 148, 631-636.
8. Feather, N. T. (2006). Deservingness and emotions: Applying the structural model of deservingness to the analysis of affective reactions to outcomes. *European Review of Social Psychology*, 17, 38-73; Feather, N. T. (1992). An attributional and value analysis of deservingness in success and failure situations. *British Journal of Social Psychology*, 31, 125-145; Hafer, C. L., Olson, J. M., & Peterson, A. A. (2008). Extreme harmdoing: A view from the social psychology of justice. in V. M. Esses & R. A. Vernon (Eds.), *Explaining the breakdown of ethnic relations: Why neighbors kill* (pp. 17-40), Malden, MA: Blackwell Publishing; Heuer, L., Blumenthal, E., Douglas, A., & Weinblatt, T. (1999). A deservingness approach to respect as a relationally based fairness judgment. *Personality and Social Psychology Bulletin*, 25, 1279-1292; van Dijk, Goslinga, & Ouwerkerk (2008).
9. 参照 http://www.cbsnews.com/stories/2009/09/24/60minutes/main5339719.shtml?tag=currentVideoInfo;segmentUtilities (February 9, 2010)
10. 参照 http://www.reuters.com/article/ousiv/idUSTRE55P6O520090629 (June 26, 2009)
11. 同上
12. Feather (1992); Darley, J. M., Carlsmith, K. M., & Robinson, P. H. (2000). Incapacitation and just deserts as motives for punishment. *Law and Human Behavior*, 24, 659-683; Hafer, Olson, & Peterson (2008); Heuer, Blumenthal, Douglas, & Weinblatt (1999).
13. 参照 http://www.vanityfair.com/politics/features/2009/06/madoff200906 (July 6, 2009)
14. 参照 http://www.reuters.com/article/ousiv/idUSTRE55P6O520090629 (July 30, 2009)
15. 参照 http://www.nytimes.com/2009/06/30/business/30scene.html (July 12, 2009)
16. 参照 http://www.nytimes.com/2009/02/27/business/27madoff.html (June 15, 2009)
17. 参照 http://www.cnn.com/2009/CRIME/02/27/wiesel.madoff/index.html (May 15, 2009)
18. 参照 http://www.businessinsider.com/bernies-cell-2009-3 (May 20, 2009)

19. 不幸を目撃した人は，それが相応しいように思えば思うほど，シャーデンフロイデからまた別の感情に移行しやすいと主張する学者たちもいる。その感情とは，正義を取り戻すことから生じる，冷淡で，一般的な満足感だ。ただ純粋に不幸に相応しい者を目撃した場合には，そこで喜びを感じたところで誰からも非難を受けはしないだろうと思うからこそ，こうした満足感が得られると言える。この感情を一言で言い表す言葉は見当たらないが，シャーデンフロイデというよりはむしろ「満足した義憤」である。両者の違いは重要だと思われるが，序章でも述べたように，より広範囲で包括的な解釈をしたい。さもなければ，この研究分野で，シャーデンフロイデを感じる上での相応性を除外しなければならなくなる。これらの問題点について少し触れた文献は次の通り。参照 Kristjansson, K. (2005). *Justice and desert-based emotions*. Farnham, Surrey, UK: Ashgate Publishing; McNamee, M. (2003). Schadenfreude in sport: Envy, justice and self-esteem. *Journal of the Philosophy of Sport*, 30, 1-16; Portmann (2000).
20. 参照 http://www.abc.net.au/rn/science/mind/s680880.htm (April 5, 2010)
21. Portmann (2000). p. 114.
22. 参照 http://www.ccel.org/ccel/edwards/works2.vi.ix.iii.html (May 23, 2012)
23. Seaman, A. R. (1999). *Swaggart: The unauthorized biography of an American evangelist*. New York: Continuum.
24. 同上
25. 参照 http://www.time.com/time/magazine/article/0,9171,974120,00.html (May 13, 2010)
26. Charley Carlson, personal communication.
27. Baur, S. W. (2008). *The art of the public grovel: Sexual sin and public confession in America*. Princeton, NJ: Princeton University Press.
28. 参照 http://www.miamiherald.com/2010/05/12/1624904_physician-heal-thyself.html (May 16, 2010)
29. この例については，次の論文でも紙幅を割いて取り上げている。Powell, C. A. J., & Smith, R. H. (in press). ［訳注］当該論文は掲載時にタイトルが変更となっている。最終的な情報は以下の通り。Powell, C. A. J., & Smith, R. H. (2013). Schadenfreude caused by the exposure of hypocrisy in others. *Self and Identity*, 12, 413-431.
30. 参照 http://www.cnn.com/2009/US/01/29/lkl.ted.haggard/ (March 13, 2009); http://www.imdb.com/title/tt0486358/quotes (August 29, 2009)
31. Haggard, T., & Haggard, G. (2006). *From this day forward: Making your vows last a lifetime*. Colorado Springs, CO: Waterbook Press.
32. Jones, M. (2007). *I had to say something: The art of Ted Haggard's fall*. New York: Seven Stories Press. p. 145.
33. 同上 p. 160.
34. 参照 http://abcnews.go.com/GMA/story?id=2626067&page=1 (April 2, 2009)
35. Amann, J. M., & Breuer, T. (2007). *The brotherhood of the disappearing pants: A field guide to conservative sex scandals*. New York: Nation Books.

36. 参照 http://dorothysurrenders.blogspot.com/2006/11/fun-with-hypocrisy.html（January 15, 2009）

37. Jones（2007）. p. 232.

38. 同上 p. 9.

39. Wilde, O.（1891）. *The picture of Dorian Gray*. Richmond: University of Virginia Library Electronic Text Center. p. 35.［訳注］ワイルド　福田恒存（訳）（2004）. ドリアン・グレイの肖像　新潮社　p. 43.

40. Seaman（1999）. p. 14.

41. 同上

42. 参照 http://www.waynebrownministries.com/b2evolution/blogs/index.php/2010/05/06/ted-haggard-on-the-rekers-sex-scandal-we-are-all-sinners?blog=23（May 28, 2010）

43. 参照 http://www.nytimes.com/2010/05/19/us/19rekers.html（May 28, 2010）

44. 参照 http://www.washingtonmonthly.com/features/2003/0306.green.html（April 22, 2008）; http://www.slate.com/id/2082526/（May 12, 2008）

45. 参照 http://www.nationalreview.com/goldberg/goldberg050503.asp（April 22, 2008）

46. 参照 http://www.slate.com/id/2082526/（May 12, 2008）

47. King James Bible, Matthew 23: 25, 27–28.［訳注］新共同訳聖書「マタイによる福音書」

48. Cialdini（2009）. p. 53.［訳注］チャルディーニ（2014）. p. 100.

49. Monin, B., Sawyer, P., & Marquez, M.（2008）. The rejection of moral rebels: Resenting those who do the right thing. *Journal of Personality and Social Psychology*, 95, 76–93; Monin, B.（2007）. Holier than me? Threatening social comparison in the moral domain. *International Review of Social Psychology*, 20, 53–68.

50. Monin（2007）.

51. Heider（1958）; Tripp, T. M., Bies, R. J., & Aquino, K.（2002）. Poetic justice or petty jealousy? The aesthetics of revenge. *Organizational Behavior and Human Decision Processes*, 89, 966–987.

52. Powell & Smith（in press）.［訳注］Powell & Smith（2013）.

第6章

1. 引用 French, P. A.（2001）. *The virtues of vengeance*. Lawrence: University Press of Kansas; *Agamemnon, The Oresteria*（trans. Robert Fagles）. London: Penguin Books, 1975, p. 3.［訳注］アイスキュロス　久保正彰（訳）（1998）. アガメムノーン　岩波書店　p. 128.

2. 参照 http://blog.al.com/live/2011/05/osama_bin_laden_death_brings_j.html（March 25, 2012）

3. 参照 http://www.condenaststore.com/-sp/I-am-not-a-vengeful-man-but-I-do-enjoy-a-touch-of-retribution-now-and-then-New-Yorker-Cartoon-Prints_i8474436_.htm（June 2, 2012）［訳注］https://condenaststore.com/featured/i-am-not-a-vengeful-man-edward-koren.html（2017年11月20日）

4. 第5章で述べたように，客観的な基準から見て，不幸が相応しく見えれば見えるほど，シャーデンフロイデとは質的に違う感情に見舞われるだろうとみなしうる。はたして，その感情とは，正義の回復からもたらされる，偏りが正されたという満足感である。この満足感とシャーデンフロイデの違いは重要であるとは承知しているものの，本書の目的に沿って，ここではシャーデンフロイデをより幅広い観点から捉えている。
5. Hafer, C. L., & Begue, L.（2005）. Experimental research on just-world theory: Problems, developments, and future challenges. *Psychological Bulletin*, 131, 128–167; Lerner, M. J.（1980）. *The belief in a just world: A fundamental delusion*. New York: Plenum Press; Lodewijkx, H. F. M., Wildschut, T., Nijstad, B. A., Savenije, W., Smit, M., & Nijstad, B.（2001）. In a violent world, a just world makes sense: The case of "senseless violence" in the Netherlands. *Social Justice Research*, 14, 79–94.
6. Lerner, M. J., & Simmons, C. H.（1966）. Observer's reaction to the "innocent victim": Compassion or rejection? *Journal of Personality and Social Psychology*, 4, 203–210.
7. 参照 http://www.scu.edu/ethics/publications/iie/v3n2/justworld.html（May 20, 2008）; http://www.nytimes.com/1990/06/03/us/nature-of-clothing-isn-t-evidence-in-rape-cases-florida-law-says.html（August 15, 2012）
8. Lerner（1980）.
9. Alicke, M. D.（2000）. Culpable control and the psychology of blame. *Psychological Bulletin*, 126, 556–574; Alicke, M. D., & Davis, T. L.（1989）. The role of a posteriori victim information in judgments of blame and sanction. *Journal of Experimental Social Psychology*, 25, 362–377.
10. 参照 http://blog.al.com/live/2011/05/osama_bin_laden_death_brings_j.html（March 23, 2012）
11. 参照 http://www.nytimes.com/2010/03/14/books/14dover.html（March 18, 2010）; http://www.guardian.co.uk/theguardian/2010/mar/08/sir-kenneth-dover-obituary（March, 2010）
12. Dover, K.（1994）. *Marginal comment: A memoir*. London: Duckworth.
13. 自分が著した事柄の多くが読者にとって重要でなかったとしても，彼は悩まされまいと決めた。なぜなら，「他人から評価されることを吐露して自惚れていると思われまいと拒んでいる限り，もしくは，物事を貶めるような言葉ばかりを口にする出しゃばりである限り，はたまた，些末な点にばかり目をやって大局を見られないような『不均衡』状態になっている限り，いかにして（私の著作が彼らにとって重要か否かなどを）知りえようか？」Dover（1994）. p. 2.
14. Dover（1994）. p. 228.
15. 参照 http://www.nytimes.com/1994/11/28/world/a-scholar-s-memoirs-raise-some-ghosts-at-oxford.html?pagewanted=all（May 2, 2010）
16. Dover（1994）. p. 230.
17. 『ニューヨーク・タイムズ』紙の記事によれば，ドーヴァーが「道徳的に責任を負わされるかについては，イギリスの学界で徹底的に議論された」が，数年後に回顧録の刊行に

より，その議論に再び火が付き，ついには学界の垣根を越えて燃え広がっていった。http:// www.nytimes.com/2010/03/14/books/14dover.html（March 18, 2010）

18. 参照 http://www.nytimes.com/1994/11/28/world/a-scholar-s-memoirs-raise-some-ghosts-at-oxford.html?pagewanted=all（May 2, 2010）

19. 同上

20. Dover（1994）. p. 230.

21. 参照 http://www.guardian.co.uk/theguardian/2010/mar/08/sir-kenneth-dover-obituary（March 18, 2010）

22. Hareli, S., & Weiner, B.（2002）. Dislike and envy as antecedents of pleasure at another's misfortune. *Motivation and Emotion*, 26, 257-277; Ortony, A., Clore, G., & Collins, A.（1988）. *The cognition structure of emotions*. Cambridge: Cambridge University Press.

23. このドイツ語の言葉は，1990年にフォルクスワーゲンの広告キャンペーンで使われた「楽しみを運転する」という意味である。参照 http://www.urbandictionary.com/define.php?term=farfegnugen（May 26, 2012）

24. 彼の回顧録『医師と呪われし者』は，これまでに読んできた本の中で最も素晴らしい部類に入る一冊である。もし私に資金が無限にあれば，物語の詳細まで入れ込んだ30話に分けたテレビドラマを制作したいほどだ。たとえば，主人公の感情が本全体にわたって正直に書かれている点を，私は気に入っている。

25. Haas（1984）. p. 284.

26. 同上。回顧録の他の箇所では，ハースが復讐鬼ではないと示唆している点に注目しなくてはならない。彼はむしろ，それとは正反対の人物だった。過酷な戦争を生き抜いたからこそ，公正で思いやりがあり，才覚も持ち合わせていた。

27. Manning, M.（2011）. *Malcolm X: A life of reinvention*. New York: Penguin Books. p. 229.

28. 参照 http://www.washingtonpost.com/wp-dyn/content/article/2005/09/20/AR2005092000201_pf.html（April 13, 2008）

29. 参照 http://www.jewishfederations.org/page.aspx?id=108589（April 12, 2009）

30. 「そうせざるをえなかったから，そうしているのだ……復讐の感覚に突き動かされたわけではない。最初の頃は，ほんの少しそういう心持ちになっていたかもしれないが……改めて考えてみるまでもなく，私たちはこの出来事を忘れてはならないと気づかされた。もし忘れ去られてしまえば，20年，50年，100年後にもまた同じことが繰り返されるだろう」。http://www.boston.com/news/world/europe/articles/2005/09/21/nazi_hunter_simon_wiesenthal_dies/（April 12, 2009）

31. 参照 http://www.nytimes.com/2005/09/21/international/europe/21wiesenthal.html?pagewanted=all（March 26, 2012）

32. 参照 http://www.boston.com/news/world/europe/articles/2005/09/21/nazi_hunter_simon_wiesenthal_dies/?page=full（March 23, 2012）

33. Carlsmith, K. M., & Darley, J. M.（2008）. Psychological aspects of retributive justice. in M. P. Zanna（Ed.）, *Advances in experimental social psychology*（vol. 40, pp. 193-236）.

San Diego, CA: Elsevier; Kim, S. H., & Smith, R. H. (1993). Revenge and conflict escalation. *Negotiation Journal*, 9, 37–43; McCullough (2008); Miller, W. I. (2007). *Eye for an eye*. New York: Cambridge University Press; Tripp, T. M., & Bies, R. J. (2009). *Getting even: The truth about workplace revenge — and how to stop it*. New York: Jossey-Bass.

34. Haas (1984). p. 291.
35. 同上
36. 同上
37. McCullough (2008).
38. Murphy, J. G. (2003). *Getting even: Forgiveness and its limits*. New York: Oxford University Press.
39. Murphy, J. G. (2002). Vengeance, justice and forgiveness. *Canyon Institute for Advanced Studies*, 2 (1), 1.
40. Kleist, M. (2007). *Michael Kohlhaas: A tale from an old chronicle* (trans. Frances H. King). New York: Mondial (originally published in 1811).
41. Murphy (2002). p. 1.
42. Lester, M. L. (Director) (1985). Commando [film]. Available at http://www.script-o-rama.com/movie_scripts/c/commando-script-transcript-arnold-schwarzenegger.html (March 12, 2013) [訳注] 映画『コマンドー』(1985, 日本語版は 2013) の日本語吹き替えより引用。
43. Auden, W. H. (1976). *Collected poems*. New York: Random House.
44. Kim & Smith (1993).
45. Kim, S. H. (2005). The role of vengeance in conflict escalation. in I. W. Zartman & G. O. Faure (Eds.), *Escalation and negotiation in international conflicts* (pp. 141–162). Cambridge: Cambridge University Press.
46. 参照 Lotto, D. (2006). The psychohistory of vengeance. *Journal of Psychohistory*, 34, 43–59.
47. King James Bible, Paul's letter to the Romans 12: 19. [訳注] 新共同訳聖書「ローマの信徒への手紙」
48. Carlsmith, K. M., Wilson, T. D., & Gilbert, D. T. (2008). The paradoxical consequences of revenge. *Journal of Personality and Social Psychology*, 95, 1316–1324.
49. 同上 p. 1324.
50. これは他の実証研究とも合致する。その研究では，過去に他者から酷い扱いを受けたことの反芻は，ネガティブな感情を長引かせ，悪化させる傾向があると示されている。酷く扱われたことを反芻すると，怒りは増し，持続するのだ (Mor, N., & Winquist, J. (2002). Self-focused attention and negative affect: A meta-analysis. *Psychological Bulletin*, 128, 638–662.)。自分を痛めつけた者へ思いめぐらすときには，気を紛らわしているときよりも，人は攻撃的になる (Rusting, C. L., & Nolen-Hoeksema, S. (1998). Regulating responses to anger: Effects of rumination and distraction on angry mood. *Journal of Personality*

and Social Psychology, 74, 790-803.)。その上，反芻する者たちは，自分の気分を害されたことを許さない傾向にもある（Bushman, B. J.（2002）. Does venting anger feed or extinguish the flame? Catharsis, rumination, distraction, anger and aggressive responding. *Personality and Social Psychology Bulletin*, 28, 724-731.)。

51. Kim（2005）.
52. Ben-Ze'ev（2000）. エーロン・ベン＝ゼェヴのように，本来のシャーデンフロイデは受動的なものだと強調する学者たちには，私も賛同する点が多い。なるほど，もし誰かの不幸に能動的に関わるなら，さらに複雑な何かが起こり得よう。しかしながら，私だったら，こうした厳格な区別はしない。自ら動くと全体像を複雑にさせてしまうけれども，私の見方からすれば，そこからシャーデンフロイデが完全に取り除かれるとまではいかないのだから。
53. Sides, H.（2002）. *Ghost soldiers: The epic account of World War II's greatest rescue mission*. New York: Anchor.
54. 参照 Baumeister, R. F.（1997）. *Evil: Inside human cruelty and violence*. New York: W. H. Freeman. サディズムは，残酷な行為，特に過度な残酷さに歓喜を伴う。残酷な行為から得られる喜び以外に，他の動機が見当たらない。また，基本的にサディズムは，受動的ではなく能動的だ。サディストの傾向にある人たちは，他人を傷つけ，危害を加えることを楽しむ。極端なシャーデンフロイデとサディズムを思い浮かべる限りでは，両者の境界線は曖昧だ。苦しんでいる人の苦しみが相応しいと感じると，シャーデンフロイデを感じる。しかし，この喜びを傍から見た第三者の目には，苦しみが相応しいとは思えないので，喜んでいる者はサディストに映ってしまう。シャーデンフロイデが能動的になると，サディズムと重複するので線引きしづらくなる。というのも，その能動的な性質の数々は，相応性のような他の（受動的な）動機よりも，残酷な行為による純然たる楽しみの方と，より密接に結びついてしまうからだ。
55. Shakespeare, W.（1963）. *Hamlet: An authoritative text, intellectual backgrounds, extracts from the sources, and essays in criticism*. New York: W. W. Norton（written approximately in 1599）, Act III, sc. 4, lns 210-211. ［訳注］シェイクスピア　野島秀勝（訳）（2002）. ハムレット　岩波書店　pp. 209-210.

第7章

1. 参照 http://archive.dailycal.org/article/13978/berkeley_junior_shot_down_in_american_idol_tryout（April 19, 2012）
2. Gandhi, M. K.（1983/1948）. *Autobiography: The story of my experiments with truth*. New York: Dover. p. 99. ［訳注］ガーンディー　田中敏雄（訳）（2000）. ガーンディー自叙伝 1　平凡社　p. 275.
3. James（1918）. vol. 2, p. 414.
4. 参照 http://www.asianweek.com/2008/08/27/breakfast-is-out-to-lunch/（December 12, 2010）
5. 参照 http://yellow-face.com/（December 12, 2010）

6. もしかするとこれが，なぜ人前で話すことが，多くの人にとって強い恐怖をもたらすのかを説明しているかもしれない。Gibson, J. W., Gruner, C. R., Hanna, M. S., Smythe, M. J., & Hayes, M. T.（1980）. The basic course in speech at U.S. colleges and universities: III. *Communication Education*, 29, 1-9.
7. Goffman, E.（1952）. On cooling the mark out: Some aspects of adaptation to failure. *Psychiatry*, 15, 451-463, p. 463.
8. 参照 http://www.youtube.com/watch?v=vqmy5qrvaVQ（May 21, 2012）
9. 同上
10. Watts（2008）.
11. Booker, S., & Waite, B. M.（2005, May）. Humilitainment? Lessons from 'The Apprentice': A reality television content analysis. *presented at the 17th Annual Convention of the American Psychological Society*（Los Angeles）.; Waite, B. M., Bendezu, J., & Booker, S.（2004, May）. Why do we like reality television? A personality analysis. *presented at the 16th Annual Convention of the American Psychological Society*（Chicago）.
12. 参照 http://www.nbc.com/howie-do-it/（March 10, 2011）
13. 参照 http://www.nbc.com/howie-do-it/about/（March 10, 2011）
14. 参照 http://www.nbc.com/howie-do-it/（March 10, 2011）
15. 参照 http://orwell.ru/library/essays/joys/english/e_joys（August 15, 2012）; Orwell, G.（1953）. *Such, such were the joys*. New York: Harcourt, Brace and Company.［訳注］オーウェル　鈴木建三（訳）（2009）. あの楽しかりし日々　川端康雄（編）オーウェル評論集1　平凡社　pp. 148-236.
16. 参照 http://www.democraticunderground.com/discuss/duboard.php?az=view_all&address=389x276680（March 3, 2013）
17. 参照 http://www.msnbc.msn.com/id/10912603/ns/dateline_nbc-to_catch_a_predator/（August 15, 2012）
18. Shakespeare, *Othello, the Moor of Venice*, Act II, Scene III, 242-244.［訳注］シェイクスピア　菅泰男（訳）（1960）. オセロウ　岩波書店　p. 81.
19. 参照 http://www.mediabistro.com/tvnewser/nbcs-chris-hansen-busts-homer-simpson_b33598（March 10, 2011）; http://www.imdb.com/title/tt0905647/（March 10, 2011）
20. 参照 http://www.sfgate.com/cgi-bin/article.cgi?f=/c/a/2007/08/08/DDEGREAI31.DTL&ao=all; http://articles.sfgate.com/2007-08-08/entertainment/17255578_1_sexual-solicitations-nbc-s-predator-reality（May 17, 2012）
21. Adler, A. M.（2010）. "To catch a predator," New York University Public Law and Legal Theory Working Papers, Paper 229（March 10, 2011）; http://lsr.nellco.org/nyu_plltwp/229（March 10, 2011）
22. 参照 http://www.tvrage.com/Jimmy_Kimmel_Live/episodes/582351（March 11, 2001）
23. Terry, K.T.（2005）. *Sexual offenses and offenders: Theory, practice, and policy*. New

York: Wadsworth Publishing.
24. Trammell, R., & Chenault, S. (2011). "We have to take these guys out": Motivations for assaulting incarcerated child molestors. *Symbolic Interaction*, 32, 334-350; http://abcnews.go.com/US/story?id=90004#.T3d4nHi4L0c (March 31, 2012); http://www.slate.com/articles/news_and_politics/explainer/2011/11/jerry_sandusky_out_on_bail_are_child_molesters_tormented_in_american_prisons_.html (March 31, 2012); http://www.nytimes.com/2003/08/28/opinion/prisoners-of-hate.html (March 31, 2012)
25. 参照 http://www.cjr.org/feature/the_shame_game.php?page=all (April 21, 2013)
26. 参照 http://www.pollyklaas.org/ (May 28, 2012)
27. Book, A. S. (1999). Shame on you: An analysis of modern shame punishment as an alternative to incarceration. *William & Mary Law Review*, 40, 653-686; Ziel, P. (2004-2005). Eighteenth century public humiliation penalties in twenty-first century America: The shameful return of scarlet letter punishments in U.S. v. Gementera. *BYU Journal of Public Law*, 19, 499-522. 例外もある。たとえば http://www.thedailyaztec.com/2011/01/public-shaming-is-an-effective-alternative-to-prison/ (August 15, 2012); http://www.publicengines.com/blog/2009/11/09/creative-sentencing-public-humiliation/ (August 15, 2012); http://lawvibe.com/get-caught-stealing-and-face-public-humiliation/ (August 15, 2012)
28. 参照 http://www.cjr.org/feature/the_shame_game.php?page=all (April 21, 2013)
29. 参照 http://www.youtube.com/watch?v=TgwOu1IlWuY (March 4, 2013)
30. 同上
31. Hansen, C. (2007). *To catch a predator: Protecting your kids from online enemies already in your home*. New York: Dutton Adult. p. 5.
32. 番組内のある回では，ハンセンに情けを乞う軍曹が登場する。彼は「お願いだ。私の人生を台無しにしないでくれ」と言うと，まるで敵軍に囚われたばかりかのように，ひざまずいて両手を頭の後ろにした。しかし，この嘆願がハンセンの同情を引くことはなかった。ハンセンが自ら記しているように，「ひざまずいている姿を気の毒に思いそうにもなるだろうが，思い出してほしい。14歳の少女だと思っている相手に50ページ以上にも渡る露骨なチャットの文章を打ち込んだ男と，彼が同一人物だということを」。同上 p. 211.
33. Reiss, S. & Wiltz, J. (2004). Why people watch reality TV. *Media Psychology*, 6, 363-378.
34. 参照 http://www.ew.com/ew/article/0,,399467,00.html (March 10, 2011)
35. Whitman, J. Q. (1998). What is wrong with inflicting shame sanctions? Faculty Scholarship Series, Paper 655, http://digitalcommons.law.yale.edu/fss_papers/655 (March 11, 2011)
36. 参照 http://en.allexperts.com/q/U-S-History-672/2008/8/Puritan-Women-punishment.htm (March 12, 2011)
37. 同上
38. McTiernan, J. (Director) (1988). Die Hard [Film]. Los Angeles: 20th Century Fox. [訳

注］映画『ダイ・ハード』（1988，日本版は 2013）の日本語吹き替えより引用。
39. 同上［訳注］映画『ダイ・ハード 2』（1990，日本版は 2013）の日本語吹き替えより引用。
40. 詳細な統計と分析については下記を参照。Crimes Against Children Research Center at http://www.unh.edu/ccrc/ (June 12, 2012); Finkelhor, D. (2008). *Childhood victimization: Violence, crime, and abuse in the lives of young people*. New York: Oxford University Press.
41. Snyder, Howard N. (2000, July). Sexual assault of young children as reported to law enforcement: Victim, incident, and offender characteristics, http://bjs.ojp.usdoj.gov/content/pub/pdf/saycrle.pdf (June 2, 2012); Crimes Against Children Research Center, http://www.unh.edu/ccrc/ (June 12, 2012)
42. 参照 http://www.huffingtonpost.com/jesse-wegman/dateline-to-kill-a-predat_b_41911.html (June 2, 2012)

第 8 章

1. Griffin, A. K. (1931). *Aristotle's psychology of conduct*. London: Williams and Norgate. p. 78.［訳注］アリストテレス 戸塚七郎（訳）(1992). 弁論術　岩波書店　p. 212.
2. Spinoza, B. (2008). *The ethics*. New York: Bibliolife. p. 138 (originally published in 1677).［訳注］スピノザ 工藤喜作・斎藤博（訳）(1969). エティカ　世界の名著 25　スピノザ，ライプニッツ　中央公論社　p. 251.
3. 参照 http://www.snpp.com/episodes/7F23.html (April 5, 2010)［訳注］ザ・シンプソンズ（シーズン 3）DVD コレクターズ BOX (2005).『ホーマーの願い事』日本語吹き替えより引用。原題は When Flanders Failed (1991 年放送)。
4. ［訳注］もともとは「いとこが土地を買うと腹が痛い」という諺であり，「水田」や「ねじれる」といった言葉は含まれていない。
5. Smith & Kim (2007).
6. Forman, M. (Director) (1984). *Amadeus* (film based on a play by Peter Shaffer [2001], *Amadeus: A play by Peter Shaffer*. New York: Harper Perennial). サリエリが実際にモーツァルトを妬んでおり，劇中で示されたようにモーツァルトの死を企んだという証拠はほとんどない。参照 Borowitz, A. I. (1973). Salieri and the "murder" of Mozart. *The Musical Quarterly*, 59, 268–279.
7. Fiske (2011).
8. Harris, L. T., & Fiske, S. T. (2006). Dehumanizing the lowest of the low: Neuro-imaging responses to extreme outgroups. *Psychological Science*, 17, 847–853; Harris, L. T., Cikara, M., & Fiske, S. T. (2008). Envy as predicted by the stereotype content model: A volatile ambivalence. in R. H. Smith (Ed.), *Envy: Theory and research* (pp. 133–147). New York: Oxford University Press.
9. Fiske (2011). p. 32; Botvinick, M. M., Cohen, J. D., & Carter, C. S. (2004). Conflict monitoring and anterior cingulate cortex: An update. *Trends in Cognitive Sciences*, 8, 539–546.

10. Mitchell, J. P. (2008). Contributions of functional neuroimaging to the study of social cognition. *Current Directions in Psychological Science*, 17, 142-146.

11. Harris, Cikara, & Fiske (2008); Harris, L.T., McClure, S. M., van den Bos, W., Cohen, J. D., & Fiske, S. T. (2007). Regions of the MPFC differentially tuned to social and non-social affective evaluation. *Cognitive and Behavioral Neuroscience*, 7, 309-316; van den Bos, W., McClure, S. M., Harris, L. T., Fiske, S. T., & Cohen, J. D. (2007). Dissociating affective evaluation and social cognitive processes in ventral medial prefrontal cortex. *Cognitive and Behavioral Neuroscience*, 7, 337-346.

12. Smith, R. H., Turner, T. J., Garonzik, R., Leach, C. W., Urch-Druskat, V., & Weston, C. M. (1996). Envy and schadenfreude. *Personality and Social Psychology Bulletin*, 25, 158-168.

13. 参照 http://thetenbest.net/gorevidalquotes/ (March 10, 2010)

14. Twain, M. (2000). *Life on the Mississippi*. Toronto: Dover. p. 22 (originally published in 1883); 次の文献でもこの例を使用している。Powell, C. A. J., Smith, R. H., & Schurtz, D. R. (2008). Schadenfreude caused by an envied person's gain. in R. H. Smith (Ed.), *Envy: Theory and research* (pp. 148-164). New York: Oxford University Press. ［訳注］トウェイン　吉田映子（訳）(1994). ミシシッピの生活（上）彩流社　p. 64.

15. Percy, W. (2000). *Lost in the cosmos*. New York: Picador. p. 65. 次の文献でもこの例を拡張して使用している。Powell, Smith, & Schurtz (2008).

16. Percy (2000). p. 65.

17. 同上

18. Smith, Turner, Garonzik, Leach, Urch-Druskat, & Weston (1996).

19. Takahashi, H., Kato, M., Matsuura, M., Mobbs, D., Suhara, T., & Okubo, Y. (2009). When your gain is my pain and your pain is my gain: Neural correlates of envy and schadenfreude. *Science*, 13, 937-939.

20. 参照 http://www.nytimes.com/2009/02/17/science/17angi.html?_r=1 (May 15, 2010)

21. Cuddy, A. J. C., Fiske, S. T., & Glick, P. (2007). The BIAS map: Behaviors from intergroup affect and stereotypes. *Journal of Personality and Social Psychology*, 92, 631-648; Fehr, E., & Fischbacher, U. (2005). The economics of strong reciprocity. in H. Gintis, S. Bowles, R. Boyd, & E. Fehr (Eds.), *Moral sentiments and material interests: The foundations of cooperation in economic life* (pp. 151-191). Cambridge: MIT Press; Kirchsteiger, G. (1994). The role of envy in ultimatum games. *Journal of Economic Behavior and Organization*, 25, 373-389; Smith & Kim (2007). 近年の研究では，妬みには良性のものと悪性のものがあることが示されている。参照 van de Ven, N., Zeelenberg, M., & Pieters, R. (2009). Leveling up and down: The experience of malicious and benign envy, *Emotion*, 9, 419-429.

22. 幸いなことに，爆発から少年は無事に生還した。さもなければ，トウェインはおそらく，それほど熱心には語らなかっただろう。なのに，少年が無事だったことで，複雑な感情が紡ぎ出された。トウェインはこう記している。「ところが次の週，彼は生きて戻ってきた。

すっかり有名人で，きずだらけほうたいだらけの姿で教会にやってきた。みんなから見つめられ，驚かれるまばゆいばかりのヒーロー――このときわたしたちには，その値打もない下等なやつへの神のえこひいきも，ここまできては批判を受けてもしかたがないように思えたのである」。［訳注］トウェイン（1994）. p. 64.
23. Beckman, S. R., Formby, J. P., Smith, W. J., & Zheng, B. H. (2002). Envy, malice and Pareto efficiency: An experimental examination. *Social Choice and Welfare*, 19, 349-367; Zizzo, D. J. (2003). Money burning and rank egalitarianism with random dictators. *Economics Letters*, 81, 263-266; Zizzo, D. J., & Oswald, A. J. (2001). Are people willing to pay to reduce others' incomes? *Annales d'Economie et de Statistique*, 63-64, 39-62.
24. Smith, R. H. (1991). Envy and the sense of injustice. in P. Salovey (Ed.), *The psychology of jealousy and envy* (pp. 79-99). New York: Guilford Press; Smith, R. H., Parrott, W. G., Ozer, D., & Moniz, A. (1994). Subjective injustice and inferiority as predictors of hostile and depressive feelings in envy. *Personality and Social Psychology Bulletin*, 20, 705-711.
25. van de Ven, Zeelenberg, & Pieters (2009).
26. Portmann (2000). p. 139.
27. Burke, E. (1987). *A philosophical enquiry into the origin of our ideas of the sublime*. Oxford: Basil Blackwell, p. 46 (originally published in 1756).『ナショナル・インクワイアラー』誌は，同誌を刊行している出版社による記事や雑誌が奇抜な作り話ばかりなので，その信頼性に汚名が着せられている。たしかに，『ナショナル・インクワイアラー』の記事は，その中心になっている人たちによる悪意ある嘘で塗り固められたものと思われて，退けられるばかりではあるけれども，結局のところ，あらかた事実を語っている場合が多い。参照 http://www.slate.com/id/2102303/ (May 15, 2010)［訳注］バーク　中野好之（訳）(1999). 崇高と美の観念の起源　みすず書房　p. 50.
28. Chang, J., & Halliday, J. (2005). *Mao: The unknown story*. New York: First Anchor Books. p. 14.
29. 同上［訳注］チアン／ハリデイ　土屋京子（訳）(2005). マオ――誰も知らなかった毛沢東（上）　講談社　p. 38.
30. Boucher, K., & Smith, R. H., (2010). unpublished data.
31. 参照 http://www.slate.com/id/2067667 (May 15, 2010)
32. Byron, C. (2002). *Martha Inc.: The incredible story of Martha Stewart Living Omnimedia*. New York: Wiley.
33. 参照 http://www.slate.com/id/2067667 (May 15, 2010)
34. 参照 http://www.newyorker.com/archive/2003/02/03/030203fa_fact?currentPage=all (March 3, 2010)
35. 同上
36. 同上
37. 同上
38. Aronson, E., Willerman, B., & Floyd, J. (1966). The effect of a pratfall on increasing

interpersonal attractiveness. *Psychonomic Science*, 4, 227–228.
39. 参照 http://www.chevychasecentral.com/trivia.htm（September 4, 2012）
40. 参照 http://www.parade.com/celebrity/sunday-with/2012/05/20-jay-leno-comic-highs-lows-cars-secrets-successful-marriage.html（May 20, 2012）
41. Sundie, J. M., Ward, J., Beal, D. J., Chin, W. W., & Oneto, S.（2009）. Schadenfreude as a consumption-related emotion: Feeling happiness about the downfall of another's product. *Journal of Consumer Psychology*, 19, 356–373; Sundie, J. M., Kenrick, D. T., Griskevicius, V., Tybur, J. M., Vohs, K. D., & Beal, D. J.（2011）. Peacocks, Porsches, and Thorstein Veblen: Conspicuous consumption as a sexual signaling system. *Journal of Personality and Social Psychology*, 100, 664–680; Veblen, T.（1989）. *The theory of the leisure class*. New York: Macmillan.
42. 参照 http://www.dailydot.com/video/lamborghini-crash/（May 25, 2012）; http://www.reddit.com/r/videos/comments/tn1y4/lamborghini_tries_to_show_off_ends_up_crashing/（May 25, 2012）
43. 参照 http://www.dailydot.com/video/lamborghini-crash/（May 24, 2012）http://www.imdb.com/title/tt0145487/quotes（May 24, 2012）
44. 参照 http://www.youtube.com/all_comments?v=1pgm8I0B8bY（May 24, 2012）
45. Hareli & Weiner（2002）.
46. Swift（1731）.［訳注］スウィフト（1993）. p. 223.
47. 参照 http://www.newyorker.com/archive/2003/02/03/030203fa_fact?currentPage=all（March 3, 2010）; Byron（2002）.
48. 参照 http://www.newyorker.com/archive/2003/02/03/030203fa_fact?currentPage=all（March 3, 2010）
49. 参照 http://www.snpp.com/episodes/7F08.html（April 5, 2010）
50. 同上［訳注］ザ・シンプソンズ（シーズン 2）DVD コレクターズ BOX（2005）.『シンプソン家 VS フランダース家』日本語吹き替えより引用。原題は Dead Putting Society（1990 年放送）。

第 9 章

1. Pushkin, A.（1964）. *The poems, prose, and plays of Alexander Pushkin*. New York: Modern Library. p. 430.［訳注］プーシキン 郡伸哉（訳）（2002）. モーツァルトとサリエーリ　青銅の騎士　群像社　pp. 12–13.
2. Shakespeare, W.（1963）. *Julius Caesar*. New York: The New American Library. p. 40（originally published 1599）.［訳注］シェイクスピア 中野好夫（訳）（1980）. ジュリアス・シーザー　岩波書店　p. 23.
3. Goethe, J. W.（1906）. *The maxims and reflections of Goethe*. New York: Macmillan.［訳注］ゲーテ　小岸昭・芦津丈夫・岩崎英二郎・関楠生（訳）（1980）. ゲーテ全集 13　潮出版社　p. 398.
4. Farber, L.（1966）. *The Ways of the will*. New York: Basic Books; Foster, G.（1972）. The

anatomy of envy. *Current Anthropology*, 13, 165-202; Smith & Kim (2007); Vidaillet, B. (2009). Psychoanalytic contributions to understanding envy: Classic and contemporary perspectives. in R. H. Smith (Ed.), *Envy: Theory and research* (pp. 267-289). New York: Oxford University Press.

5. この章の例のいくつかは次の文献から。Powell, Smith, & Schurtz (2008); Smith, R. H., & Kim, S. H. (2008). Introduction. in R. H. Smith (Ed.), *Envy: Theory and research* (pp. 3-14). New York: Oxford University Press; Smith & Kim (2007).

6. Alicke & Govorun (2005); Dunning (2005); Freud, A. (1937). *The ego and the mechanisms of defense*. London: Hogarth Press and Institute of Psycho-Analysis; Gilovich, T. (1993). *How we know what isn't so: The fallibility of human reason in everyday life*. New York: Simon & Schuster; Paulhus, D. L., Fridhandler, B., & Hayes, S. (1997). Psychological defense: Contemporary theory and research. in S. Briggs, R. Hogan, R. Goode, & J. W. Johnson (Eds.), *Handbook of personality psychology* (pp. 543-579). Boston: Academic Press; Vaillant, G. E. (1992). *Ego mechanisms of defense: A guide for clinicians and researchers*. Arlington, VA: American Psychiatric Publishing.

7. Duffy, M. K., Shaw, J. D., & Schaubroeck, J. (2008). Envy in organizational life. in R. Smith (Ed.), *Envy: Theory and research* (pp. 167-189). New York: Oxford University Press; Elster, J. (1998). *Alchemies of the mind: Rationality and the emotions*. Cambridge: Cambridge University Press; Foster, G. (1972). The anatomy of envy. *Current Anthropology*, 13, 165-202; Schoeck, H. (1969). *Envy: A theory of social behavior*. New York: Harcourt, Brace, and World; Silver, M., & Sabini, J. (1978). The perception of envy. *Social Psychology Quarterly*, 41, 105-117; Smith & Kim (2007).

8. Elster (1998); Foster (1972). Schoeck (1969); Silver, & Sabini (1978). 参照 Powell, Smith, & Schurtz (2008); Smith & Kim (2007).

9. King James Bible, Exodus 20: 17. ［訳注］新共同訳聖書「出エジプト記」

10. Schimmel, S. (2008). Envy in Jewish thought and literature. in R. H. Smith (Ed.), *Envy: Theory and research* (pp. 17-38). New York: Oxford University Press.

11. King James Bible, Genesis 4: 1-16. ［訳注］新共同訳聖書「創世記」

12. Milton, J. (1962). *Paradise lost and selected poetry and prose*. New York: Holt, Rinehardt, and Winston. p. 126 (originally published in 1667). ［訳注］ミルトン　平井正穂（訳）(1981). 失楽園（上）　岩波書店　pp. 257-258.

13. Alighieri, D. (1939). *The divine comedy* (trans. John D. Sinclair). New York: Oxford University Press (originally published in 1308-1321).

14. See http://www.etymonline.com/index.php?term=envy (April 12, 2010)

15. Aquaro, G. R. A. (2004). *Death by envy: The evil eye and envy in the Christian tradition*. Lincoln, NE: Universe; Smith & Kim (2007).

16. King James Bible, Matthew 19: 24. ［訳注］新共同訳聖書「マタイによる福音書」

17. Smith & Kim (2007).

18. Unamuno, M. (1996). *Abel Sanchez and other short stories*. New York: Gateway

Editions. p. 103 (originally published in 1917); Foster, (1972). p. 173; Smith & Kim (2007).

19. Elster (1998). p. 165.

20. 同上 p. 172.

21 Smith & Kim (2007).

22. Ben-Ze'ev (2000); Smith (1991); Smith, Parrott, Ozer, & Moniz (1994).

23. Heider (1958). p. 287. ［訳注］ハイダー　大橋正夫（訳）(1978). 対人関係の心理学　誠信書房　p. 366.

24. Aristotle (1941). Rhetoric. in R. McKeaon (Ed.), *The basic works of Aristotle.* New York: Random House (originally published in 322 BC); Salovey, P., & Rodin, J. (1984). Some antecedents and consequences of social-comparison jealousy. *Journal of Personality and Social Psychology*, 47, 780–792; Schaubroeck, J., & Lam, S. K. (2004). Comparing lots before and after: Promotion rejectees' invidious reactions to promotees. *Organizational Behavior and Human Decision Processes*, 94, 33–47.

25. Forrester, J. (1997). *Dispatches for the Freud wars.* Cambridge, MA: Harvard University Press; Kristjansson (2005).

26. Smith (1991).

27. Khayyám, O. (1952). *The rubáiyát of Omar Khayyám* (E. Fitzgerald, Trans.). Garden City, NY: Doubleday. p. 170 (originally published in 1858); この例や同様のものは次の文献でも使用している。Smith, R. H. (1990). Envy and the sense of injustice. in P. Salovey (Ed.), *Psychology perspective on jealousy and envy* (pp. 79–99). New York: Guilford. ［訳注］ハイヤーム 竹友藻風（訳）(2005). ルバイヤート――中世ペルシアで生まれた四行詩集　マール社　p. 66.

28. Heider (1958). p. 289. ［訳注］ハイダー (1978). p. 368.

29. Hill, S. E., & Buss, D. M. (2008). The evolutionary psychology of envy. in R. H. Smith (Ed.), *Envy: Theory and research* (pp. 60–70). New York: Oxford University Press. p. 60.

30. 引用 Leach, C. W., & Spears, R. (2008). "A vengefulness of the impotent": The pain of ingroup inferiority and schadenfreude toward successful outgroups. *Journal of Personality and Social Psychology*, 95, 1383–1396, p. 1384; Nietzsche (1967). p. 37.

31. Krizan, Z., & Johar, O. (2012). Envy divides the two faces of narcissism. *Journal of Personality*, 80, 1415–1451.

32. Hotchkiss, S. (2003). *Why is it always about you?: The seven deadly sins of narcissism.* New York: Free Press. p. 16. ［訳注］ホチキス　江口泰子（訳）(2009). 結局、自分のことしか考えない人たち――自己愛人間とどうつきあえばいいのか　草思社　p. 39.

33. Forman (1984).

34. ［訳注］映画『アマデウス』(1984; 日本語版は 2000) の日本語字幕より引用。

35. 参照 Smith, R. H. (2004). Envy and Its Transmutations, in L. Z. Tiedens & C. W. Leach (Eds.), *The Social Life of Emotions* (pp. 43–63). Cambridge: Cambridge

University Press. 転成した妬みを説明する他の詳細な説明についてはこちら。シェイクスピアの『ジュリアス・シーザー』から引用している。
36. Elster（1998）; Smith（2004）; Smith & Kim（2007）; Sundie, Ward, Beal, Chin, & Oneto（2009）.
37. Russo, R.（2008）. *Bridge of sighs*. New York: Vintage.
38. 同上 p. 86.
39. 同上
40. スティーブン・シルキ，私信。この場合は，妬みは妬みでも「良性」といえる。参照 van de Ven, Zeelenberg, & Pieters（2009）.

第 10 章

1. Marrus, M. R.（1997）. *The Nuremberg War Crimes Trial 1945-46: A documentary history*. New York: Bedford Books. p. 207.
2. Gilligan, J.（1996）. *Violence: Reflections on a national epidemic*. New York: Vintage Books.
3. Twain, M.（1898）. Concerning the Jews. *Harper's Magazine*, March 1898; http://www.fordham.edu/halsall/mod/1898twain-jews.asp（April 20, 2013）
4. 広範囲にわたる学識の一部がこれだ。Bauer, Y.（1982）. *A history of the Holocaust*. New York: Franklin Watts; Browning, C. R.（1993）. *Ordinary men: Reserve Police Battalion 101 and the Final Solution in Poland*. New York: Harper Perennial; Evans, R. J.（2003）. *The coming of the Third Reich*. New York: Penguin; Evans, R. J.（2005）. *The Third Reich in power*. New York: Penguin; Evans, R. J.（2008）. *The Third Reich at war*. New York: Penguin; Gilbert, M.（2000）. *Never again: The history of the Holocaust*. New York: Universe; Goldhagen, D. J.（1997）. *Hitler's willing executioners: Ordinary Germans and the Holocaust*. New York: Vintage; Hildberg, R.（2003）. *The destruction of the European Jews*. New Haven: Yale University Press（originally published in 1961）; Prager, D., & Telushkin, J.（2003）. *Why the Jews? The reason for anti-Semitism*. New York: Touchstone; Rosenbaum, R.（1998）. *Explaining Hitler: The search for the origins of his evil*. New York: Random House; Wistrich, R. S.（2010）. *A lethal obsession: Anti-Semitism from antiquity to the global jihad*. New York: Random House.
5. Kubizek, A.（1955）. The young Hitler I knew; http://www.faem.com/books/（June 14, 2012）
6. Hitler, A.（1925）. *Mein kampf*（trans. Ralph Manheim）. Boston, MA: Houghton Mifflin. p. 55. ［訳注］ヒトラー　平野一郎・将積茂（訳）（2001）. わが闘争（上）　角川書店 p. 85.
7. 同上 p. 52. ［訳注］ヒトラー（2001）. p. 81.
8. 同上 p. 52.
9. 同上 p. 10. ［訳注］ヒトラー（2001）. p. 80.
10. Epstein, J.（2003）. *Envy: The seven deadly sins*. New York: Oxford University Press. p.

60. ［訳注］エプスタイン　屋代通子（訳）（2009）. 嫉妬の力で世界は動く　築地書館　p. 130. なお，訳書では冒頭の部分が「1939 年」となっているが，「1936 年」の誤訳と思われるので，本文中にはそのように記した。

11. Hitler（1925）. p. 58. ［訳注］ヒトラー（2001）. pp. 88-89.

12. 同上 p. 56. ［訳注］ヒトラー（2001）. p. 86.

13. 同上 p. 58. 1938 年の春にドイツに併合されたウィーンに住むユダヤ人の人口は，ドイツのどの都市よりも多かった。［訳注］ヒトラー（2001）. p. 88.

14. 同上 p. 57.

15. 同上 p. 61. ［訳注］ヒトラー（2001）. pp. 92-93.

16. 同上 p. 62.

17. 同上［訳注］ヒトラー（2001）. p. 94.

18. 同上 p. 63. ［訳注］ヒトラー（2001）. p. 94.

19.『ピープル』誌（vol. 5, no. 14）のインタビュー記事（1976 年 4 月 12 日）。シュペールは『ナチス狂気の内幕――シュペールの回想録』で，アドルフ・ヒトラーの冗談は，そのほとんどがシャーデンフロイデに基づいていたと綴っている。「ヒトラーにはユーモアの才がなかった。彼は茶化すのは人にまかせ，自分はそれを聞いて手放しで笑うだけだったが，文字通り腹を抱えて笑うほうだった。ときには度がすぎて，涙を流すことさえあった。しかし根本的には，笑うのは好きだが，それは人をばかにした笑いだった」。Speer, A.（1969）. *Inside the Third Reich*（trans. Richard and Clara Winston）. Bronx, NY: Ishi Press. p. 123.［訳注］A. シュペール　品田豊治（訳）（1970）. ナチス狂気の内幕――シュペールの回想録　読売新聞社 p. 139

20. Kubizek（1955）.

21. 同上

22. Freud, S.（1939）. *Moses and monotheism*. New York: Random House. p. 116.

23. Toland, J.（1976）. *Adolf Hitler*. New York: Bantam Doubleday Dell. p. 701. ［訳注］トーランド　永井淳（訳）（1979）. アドルフ・ヒトラー（下巻）集英社 p. 283.

24. ヒトラーがいかにユダヤ人を憎むようになったかを，次のように結んでいる。「永遠の自然はその命令の違反を，仮借なく罰するであろう。だから，わたしは今日，全能の造物主の精神において行動すべきだと思う。同時にわたしはユダヤ人を防ぎ，主の御業のために戦うのだ」。Hitler（1925）. p. 65.［訳注］ヒトラー（2001）. p. 97.

25. 反ユダヤ主義に果たす妬みの役割について取り上げた者は多い。例えば，ドレフュス事件に深く関与したフランス人学者のベルナール・ラザールは，際立って公平といわれる反ユダヤ主義の分析を書き記しているが，反ユダヤ主義の重要な要因の一つに妬みが含まれていた。彼の著書，『反ユダヤ主義の歴史と原因』pp. 6-7 にはこうある。「どこにいてもユダヤ人のままでいたかった彼らには，国の中のどこにでも，自分たちの国を築く特権が与えられていた。こうした特権，免除，それに免税のおかげで，彼らはほどなく，市民という一般的な状態から脱する。取引や蓄財においても，彼らにはよりよい機会が与えられていたので，彼らは嫉妬と憎しみを掻き立てる存在だった。こうして，妬みを掻き立てやすい法律上の利益や利点であれ，はたまたトーラー（ユダヤ教の聖書）の卓越性を誇って，

自分たちは他の種族を超越しているという考えであれ，イスラエルの法律への執着こそが不評を買う大本の一つとなったわけだ」。(http://www.archive.org/details/Anti-semitismItsHistoryAndCausesByBernardLazare)

ユダヤ人たちの独自性を示唆するフロイトは，このようにも述べている。「ユダヤ人が示す第二の許し難い特徴はさらに強烈な力を持つ。それはすなわち，ユダヤ人がありとあらゆる圧制に抗し続け，極端に残酷な迫害ですらもユダヤ人を根絶やしにできず，そればかりか，ユダヤ人はかえって実業生活で成功を収める能力を発揮し，事情が許すならば，すべての文化的な営為において価値の高い寄与をなす能力をも発揮するという事実なのだ。ユダヤ人憎悪のより深い動機は遠い昔の過ぎ去った時代に根をおろしており，これは諸民族の無意識から発して現在の現実に作用を及ぼしているのであるが，この動機なるものがしっかりした根拠を持たないのを私は十分に承知している。私は敢えて言明するが，おのれを父なる神の長子にして優先的に寵愛を受ける子であると自称する民族に対する嫉妬がこんにちなお他の民族のあいだでは克服されていない。それゆえ，まるで他の民族はユダヤ人の自負の正しさを信じてしまっているかのようなのだ」（フロイト　渡辺哲夫（訳）（2003）『モーセと一神教』筑摩書房　p. 155）フロイトは，ユダヤ人が選ばれし種族だという概念が，ユダヤ人以外の者たちに嫉妬と競争的な感情を植え付けたと論じた。数々のナチスの信念に影響を及ぼしたニーチェでさえも，反ユダヤ主義には呆れて果てて，次のように記している。「ユダヤ人との闘いは，いつだって最悪な者の証そのものだった。妬み深く，臆病である証だ。いま，こんな戦いに加わる者がいるのならば，暴徒となる気質の持ち主に違いない」引用 Santaniello, W. (1997). A post-holocaust re-examination of Nietzsche and the Jews. in J. Golomb (Ed.), *Nietzsche and Jewish culture* (pp. 21–54). New York: Routledge. より近年の例については，次の文献を参照。Prager & Telushkin (2003); Patterson, C. (2000). *Anti-Semitism: The road to the holocaust and beyond.* Lincoln, NE: iUniverse.com; Aly, G. (2011). *Warum die Deutschen? Warum die Juden? Gleichheit, Neid und Rassenhass 1800–1933.* Frankfurt: Fischer Verlag; Gilder, G. (2009). *The Israel test.* New York: Richard Vigilante Books; McKale, D. M. (2006). *Hitler's shadow war: The Holocaust and World War II.* New York: Taylor Trade Publishing.

26. Prager & Telushkin (2003). p. 30. ［訳注］プレガー／テルシュキン　松宮克昌（訳）(1999). ユダヤ人はなぜ迫害されたか　ミルトス　pp. 65–66. なお，訳書では冒頭の部分が「200年」となっているが，「2000年」の誤訳と思われるので，本文中にはそのように記した。

27. 参照 Aly (2011).

28. Cuddy, A. J. C., Fiske, S. T., & Glick, P. (2008). Warmth and competence as universal dimensions of social perception: The Stereotype Content Model and the BIAS Map. in M. P. Zanna (Ed.), *Advances in experimental social psychology* (vol. 40, pp. 61–149). Thousand Oaks, CA: Academic Press; Fiske, S. T., Cuddy, A. J. C., Glick, P., & Xu, J. (2002). A model of (often mixed) stereotype content: Competence and warmth respectively follow from perceived status and competition. *Journal of Personality and Social Psychology*, 82, 878–902; Glick, P. (2002). Sacrificial lambs dressed in wolves'

clothing: Envious prejudice, ideology, and the scapegoating of Jews. in L. S. Newman & R. Erber (Eds.), *Understanding genocide: The social psychology of the Holocaust* (pp. 113-142). Oxford: Oxford University Press; Glick, P. (2008). When neighbors blame neighbors: Scapegoating and the breakdown of ethnic relations. in V. M. Esses & R. A. Vernon (Eds.), *Explaining the breakdown of ethnic relations: Why neighbors kill* (pp. 123-146). Malden, MA: Blackwell.
29. Cuddy, Fiske, & Glick (2008); Fiske, Cuddy, Glick, & Xu (2002). 興味深いのは，この集団は，私たちが偏見について考えて焦点を当てるような典型的な人たちではなかったことだ。たとえば，多数派の白人が抱く反黒人主義的な偏見は，ステレオタイプ的には，低い地位と，差別是正措置によって資源が奪われるようなことになれば，おそらくある程度の競争が起こることを前提としている。しかし，こうした条件は，知覚される脅威が増していくに伴い，哀れみから軽蔑までの広い範囲内の感情を予測させる。これらは妬みとはかなり異なる感情であり，奥深い意味合いが隠されている。ヒトラーは，ジプシーについては嫌っていた程度だったかもしれないが，ユダヤ人たちのことは，心底憎んでいた。
30. Segel, B. W. (1996). *A lie and a libel: The history of the Protocols of the Elders of Zion.* R. S. Levy (Ed.) (trans. R. S. Levy). Lincoln: University of Nebraska Press.
31. 古典的な例に，かつて（黒人を）差別していたアメリカ南部において，地位を失ったことで脅威を感じ，黒人に対して憎しみを抱くようになった白人が挙げられる。
32. Bachrach, S., & Luckert, S. (2009). *State of deception: The power of Nazi propaganda.* New York: W. W. Norton.
33. Epstein (2003). 反ユダヤ主義は「歴史的に二つの形態をもっている。一つは，ユダヤ人は劣っていると酷評されること。もうひとつは，彼らは優れていると憎まれること」というジョセフ・エプスタインの指摘は，言い得て妙である。p. 165; Epstein, J. (2002). *Snobbery: The American version.* New York: Houghton Mifflin.
34. グリックが主張しているのは，ユダヤ人に敵意を帯びた妬みを感じていると認めるドイツ人の少なさだ。妬みの特徴として，その悪意を正当化するためにもっともらしい他の理由を探し出す点がある。ドイツ人はすでにユダヤ人に対して，抜け目なく，陰険で，汚いというステレオタイプを抱いていたのに，それが当時は，ドイツ人が掲げる国家が到達すべき目標と民族純化への脅威と都合よく混じり合っている。そのために，感心されるべき知性というような言葉ではなく「抜け目なさ」という言葉が選ばれたというわけだ。
35. Evans (2005).
36. Cikara, M., & Fiske, S. T. (2012). Stereotypes and schadenfreude: Affective and physiological markers of pleasure at outgroups' misfortune. *Social Psychological and Personality Science*, 3, 63-71.
37. Metaxas, E. (2010). *Bonhoeffer: Pastor, martyr, prophet, spy.* Nashville, TN: Thomas Nelson. p. 176.
38. Toland (1976). p. 505. ［訳注］トーランド (1979). p. 57.
39. Goldhagen (1996); Klee, E., Dressen, W., & Riess, V. (1991) (Eds.), *"The good old days": The Holocaust as seen by its perpetrators and bystanders* (trans. Deborah Burnstone).

Old Saybrook, CT: Konecky & Konecky; Billig, M. (2005). *Laughter and ridicule: Towards a social critique of humour*. London: Sage.

40. McKale (2006). p. 147.

41. Spears, R., & Leach, C. W. (2008). Why neighbors don't stop the killing: The role of group-based schadenfreude. in V. Esses & R. A. Vernon (Eds.), *Explaining the breakdown of ethnic relations: Why neighbors kill* (pp. 93-120). Malden: Blackwell Publishing.

42. Cikara, M., & Fiske, S. T. (2011). Bounded empathy: Neural responses to outgroups' (mis) fortunes. *Journal of Cognitive Neuroscience*, 23, 3791-3803.

43. ［訳注］全員均等の罰か，一人だけに強い電撃を与えるか，というもの。

44. Farber, L. (1966). *Ways of the will*. New York: Basic Books. p. 36.

45. Fiske (2011).

46. 同上

47. 引用 Patterson (2000). p. 79; McKale (2006).

48. Cesarani, D. (2004). *Eichmann: His life and crimes*. London: W. Heinemann.

49. Peter Longerich, "The Wannsee Conference in the Development of the 'Final Solution,'" available online at the House of the Wannsee Conference: Memorial and educational site website, http://www.ghwk.de/engl/kopfengl.htm (August 27, 2012)

50. McKale (2006). p. 242.

51. Roseman, M. (2002). *The Wannsee Conference and the final solution: A reconsideration*. New York: Picador.

52. 引用 Roseman (2002). p. 144, from Eichmann trial, session 79, June 26, 1961; session 107, July 24, 1961.

53. 同上 p. 149.

54. 同上 p. 148.

55. 同上 p. 165.

56. Pierson, F. (Director) (2001). *Conspiracy* [film]. ［訳注］映画『謀議』(2001，日本語版は 2003) の日本語吹き替えより引用。

57. Aly (2011); Arendt, H. (1963). *Eichmann in Jerusalem: A report on the banality of evil*. New York: Viking Press; Browning, C. (1992). *Ordinary men: Reserve Police Battalion 101 and the Final Solution in Poland*. New York: Harper Collins; Cohen, R. (2005). *Soldiers and slaves: American POWs trapped by the Nazis' final gamble*. New York: Knopf; Haas (1984); Hilberg, R. (1961). *The destruction of the European Jews*, 3rd ed.. New Haven: Yale University Press; Goldhagen (1997); McKale (2006); Klee, Dressen, & Riess (1991). p. 76.

58. Cohen (2005).

59. 多くのアメリカ兵が捕虜となった。ドイツ軍はジュネーブ協定に反して，事実上，死ぬまでの労働を強いられる何人かを捕虜の中から選んで，ベルガに送っている。参照 Cohen (2005).

60. 看守の視点から見たシャーデンフロイデ。捕虜たちからすればサディスティックな笑いである。
61. Cohen（2005）. p. 137. この本がいかに素晴らしいかをいくら強調しても足りない。
62. 同上
63. 同上 pp. 137-138.
64. 同上 p. 54.
65. コーエンが強調しているのはドイツ軍の計画が次の段階に進む合間，キリスト教の家族の中には，こうした扱いに抗ってユダヤ人の家族に食料を提供する者たちがいた，という点だ。とはいえ，こうした情けのほとんどは長続きしなかったのだが。
66. Cohen（2005）. p. 55.
67. 同上
68. ユダヤ人に対する妬みは，ドイツ人たち，そして共犯者でもあるハンガリー人たちの態度にまで浸透していたのに加えて，そんな彼らが総じて懸念していたのは，ユダヤ人との地位関係だった。ハウアーは，ハウアーの父親が帽子を被っていただけでハンガリー憲兵の長から「厚かましい」とみなされて，罵られた記憶を辿っている。ドイツ軍は，敬意をもって彼らを遇するように捕虜たちに求め，これがしかるべき隷従を示す証ともなった。実際，ユダヤ人ではないアメリカ兵がベルガ行きになったのは，この点で応じなかったからだった。その最たる例が，ハンス・カステン二等兵だった。彼は，アメリカ兵の中にユダヤ人がいないことを明らかにするようにというドイツ軍の指示に従わなかった非常に勇敢な男だった。コーエンの著書は，カステンに関する箇所だけでも読む価値がある。
69. そして更に倒錯しているのは，もしドイツ軍が捕虜たちをそこまで非情に扱うのならば，それは相応のことだったに違いない。本来，このような扱いを受けるのは，下劣な人間たちだけなのだから。
70. Cohen（2005）. pp. 184-185.
71. 同上 p. 258.
72. 同上 p. 207.

第 11 章

1. Baker, J. A.（2006）. *“Work hard, study... and keep out of politics!”: Adventures and lessons from an unexpected public life*. New York: G. P. Putnam. p. 44.
2. King James Bible, John 8: 3-11. ［訳注］新共同訳聖書「ヨハネによる福音書」
3. Fitzgerald, F. S.（1925）. *The great Gatsby*. New York: Scribner. p. 1. ［訳注］フィッツジェラルド　村上春樹（訳）（2006）．グレート・ギャッツビー　中央公論社　p. 10.
4. “If,” by Rudyard Kipling. in Kipling, R.（1999）. *The collected poems of Rudyard Kipling*. New York: Wordsworth.
5. もしかするとこれが，なぜ他人の行動を理解するのには山ほどの特性のレッテルがある（たとえば，不作法，身勝手，傲慢，自己愛的な……「嫌な奴」など）のに対して，状況を記述するレッテルは曖昧で（たとえば，厳しい，もしくは難しい状況），数も乏しいのかを説明するのに役立つかもしれない。時として，本当に嫌な奴もいるだろうが，おそら

く日々の行動の大部分はむしろ，状況的な要因の結果なのだ。

6. 参照 http://www.nytimes.com/2005/09/27/health/psychology/27muse.html?_r=1 (May 3, 2012)
7. Milgram, S. (1983). *Obedience to authority.* New York: Harper Perennial. p. 25. ［訳注］ミルグラム　山形浩生（訳）(2012). 服従の心理　河出書房新社　p. 82.
8. 同上［訳注］ミルグラム（2012). p. 37.
9. 同上［訳注］ミルグラム（2012). p. 37.
10. 同上［訳注］ミルグラム（2012). p. 47.
11. 同上［訳注］ミルグラム（2012). p. 48.
12. Ross, L. (1977). The intuitive psychologist and his shortcomings: Distortions in the attribution process. in L. Berkowitz (Ed.), *Advances in experimental social psychology* (vol. 10, pp. 173-220). New York: Academic Press.
13. Milgram (1983). p. 31. ［訳注］ミルグラム（2012). p. 49.
14. 同上
15. Gilbert, D. T., Pelham, B. W., & Krull, D. S. (1988). On cognitive busyness: When person perceivers meet persons perceived. *Journal of Personality and Social Psychology,* 54, 733-740; Gilbert, D. T., McNulty, S. E., Giuliano, T. A., & Benson, E. J. (1992). Blurry words and fuzzy deeds: The attribution of obscure behavior. *Journal of Personality and Social Psychology,* 62, 18-25.
16. 「根本的な帰属の誤り」という用語は誤解を招く恐れもある。なぜ，おとり捜査の現場に現われた男がいたのか。なぜ，看護師にしびれを切らした男がいたのか。誰の行動であれ，それを真に，かつ十分に説明してくれるものは，各々の状況の委細をおいて他にない。『プレデターをやっつけろ』を観たことがあれば，そこに登場する者たちは，他者と比べても，はるかに同情に値しない男たちだと納得するだろう。何人かは筋金入りの常習犯で，罪悪感の欠片もなく性的暴行の犯歴がある。おとりとの過激な会話において，彼らをおびき寄せるにはほんの少しのエサしか必要とせず，直接会う段取りをつけるのに，甘い言葉はいらなかった。たしかに，彼らの行動を彼らの傾向に帰属するのは「誤り」とは言い難いものがある。しかしながら，当初は現実離れした卑猥な会話を楽しんでいたに過ぎない男たちもいたわけで，「倒錯した正義漢」たるスタッフの執拗かつ創造性に溢れる戦略なしには，おとり現場にすら現われなかっただろう。幾重にも折り重なった状況的な要因が，彼らの行動にかなりの影響を与えた可能性はあるかもしれない。もちろん，こうした要因が単独であろうと集合していようと，現場に現われた容疑を晴らすことにはならない点は強調しておきたい――ただ，種々の要因が，男たちに対する道徳的な評価や，彼らはまさに屈辱を受けるに値すると結論づけられ，そこで生じる喜ばしさには影響を与えるかもしれないが。
17. 参照 http://www.historycooperative.org/journals/jala/3/thomas.html (May 3, 2012)
18. 同上
19. Oates, S. B. (1994). *With malice toward none: A life of Lincoln.* New York: Harper Perennial.

20. 参照 http://quotationsbook.com/quote/38116/（April 4, 2012）
21. この一件については，たとえばデール・カーネギーの『人を動かす』などの書物で詳述されている。
22. 参照 http://www.civilwarhome.com/lincolnmeadeletter.htm（April 4, 2012）［訳注］カーネギー（1999）．pp. 22-23.
23. Oates（1994）. p. 19.
24. 引用 http://www.mrlincolnandfriends.org/inside.asp?pageID=23&subjectID=1（May 3, 2012）; Douglas L. Wilson & Rodney O. Davis, editor, Herndon's Informants, p. 259 (letter from John McNamar to William H. Herndon, May 23, 1866).
25. 参照 http://www.historycooperative.org/journals/jala/3/thomas.html, p. 30（May 3, 2012）
26. Donald, D. H.（1995）. *Lincoln*. New York: Simon & Schuster. p. 259.
27. イリノイ州の弁護士ワード・ヒル・レイモンは，彼と友だちになって間もなく，裁判所で恥ずかしい思いをした出来事を語った。裁判所前で誰かと取っ組み合いとなったレイモンは，そのせいでズボンの後ろが大きく破けてしまった。しかし，着替える時間もないままに，裁判を始めるために法廷に呼び戻されたのだった。後にレイモンはこう綴っている。「意見陳述は終わっていた。当時，検察官だった私は，陪審員に呼び掛けるよう立ち上がった……やや短めのコートを着ていたため，私の不幸は明々白々だった。弁護士の一人が冗談で，レイモンにパンタロンを買ってやろうと寄付金申込書を回し始め，ベンチに面した長机を前に並んで座っていた弁護士から弁護士へと渡されていった。その紙には『貧しいが立派な若者たる彼のために』と綴られていた。馬鹿げた金額を伴って何人かの署名が記された紙は，いよいよ何かを書いていたリンカーン氏まで回ってきた。紙を静かに一瞥した彼は，素早くペンを取ると，自分の氏名に続いて『この目論見には何も貢献できません』と記した。この対応は，誰かの『不幸』を確かに楽しんでいる様ではあったけれども，たちの悪いものでもなかった」。Ward Hill Lamon, Recollections of Abraham Lincoln, pp. 16-17. 引用 http://www.mrlincolnandfriends.org/inside.asp?pageID=23&subjectID=1（May 3, 2012）
28. この話に関して，歴史学者のベンジャミン・トーマスがある逸話を残している。「リンカーンは，電車内で『失礼ながら申し上げます。貴方様の所持品に間違いない物が，私の懐にあるのです』と声を掛けてきた男の事を話した。リンカーンは驚いて，『何をどうやって手に入れたのだ？』と尋ねたという。すると，その見知らぬ男は，小型の折り畳みナイフを取り出して，こう説明したのだ。『このナイフは数年前に渡されたもので，私より醜い人を見つけるまで持っておけと差し止められていたのです。私の発言をどうかお許しください。貴方様が，このナイフを受け取る資格が十分にある方とお見受けしたのです』（参照 http://www.historycooperative.org/journals/jala/3/thomas.html, p. 41（May 3, 2012）.
29. Oates（1994）. p. 116.
30. 同上
31. 同上 p. 126.

32. 参照 http://www.brainyquote.com/quotes/quotes/a/abrahamlin104175.html（April 4, 2012）
33. Donald（1995）. p. 567. ［訳注］https://americancenterjapan.com/wp/wp-content/uploads/2015/11/wwwf-pub-lincoln.pdf

終　章

1. Bellow, S.（1964）. *Herzog*. New York: Penguin. p. 23. ［訳注］ベロー　宇野利泰（訳）（1981）. ハーツォグ（上）　早川書房　p. 21.
2. James（1918）. vol. 2, p. 413.
3. 参照 http://www.forbes.com/2004/03/18/cx_ld_0318nike.html（June 15, 2010）
4. 参照 http://www.pbs.org/newshour/bb/sports/jan-june10/tiger_04-08.html（June 15, 2010）
5. 参照 http://sportsillustrated.cnn.com/vault/article/magazine/MAG1009257/index.htm（June 15, 2010）
6. 参照 http://articles.orlandosentinel.com/2009-11-29/sports/os-bk-tiger-woods-accident_1_ocoee-in-serious-condition-million-mansion-friday-evening-elin-nor-degren-woods（June 15, 2010）
7. 参照 http://www.nytimes.com/reuters/2009/12/02/arts/entertainment-us-golf-woods.html?scp=2&sq=Tiger% 20Woods% 20Enquirer&st=cse（June 15, 2010）
8. 参照 http://www.nytimes.com/2009/12/03/sports/golf/03woods.html?_r=1&scp=17&sq=tiger% 20woods&st=cse（June 15, 2010）
9. 参照 http://www.ajc.com/sports/text-of-tiger-woods-314300.html（June 15, 2010）
10. 参照 http://www.nationalenquirer.com/celebrity/67747（June 15, 2010）
11. 参照 http://abcnews.go.com/Sports/wireStory?id=9198393（June 15, 2010）; http://www.sfgate.com/cgi-bin/article.cgi?f=/n/a/2009/12/12/sports/s062742S18.DTL（June 15, 2010）; http://www.nytimes.com/2009/12/03/sports/golf/03woods.html?_r=1&scp=17&sq=tiger% 20woods&st=cse（June 15, 2010）http://www.waggleroom.com/2009/12/2/1181429/tiger-woods-is-americas-new-bill（June 15, 2010）; http://sportsillustrated.cnn.com/2010/writers/frank_deford/03/29/Tiger.Woods.return.Masters/index.html（June 15, 2010）; http://www.esquire.com/the-side/tiger-woods-scandal（June 15, 2010）; http://www.golf.com/golf/tours_news/article/0,28136,1948231,00.html（June 15, 2010）; http://hubpages.com/hub/Why-do-we-like-it-when-people-fail（June 15, 2010）
12. 参照 http://www.jokes4us.com/celebrityjokes/tigerwoodsjokes.html（May 11, 2012）
13. 参照 http://www.huliq.com/8059/89384/tiger-woods-cheetah-eyes-tabloid-news（May 11, 2012）
14. 参照 http://media.www.ecollegetimes.com/media/storage/paper991/news/2010/05/06/Top10s/Top-10.Tiger.Woods.Jokes-3917903.shtml#5（June 15, 2010）
15. 参照 http://sports.espn.go.com/espn/columns/story?columnist=ohlmeyer_don&id=4764245（June 15, 2010）; http://sports.espn.go.com/espn/news/story?id=4327128（May 12,

2012)
16. 参照 http://sports.espn.go.com/espn/columns/story?columnist=ohlmeyer_don&id=4764245（May 12, 2012）
17. 参照 http://www.golf.com/golf/tours_news/article/0,28136,1990399,00.html（June 15, 2010）
18. 参照 http://sports.espn.go.com/golf/usopen10/columns/story?columnist=harig_bob&id=52671（June 15, 2010）
19. 参照 http://sports.espn.go.com/golf/usopen10/columns/story?columnist=harig_bob&id=5267152（June 15, 2010）
20. 参照 http://www.frontporchrepublic.com/2010/03/an-apologia-for-tiger-woods/（June 15, 2010）
21. 参照 http://www.knoxnews.com/news/2010/feb/20/geoff-calkins-time-will-tell-if-tiger-woods-apolog/（June 15, 2010）
22. 参照 http://www.golf.com/golf/tours_news/article/0,28136,1888274,00.html（June 15, 2010）
23. 参照 http://blogs.golf.com/presstent/2010/02/tiger-rules-hell-talk-friday.html（June 15, 2010）
24. 参照 http://www.usatoday.com/sports/golf/story/2012-07-22/ernie-els-wins-british-open/56415126/1（August 20, 2012）
25. 参照 http://www.supergolfclubs.net/tiger-calls-out-ernie-els-not-a-big-worker-physically/（May 30, 2012）
26. 参照 http://www.thesun.co.uk/sol/homepage/sport/golf/4444156/Ernie-Els-to-celebrate-Open-win-with-Nelson-Mandela.html（August 20, 2012）; http://www.sbnation.com/golf/2012/7/22/3176267/ernie-els-2012-british-open-speech-video（August 20, 2012）
27. 参照 http://www.buzzingolf.co.uk/matchmaker-jesper-parnevik-angry-at-tiger-woods/617 (June 15, 2010); http://sports.espn.go.com/golf/news/story?id=4924113 (May 12, 2012)
28. 参照 http://www.snpp.com/episodes/7F23.html（April 5, 2010）
29. 同上 ［訳注］ザ・シンプソンズ（シーズン 3）DVD コレクターズ BOX（2005).『ホーマーの願い事』日本語吹き替えより引用。
30. ［訳注］ウッドハウス（2006). p. 374.
31. この概念に当てはまる言葉が，どうしてドイツ語にあって英語にはないのかについては説明しがたい。例えば，オランダ語の leedvermaak《レートフェルマーク》のように一部の言語にはあるのに，フランス語のように該当する言葉を持たない言語もある。
32. Ben-Ze'ev（2000); Portmann（2000).
33. 参照 http://chronicle.com/article/The-Pleasure-of-Seeing-the/125381（January 12, 2011）
34. 同上
35. 参照 http://chronicle.com/article/article-content/125621/（January 12, 2012）
36. 参照 http://strangebehaviors.wordpress.com/2007/07/12/the-elusive-etymology-of-an-

emotion/ (June 27, 2010)

訳者あとがき

1. Smith, Turner, Garonzik, Leach, Urch-Druskat, & Weston (1996).

著者紹介
リチャード・H・スミス（Richard H. Smith）
1953年生まれ。ケンタッキー大学教授。ノースカロライナ大学チャペルヒル校にてPh.D.を取得。専門は社会心理学。シャーデンフロイデに関する実証的研究のパイオニアであり，妬みや恥といった様々な社会的感情を扱う心理学者としても名を馳せている。編著書に *Envy: Theory and Research*（Oxford University Press, 2008），*Envy at Work and in Organizations*（Oxford University Press, 2016）がある。

訳者紹介
澤田匡人（さわだ まさと）
1975年生まれ。学習院女子大学准教授。筑波大学大学院博士課程修了。博士（心理学），臨床心理士。専門は感情心理学，教育心理学。小中学生の妬みに関する調査を皮切りに，いじめやシャーデンフロイデの研究に取り組んでいる。著書に『子どもの妬み感情とその対処』（新曜社，2006），『正しい恨みの晴らし方』（共著，ポプラ社，2015）などがある。

シャーデンフロイデ
人の不幸を喜ぶ私たちの闇

2018年１月20日　第１版第１刷発行
2021年11月10日　第１版第３刷発行

著　者　リチャード・H・スミス
訳　者　澤　田　匡　人
発行者　井　村　寿　人

発行所　株式会社　勁《けい》　草《そう》　書　房
112-0005　東京都文京区水道2-1-1　振替　00150-2-175253
電話（編集）03-3815-5277／FAX 03-3814-6968
電話（営業）03-3814-6861／FAX 03-3814-6854
平文社・松岳社

ISBN978-4-326-29927-0　Printed in Japan